JN022720

ネット社会と民主主義

「分断」問題を調査データから検証する

辻 大介 編

有斐閣

目　次

第3章　ニュースへの接触パターンは政治的態度とどのように 関連しているか　　53

コラム1　リベラル紙／保守紙購読者の現在形
　　　　——彼ら／彼女らの政治的態度・社会経済的地位はどう異なるか　　70

第9章　ネットは世論を分極化するか
——政権支持と改憲賛否を中心に検証する　　181

終章　ネット社会と民主主義のゆくえ　　201

執筆者紹介 (＊は編者)

＊辻　大介 (つじ　だいすけ)　　　　　　　　　　　担当：序章，第 9 章，終章
現職　大阪大学大学院人間科学研究科准教授
主要著作　『コミュニケーション論をつかむ』有斐閣，2014 年〔共著〕。『フェイクと憎
　　悪——歪むメディアと民主主義』大月書店，2018 年〔分担執筆〕。

鈴木謙介 (すずき　けんすけ)　　　　　　　　　　　　　　担当：第 1 章
現職　関西学院大学社会学部准教授
主要著作　『カーニヴァル化する社会』講談社，2005 年。『ウェブ社会のゆくえ——
　　〈多孔化〉した現実のなかで』NHK 出版，2013 年。

北村　智 (きたむら　さとし)　　　　　　　　　　　　　　担当：第 2 章
現職　東京経済大学コミュニケーション学部教授
主要著作　『ツイッターの心理学——情報環境と利用者行動』誠信書房，2016 年〔共
　　著〕。『日本人の情報行動 2020』東京大学出版会，2021 年〔分担執筆〕。

小笠原盛浩 (おがさはら　もりひろ)　　　　　　　　　　　担当：第 3 章
現職　東洋大学社会学部教授
主要著作　『ポスト・モバイル社会——セカンドオフラインの時代へ』世界思想社，
　　2016 年〔分担執筆〕。“Media Environments in the United States, Japan, South Korea, and
　　Taiwan” *Internet Election Campaigns in the United States, Japan, South Korea, and Taiwan*,
　　Palgrave Macmillan, 2018.

田辺俊介 (たなべ　しゅんすけ)　　　　　　　　　　　　　担当：第 4 章
現職　早稲田大学文学学術院教授
主要著作　『日本人は右傾化したのか——データ分析で実像を読み解く』勁草書房，
　　2019 年〔編著〕。『ナショナル・アイデンティティの国際比較』慶應義塾大学出版会，
　　2010 年。

樋口耕一（ひぐち こういち）　　　　　　　　　　　　担当：第5章

現職　立命館大学産業社会学部教授

主要著作　『いまを生きるための社会学』丸善出版，2021年〔共編〕。『社会調査のための計量テキスト分析〔第2版〕——内容分析の継承と発展を目指して』ナカニシヤ出版，2020年。

浅野智彦（あさの ともひこ）　　　　　　　　　　　　担当：第6章

現職　東京学芸大学教育学部教授

主要著作　『自己語りの社会学——ライフストーリー・問題経験・当事者研究』新曜社，2018年〔共編〕。『〈若者〉の溶解』勁草書房，2016年〔共編著〕。

三浦麻子（みうら あさこ）　　　　　　　　　　　　　担当：第7章

現職　大阪大学大学院人間科学研究科教授

主要著作　『なるほど！ 心理学研究法』北大路書房，2017年〔監修・著〕。Asako Miura and Tetsuro Kobayashi “Survey satisficing biases the estimation of moderation effects” *Japanese Psychological Research*, 61(3), 2019.

河井大介（かわい だいすけ）　　　　　　　　　　　　担当：第8章

現職　東京大学大学院情報学環総合防災情報研究センター特任助教

主要著作　『ツイッターの心理学——情報環境と利用者行動』誠信書房，2016年〔共著〕。『日本人の情報行動2020』東京大学出版会，2021年〔分担執筆〕。

渡辺健太郎（わたなべ けんたろう）　　　　　　　　　担当：コラム1

現職　大阪大学大学院人間科学研究科特任研究員

主要著作　「文系学部卒男性がもたらす若年層の権威主義化」『年報人間科学』第38号，2017年。「高等教育における専攻分野と価値意識」『ソシオロゴス』第44号，2020年〔共著〕。

齋藤僚介（さいとう りょうすけ）　　　　　　　　　　担当：コラム2

現職　大阪大学大学院人間科学研究科博士後期課程・日本学術振興会特別研究員

主要著作　「現代日本におけるリベラル・ナショナリズム——潜在クラス分析を用いた実証研究」『ソシオロジ』第65巻第1号，2020年。「どのようなナショナリストがネット上で政治的情報発信をするのか——行為の心理的誘因に着目して」『マス・コミュニケーション研究』第99巻，2021年。

序章

ネット社会と民主主義の「分断」問題

辻　大介

　インターネットの黎明期に夢見られていた近未来像をひとつ紹介しよう。電話回線でネット接続を提供する商用サービスがアメリカで現れはじめていた 1990年，著名なエコノミストの G. ギルダーは次のように書いている。

　　テレコンピュータは，大衆文化を助長するかわりに，個性をはぐくみ，受け身の姿勢ではなく，創造力を高めるようになるだろう。トップ・ダウン型のシステムではなく，テレコンピュータは，それぞれの受像機が映像や情報を処理するプロセッサーであり送信機でもあるという「双方向システム」として機能し，マイクロチップというはかりしれないパワーをもったテクノロジーにふさわしい，新しい文化の幕をひらくだろう。

　　なかでも，たぶんこれがもっとも重要な影響だと思うが，このテレコンピュータによって世界の民主主義と資本主義が，大きく前進することになるはずだ。テレビ産業はいま，西側のテレビ番組が東ヨーロッパの共産党政権を打破するのに大きな役割をはたしたと自画自賛している。たしかに，大筋において，それは事実だろう。だがテレビというのは，本質的には「全体主義的」なメディアなのだ。　　　　　　　　　　　　　　　(Gilder 1990 = 1993: 34)

　ここでは，今なら「インターネット」と呼ばれるだろう「テレコンピュータ」が，テレビに代表されるマスメディアと対置されている。それがさらに，西側の自由民主主義・資本主義と東側の崩壊しつつあった独裁的共産主義に重ね合わせられる。このような技術の革新と社会の変化を短絡させる語り口（いわゆる技術

1

決定論）は，情報社会の夢見られ方のステレオタイプのひとつでもあることに（佐藤 2010），ひとまず注意を払っておきたい。

1　ネット社会の「夢」の暗転

　翌 1991 年，ソビエト連邦が崩壊し，アメリカでは民主党の上院議員アル・ゴアが主導した，高性能コンピューティング法が制定される。2 年後，ゴアはクリントン政権の副大統領に就任し，全米情報基盤（NII: National Information Infrastructure）構想を打ちだす。その後の 2 期 8 年間にわたる政権下で基盤整備が進められていくなか，インターネットがもたらすはずの国益を損ないかねない障壁として浮上してきたのが，「デジタルデバイド（digital divide）」であった。

　1999 年に公表されたアメリカ商務省の報告書 *Falling Through the Net*（ネットから落ちこぼれる）は，社会経済階層や人種によってネットアクセスの格差が生じていることを指摘。そうしたデジタルデバイドが経済格差のさらなる拡大につながりかねないこと，ひいては，情報技術の牽引するグローバル経済をアメリカがリードしていく妨げにもなりかねないことを問題視していた（辻 2014）。つまり，ギルダーの夢見た「資本主義」の前進に影を落とすものとみなされたのである。

　他方で，社会科学者のあいだでは，デジタルデバイドはもうひとつの夢（「民主主義」の前進）にとっても，多分に問題含みのものとして受けとめられていく。

　たとえば政治学者の P. ノリスは，2001 年の著書において次のような可能性を示唆している（Norris 2001）。政治関心の高い市民層にとって，ネットでは，これまでよりも容易に政治情報や知識，ともに活動する仲間を得ることができる。そのため，彼ら彼女らは政治とのかかわりをさらに深めていくだろう。一方，関心の低い層は，ネットでわざわざ政治情報を検索したり議論を交わしたりしようとはせず，むしろ政治への市民的参与からさらに遠ざかっていくだろう，と。

　　仮にこの解釈が正しく，また，インターネット利用がさらに広がり常態化してもそうした状況が続くとすれば，市民的参与における「民主主義デバイド（democratic divide）」が拡大していくことになるだろう。インターネットはそれゆえ，一般公衆を活気づけるにはほど遠く，社会のなかで活動層と無気力層の分断を深めるように機能するかもしれないのである。　　　　　（ibid.: 231）

憲法学者の C. サンスティーンもまた，同 2001 年に公刊された著作（邦訳は『インターネットは民主主義の敵か』と題されている）において，ノリスとは異なる角度から，次のような問題提起をしている。

> 民主制度は，広範な共通体験と多様な話題や考え方への思いがけない接触を必要とする。この主張に賛同する人たちからすれば，各自が前もって見たいもの，見たくないものを決めるシステムは，民主主義を危うくするものにみえるだろう。考え方の似たもの同士がもっぱら隔離された場所で交流しているだけでは，社会分裂と相互の誤解が起こりやすくなる。
>
> (Sunstein 2001 = 2003: 8)

サンスティーンは，このような，自分と似た考え・見たい意見ばかりに接することになるネット上の閉ざされた情報環境を「エコーチェンバー（echo chamber）」と呼び，その危険性に警鐘を鳴らした。もっとも彼は，少なくともこの時点では，インターネットは実際には「人の視野を広げ，新しい話題や考えとの出会いを可能にしている」側面のほうが大きいと評価しており (ibid.: 8-9)，エコーチェンバーの脅威が現実に民主主義を侵食していくだろうという見方には否定的だったが。

しかし，それから 20 年を経て，アメリカにおける民主主義の危機は多分に現実味を増していった。ネット上を有象無象のフェイクニュースが飛び交った 2016 年の大統領選挙では，排外的な自国中心主義を掲げるドナルド・トランプが多くの識者の予想を覆して当選した。自らに批判的な主流マスメディアを敵視し，愛用する Twitter で一方的な主張を拡散するトランプの政権下で，保守とリベラルの対立・分断は深刻化する一方だった。2020 年の大統領選挙に敗北したトランプが根拠もなく不正選挙を訴え，扇動されたハードコアな支持層が議事堂を襲撃するにいたったことは記憶に新しい。

ひるがえって日本の状況は，まだ微温的に思えるかもしれない。それでも 2012 年末の第二次安倍内閣の発足以降，「解釈改憲」問題に代表される政権の強権的スタンスに対して，リベラルは激しく反発し，右派層と左派層の「分断」が

---

1 ここでの引用箇所は，Sunstein (2001) の邦訳出版にあたって加えられた「日本語版への序文」からのものだが，原著と異なる見解が述べられているわけではないことを念のため付記しておく。

たびたび言挙げされるようになった。また，いわゆるネット右翼を母体とした排外主義活動も過激化し，街頭でヘイトデモがくり返されるようになり，2016年にヘイトスピーチ解消法が施行されるまでにいたった。安倍政権やその後の菅政権が自らに批判的なマスメディアを「偏向」していると敵視する点も含めて，程度の差こそあれ，問題の構図そのものはアメリカとよく似た状況が生じているといえるだろう。

　本書は，こうした民主主義社会の分断がもっぱらインターネット（の普及）によって引き起こされていると，技術決定論的に主張したいわけではない。経済格差の拡大やグローバル化，冷戦終結後の国際情勢の変化とそれにともなうイデオロギー・価値観（の対立軸）の転換など，おそらく主要因はほかにあるだろうし，日本とアメリカで要因は異なってもいるだろう。

　私たちの社会に生じる変化を化学反応にたとえるならば，インターネットが果たすのは，その反応を促進する「触媒」の役割であろう。現在進みつつある社会変動において，はたしてインターネットは民主主義の分断を促進するように作用しているのだろうか？　この問いに対して，複数の調査データを用いつつ，多角的かつ実証的に診断を下すことが，本書の目的である。

2　本書の構成と各章の概要

　第1章の鈴木論考では，理論的な概観と整理を行う。現在，ネットの社会的影響に関する実証研究は，社会心理学・政治心理学的な理論を有力な背景として議論を組み立てることが多い。鈴木はそこに批判的検討を加え，問題をとらえる視座の見直しを図り，取り組まれるべきいくつかの課題を提示する。続く各章の実証分析がその課題を直接引き受けるわけではないものの，そこから得られた諸知見によって課題にどう答えることができたか（できなかったか）は，終章で総括することにしたい。

　第2章の北村論考は，政治的意見・情報について，ネット利用が実際に「見たいものだけを見る」ように作用しているかを検証する。自分と異なる考えや対立する意見が目に入らない状況が生じているとすれば，健全な民主主義的世論形成にとってけっしてのぞましいことではない。北村の分析結果からは，ネット利用がやはりそうした選択的接触に結びついていることが確認されている。ただし，その効果がかなり限定的なものであることにもまた，慎重に注意が促される。

第3章の小笠原論考では，また別の観点から，人びとの情報接触行動の現状に光があてられる。小笠原はまず，ニュース接触がマスメディアに偏る層，インターネットに偏る層，いずれの利用も活発な層，逆に不活発な層の4類型を抽出する。これをもとに，さらに分析が加えられ，かつてとは様相の異なるかたちである種のデジタルデバイドが存続していること，そして，それが前述のノリス（Norris 2001）のいうような「民主主義デバイド」につながる可能性を有していることが見いだされる。

　第4章の田辺論考では，より具体的なイシューに照準が向けられ，自民党支持に及ぼす情報行動の影響が探究される。2年間にわたるウェブ追跡調査の分析結果から明らかになるのは，自民党を一貫して支持しつづける「岩盤層」を増やすような効果が，限定的ながらも一部のネット利用行動に認められることだ。それでも日本で政治的分極化が目立たないのは，自民党の対極となる有力な政党勢力の不在ゆえ（小熊〔2020〕のいう「左の欠けた分極化」）ではないか，と田辺は示唆する。

　第5章の樋口論考もまた，ウェブ調査データを用いて，憲法改正への賛成度を「5ちゃんねる」（旧「2ちゃんねる」）まとめサイトなどの利用が強める，という知見を導いている。くわえて改憲についての自由記述回答を計量テキスト分析することにより，改憲賛成派のあいだでも，右派系サイトをよく閲覧する層では中国・韓国の脅威への危惧が目立つのに対して，あまり閲覧しない層はアメリカによる戦後憲法の「押しつけ」に批判的といった特徴・違いがあることも明らかにしている。

　第6章の浅野論考は「デジタルネイティブ」世代の若者に焦点をあて，安倍首相（調査当時）への好感度にネット利用が影響していたかを問う。若年層は中高年層よりも政治関心が低く，そのため概して政治家や政策争点には肯定的でも否定的でもない中庸な態度をとりがちだ。そのことが実は若年層での首相支持（好感）を表面的に高くみせていること，また，政治関心を統制して分析すると，Twitter閲読とポータルニュース接触では首相好感度への効果が異なることなどが示される。

　第7章の三浦論考では，具体的イシューからあらためて視野を転じ，民主的制度のパフォーマンスを支える社会関係資本（Putnam 1993＝2001）のひとつ，他者への一般的信頼にネットが及ぼす影響を検討する。オンラインで見知らぬ相手と

出会い，かかわりをもつ経験は，はたして他者への信頼を育むのか，損なうのか。ウェブ調査データの分析からは，SNS の利用がネット上の他者への信頼を高め，それを介してオフラインの他者への信頼にもつながっていくという経路が確認される。

第8章の河井論考は，これも民主的世論形成の基盤をなす寛容性に着目して，ネット利用との関連を探究する。民主主義にとって問題なのは，異なる意見や価値観が鋭く対立すること自体ではなく，相手への不寛容が議論そのものを困難にすることだ。えてしてネット上ではそうした情景が目につくが，河井の分析によれば，各種のネット利用行動はむしろ寛容さと結びついており，「炎上」で名高い Twitter や「5 ちゃんねる」の閲覧頻度が意外にも寛容性を高める効果をもつという。

第9章の辻論考は，政権支持や政策争点への賛否を，ネットが二極分化させるかを検証する。分析の結果，パソコンでのネット利用に，安倍政権の支持／不支持や首相への好悪を分極化させる効果が認められる一方で，憲法改正への賛否には効果をもたないこと，そのほかの政策争点に関する効果も分極化とは異なることが明らかになる。そこから辻は，ネットという「触媒」はイデオロギーよりむしろ感情の位相に作用することによって，政治的分極化をもたらすのではないかと論じる。

終章（辻）では，ここまでの各章で得られた個別の知見を結びあわせ，いくつか分析を補いながら，日本におけるネット社会の現状を，一定のストーリーラインのもとで立体的に浮かび上がらせる。

インターネットは民主主義を分断していくのだろうか？　この問いに平板なイエス／ノーで答えようとすることほど，危ういものはない。むやみに悲観視するのでも楽観視するのでもなく，今のネット社会の「健康状態」を，さまざまな角度からできるだけ正確に診断すること。本書の企図はその点にある。それによってはじめて適切な「処方箋（しょほうせん）」を書くことも可能になるはずだ。

最後に，本書で用いられる調査データの概要を記しておく。調査データは計4セットにわたる。大別すると，印刷版の質問紙（調査票）を用いて 2019 年の参議院議員選挙後に実施された全国調査と，2017・18・19 年に行われたウェブ質問紙システムによる調査がある。

前者は無作為抽出（ランダムサンプリング）による確率標本であり，また，昨今の調査協力状況が悪化す

るなかにあって 50% を超える有効回収率を得ており，統計的信頼性の高い良質なデータといえる。それに対して後者のウェブ調査は，非確率標本であるため統計的信頼性には劣るものの（得られた分析結果が母集団〔日本社会全体やネットユーザ全体〕の特徴をうまくとらえられているかについては，一定の留保や統計学的観点とは別途の検討を要する），3 時点にわたって同一標本を追跡したパネル調査であり，一時点のみの横断的調査データでは難しい因果関係の推定を行いやすいという強みをもつ。

このように 2 系統の調査データはそれぞれ違った長所短所をあわせもつため，各章ではそれぞれの問題関心に応じて，用いるデータセットが選び分けられている（第 2, 3, 6, 9 章は全国調査データ，第 4, 5, 7, 8 章はウェブ調査データ）。章ごとに異なるデータが用いられていることにとまどう読者がおられるかもしれないので，この点はあらかじめ断っておきたい。

なお，2019 年全国調査および 2018 年ウェブ調査は，文部科学省・日本学術振興会科学研究助成（課題名「情報環境の構造転換にともなう世論の〈極性化〉──その実態とプロセスの解明」，課題番号 18H00926，研究代表：辻大介）により行われた。また，2017 年ウェブ調査は，電気通信普及財団 2016 年度研究調査助成（課題名「ネットは日本社会に排外主義を広げるか──計量調査による実証分析」，研究代表：辻大介）により，2019 年ウェブ調査は，同財団 2018 年度研究調査助成（課題名「ソーシャル・メディアを中心としたメディア利用と寛容性の関連に関する研究」，研究代表：河井大介）により行われた。記して感謝申し上げる。

2019 年全国調査

実査期間：2019 年 7 月 27 日〜10 月 2 日

調査対象：全国満 18 歳以上 69 歳以下の男女

調査方法：住民基本台帳にもとづく層化 2 段無作為抽出により，計画標本 2,160 人（1 地点 18 人×120 地点）を選定し，株式会社日本リサーチセンターの調査員が調査票を個別訪問配布・留置・回収（郵送回収を一部併用）

有効回収：1,094 人（有効回収率 50.6%）

調査実施事業者：株式会社日本リサーチセンター

2017 年ウェブ調査

実査期間：2017 年 11 月 15 日〜18 日

調査対象：NTT コムリサーチおよび提携事業者の登録モニターの 16 歳以上 64
　　　　　歳以下の男女

調査方法：男女×年齢層 5 歳区分（16〜19 歳のみ 4 歳区分）の 20 セルに 200 人
　　　　　ずつを均等割当した計 4,000 人を計画標本数とし，NTT コムリサーチの
　　　　　ウェブ質問紙調査システムにより回答を入力

有効回収：4,168 人

調査実施事業者：NTT コム　オンライン・マーケティング・ソリューション株式
　　　　　会社（2018 年・2019 年ウェブ調査も同じ）

2018 年ウェブ調査

実査期間：2018 年 11 月 13 日〜22 日

調査対象：NTT コムリサーチおよび提携事業者の登録モニターの 17 歳以上 65
　　　　　歳以下の男女

調査方法：男女×年齢層 5 歳区分（17〜19 歳は 3 歳区分，60〜65 歳は 6 歳区分）
　　　　　の 20 セルに 250 人ずつ均等割当した計 5,000 人を計画標本数とし，まず
　　　　　ず 2017 年調査協力者に対してウェブ質問紙調査システムにより回答入
　　　　　力を求め，実査開始 3 日後に計画標本数に達しないセルについては新規
　　　　　標本の追加を併行して実施

有効回収：5,419 人（うち 2017 年調査からの継続標本 2,834 人，新規追加標本
　　　　　2,585 人）

2019 年ウェブ調査

実査期間：2019 年 12 月 3 日〜15 日

調査対象：NTT コムリサーチおよび提携事業者の登録モニターの 18 歳以上 66
　　　　　歳以下の男女

調査方法：男女×年齢層 5 歳区分（18〜19 歳は 2 歳区分，60〜66 歳は 7 歳区分）の
　　　　　20 セルについて，18〜19 歳の 2 セルに各 60 人，その他 18 セルには 160 人
　　　　　ずつ均等割当した計 3,000 人を計画標本数とし，2018 年調査協力者に対
　　　　　してウェブ質問紙調査システムにより回答入力を求め，実査開始 7 日後に
　　　　　計画標本数に達しないセルについては新規標本の追加を併行して実施

有効回収：3,693 人（うち 2018 年調査からの継続標本 3,059 人，新規追加標本
　　　　　634 人）

第1章

ネットの影響は強力なのか

社会学の観点からの理論的検討

鈴木 謙介

1 インターネットは民主主義の敵か

分断されるアメリカ

『インターネットは民主主義の敵か』——C. サンスティーン（Sunstein 2001 = 2003）の邦訳タイトルである。原題の "Republic.com" とは大きくニュアンスが異なっているが，こちらのほうが本の内容を正確に反映しているかもしれない。というのもサンスティーンが注目したのは，インターネットが個人向けにカスタマイズされた情報を提供するようになることで，人びとが自分の好みに合ったニュースのみを見るようになり，異なる意見をもった人の声に耳を傾けなくなるという問題だったからだ。

実際，アメリカの政治ではサンスティーンの危惧した事態が進行中だ。ピュー・リサーチ・センターの 2017 年の調査（Pew Research Center 2017a）によると，社会保障や外交などの 10 の政治的価値をもとにして作成された尺度では，アメリカ全体の世論はややリベラル寄りに変化しているものの，共和党支持者の態度の中央値は民主党支持者の 97% よりも保守的であり，民主党支持者の中央値は共和党支持者の 95% よりもリベラルになっている。1994 年には両者の重なりが大きかったことを考えると，約 20 年の間にアメリカの政治的世論は深刻な分断状況に陥ったといえるだろう。

そして，その原因のひとつと目されているのがインターネットである。2016 年のアメリカ大統領選挙を分析したピュー・リサーチ・センターの記事（Pew Research Center 2017b）では，トランプ候補に投票した人，クリントン候補に投票し

た人のそれぞれが選挙のニュースソースとしたメディアは，ソーシャルメディアの Facebook が Fox News や CNN，MSNBC などに次いでいずれも 3 位であった。その Facebook は大統領選挙に関連し，クリントン候補についてのフェイクニュース（いわゆる「ピザゲート」）が流布したことでも知られている。さらに，イギリスの調査会社ケンブリッジ・アナリティカが，Facebook を通じて 8700 万人もの個人データを不正に取得し，大統領選挙において人びとの投票行動に影響を与えることを目的として個人向けにカスタマイズされた広告を制作していたことも明らかになっている。これらの出来事が選挙結果にどのような影響を及ぼしたのかについて明確な証拠はないが，インターネットが民主主義にとって重要な要因になりつつあることは間違いない。

　はたして，インターネットは人びとの政治的態度に影響を与え，社会を分断に導く危険な存在なのだろうか。この章では，おもに社会心理学と社会学の研究成果を援用しつつ，インターネットが社会の世論全体に与える影響についての理論モデルを提案する。とりわけ強調したいのは，この分野はこれまで社会心理学を基礎とするメディア研究の文脈で論じられてきたが，今後はいっそう，社会学的視点からの研究が必要になるということだ。

　そもそも，政治的態度や世論に対するインターネットの影響を扱った実証的研究は，それほど多いわけではない。すでに挙げたアメリカのデータにおいて最も重視されているのも，Fox News などのケーブルテレビの視聴動向だ。これはアメリカの世論の分断が，1970 年代にはじまる政治の左右対立の激化と党派的メディアの台頭に影響を受けているという説とも整合的だ（前嶋 2017）。またフェイクニュースが蔓延する背景として，マスメディアの情報が偏っていると思われているといった傾向があることも指摘されている（Newman et al. 2017）。インターネットだけが人びとの政治的態度に影響を与えるわけではないし，その影響力を独立して扱うことも容易ではない。

ネットによる世論の分極化

　ただ，インターネットにはほかにない独自の性質があることは，これまで幾度も指摘されてきた。冒頭にあげたサンスティーンが問題にしたのは，インターネットが個人向けにカスタマイズされた情報を提供するようになることで，人びとが自分の好みに合ったニュースのみに接触し，異なる意見をもった人の声に耳を

傾けなくなることだった。E. パリサー（Pariser 2011 = 2012）はこの現象を「フィルターバブル」と名づけ，インターネットには「自分の好みや興味のなかに閉じこもってしまうことを可能にする」力があるのだと主張した。同様の指摘は東・大澤（2003）や鈴木（2007）など日本の研究にも見られるものである。

　だが，これまで論じられてきたインターネットのフィルターバブル的な特徴と，ここで問題にしようとしている「世論の分断」との間には，見過ごすことのできない大きな違いがある。というのもインターネットが個人に何らかの影響を与えるからといって，それがただちに社会全体に特定の影響を及ぼすとはかぎらないからだ。

　インターネットの影響で個人が偏った政治的態度を身につけるというときに想定されるのは，一般には理解しがたい陰謀論や極端な思考様式を身につけてしまうことではないだろうか。近年のアメリカでは「オルト・ライト」や「Qアノン」といったカルト的な集団が注目されている。日本でも一部の「ネット右翼」と呼ばれる人びとの主張のなかに「マスコミが隠蔽する真実をインターネットで見つけた」とするものがあると指摘されてきた（安田 2012：伊藤 2019）。つまりインターネットは，個人を「カルト化」させる力があるのだとみなされてきたわけだ。

　これに対してアメリカのように「世論が分断される」というとき，そこでは，個々人に及んだ影響が，社会全体で集計した際には個人の意図を超えた特定のパターンをとることが想定されている。しかしながら，個人への影響と社会全体の傾向がどのように結びつくのか，明確に示した研究は笹原（2018）くらいだが，そこでもイデオロギーの対立が生じるメカニズムは説明されていない。また茨木（2014）は，個人の態度が先鋭化する「極化」（polarization）現象を，集団で熱心に討議した際にその結論が極端なものになる傾向としたうえで「集団分極化」（group polarization）と同一視している。だがここでいう集団分極化とは，一緒に討議している集団内部で生じるものであって，たがいに見ず知らずの人びとが世論全体として集計された際の傾向を示すものではない。そこで話の文脈をより厳密にするため，以後この章では，個人の政治的態度が極端なものになり，カルト化することを「極性化」（polarization），一方で見ず知らずの社会全体の人びとが全体として対立的な2極に分化することを「分極化」（bi-polarization）と呼ぶことにしたい。

個人と社会の結びつき

　さて，そのように考えたとき，この現象は社会科学的にどう扱われるべきだろうか。ここで想定されているのは「インターネット」という，基本的に個人で利用するメディアが「民主主義」という社会的な制度や構造に関わるレベルで何らかの影響を及ぼすという事態だ。社会科学においては，このような個人の意識や個人が選択する行動と，社会全体で観察される現象や社会制度がどのような関係にあるのかをめぐる「ミクロ・マクロ問題」が，長年の論争の種となってきた。すなわちインターネットを利用する個人の行動が民主主義への影響という社会的な次元に結びつくという主張は，暗黙のうちにミクロとマクロのリンクを想定しているのである。

　この想定が特殊であるのは，情報社会におけるミクロとマクロのリンク，とくにミクロからマクロの流れについて従来の研究がほとんど扱ってこなかったからだ。インターネットのもたらす影響といえば，多くの場合，技術革新がもたらす産業や雇用への，ときに破壊的な影響か，インターネットの情報が個人に与える意識や行動の変化に限定されており，そのような変化が社会全体にどのように波及し，社会変動へとつながるのかについて，明確な根拠を示してこなかった。とりわけ，技術革新が直接的に，ほかの要因を無視できるほどの力で社会を大きく変えるとする「技術決定論」に対して慎重な立場をとる社会科学にあっては，インターネットの利用が社会全体にもたらす影響についての研究は，それが個人に与える影響の研究に比して手薄だったといえる。

　はたしてインターネットは本当に民主主義に危機をもたらす「敵」なのか。そのことについて検証するためには，大前提として，ネット利用というミクロの行為と社会の変化というマクロの現象のリンクが，どのようなかたちでなりたっているのかが理解されていなければならない。そこでこの章では，まずインターネットが個人に与える影響について，主として社会心理学の研究成果を参照しながら整理し，ついで個人が社会とどのようなかかわりをもつのかについて，おもに社会学における階層研究の成果を用いて検討する。そのうえで，インターネット利用が個人と社会にどのような影響を与えるのかについての新たなモデルを提示する。

2 ネット利用で社会は見えなくなるのか

社会学におけるミクロとマクロ

　社会科学のなかでも社会学は，ミクロとマクロのリンクの問題に一貫して敏感であった。個人の内的な意味世界で起きていることだけを見ていても「社会」の全体像は見えてこないが，計量データが社会の全体像を示すものであるともいいきれない。計量的なデータで把握できるのはあくまで測定した指標だけであって，それが調査対象となった個々人のすべてを表現するものでもないからだ。科学的な調査手法の水準にとどまらず，ミクロとマクロを有機的に結びつける理論枠組を構築することは，「社会」について描写しようとする社会学にとっての最重要課題だった。

　たとえば A. ギデンズ（Giddens 1984 = 2015）は，構造がエージェンシーを規定し，エージェンシーが構造をつくるという「構造化理論」によって，ミクロとマクロをリンクさせようとする。あるいは P. ブルデュー（Bourdieu 1979 = 1990）は，個人の「趣味」という文字どおり個人的な水準での選択が，実は出身階層などの影響を受けていることを指摘することで，このリンクを実証的に明らかにしようとしている。いずれにおいても存在被拘束的な個人の自発的な選択の結果，構造が規定され，再生産されるという立場をとっている。

コールマン・ボートによるモデル化

　ただ，インターネットの影響を扱ううえでは，両者の想定するシステム的な連関はやや抽象化されすぎているという欠点もある。インターネットの個人利用という比較的短いスパンで選択されるミクロな行為とマクロな社会の変化を結びつける理解枠組としてより適切なのは，J. コールマン（Coleman 1990 = 2004）の合理的選択理論において示されている「コールマン・ボート」だろう。図 1.1 に示すようにコールマンは「プロテスタンティズムが資本主義を生みだす」という出来事について，それがマクロな社会システム A から別のシステム B への変化というより，A の影響によって「禁欲的な生活態度」が内面化されるという社会的行為 A′ が選択され，その結果「合理的な経済行動」という別の社会的行為 B′ が生みだされたことで「資本主義」という社会システム B が生起したのだと説明している。

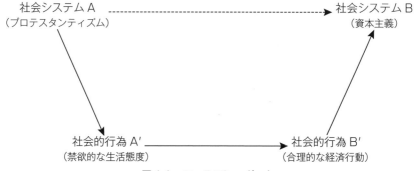

図1.1　コールマン・ボート

　ここでこの図式を採用する理由のひとつは，ここで扱うのがギデンズのいうような抽象的な社会変動ではなく，「世論の分布の変化」という同一指標内での変動であるため，より具体的なリンクを想定しやすいということだ。また従来の社会学の研究が個人の極性化を扱う際，どちらかというと行為者のミクロな視点からその内的合理性を理解することにとどまる（Hochschild 2016 = 2018）のに対して，この図式であれば，個別のシチュエーションや文化現象などのミクロな状況の定義に左右されず，集合レベルでの社会の構造への還元を扱うことができるからだ。

　そこでこの枠組に則ってインターネットが社会全体の世論に与える影響を3段階に分けて考えると，次のようになる。

①個人のネット利用はどのような社会システムに条件付けられているか（A→A'）
②その条件付けのもとで，個人はどのような利用行動を選択するか（A'→B'）
③その個人の選択は，社会全体の世論をどのような状態にするか（B'→B）

　この流れに沿って以下では，既存の研究がミクロとマクロのリンクをどのように扱っているのかを見ていこう。取り上げるのは W. ベネットと S. アイエンガーの「最小効果説の新時代？　*A New Era of Minimal Effects?*」（Bennett and Iyengar 2008）だ。あとにも論じるとおりこの論文は，インターネットが世論に与える影響の研究としては大きな反響を呼んだのだが，コールマン・ボートの図式から見ると大きな問題を抱えており，批判的に検討する価値をもっている。

選択的接触による先有傾向の強化

まず「①ネットを利用する個人はどのような社会システムに条件付けられているか（A→A′）」という点から見てみよう。これまで，メディアのもたらす影響を測定する，いわゆる効果研究においては，初期の「強力効果説」を批判するかたちで 1940 年代から 1960 年代にかけて盛んに論じられた「コミュニケーションの二段の流れ」（Katz and Lazarsfeld 1955 = 1965）に代表される「限定効果説」の時代があった。その後マスメディアの発達とともに「議題設定機能」（McCombs and Shaw 1972; Weaver et al. 1981 = 1988）などの「新・強力効果説」が主流になったというのが，標準的な学説史の理解だ。

これに対してベネットとアイエンガーは，人びとがメッセージを受け取り，解釈する社会的に共有された文脈から切り離されるようになっているとし，よりコミュニケーション技術の側面に目を向けるべきだと主張する。ここで二人がとくに批判しているのは，限定効果説も新・強力効果説もともに，人びとが「無思慮な聴衆」であり，それゆえに親密な中間層や，社会全体の動向に左右されやすいという前提に立っていたことだ。むしろ現代では，メディアの接触環境は多様化しており，しかも人びとは自分の関心に応じて何を見るかを選ぶことができる。そのうえ，ニュースを提供する側も，人びとの嗜好に応じてセグメンテーションされ，ニュースコンテンツのファッション化を起こしている。

つまり，これまで「A→A′」のフローとして想定されていた条件が変化し，したがって個人のニュース接触や態度のあり方も変わるというのである。ベネットらはその変化を，伝統的な秩序から近代的な公的機関を基盤とした法合理的な秩序への移行という変化の終わりであり，従来の効果研究は「マスメディアと大衆社会を定義する条件が完全に整う前に行われた研究の結果として回顧的に説明することができる」と批判している。

では「②その条件付けのもとで，個人はどのような利用行動を選択するか（A′→B′）」という点についてはどうだろうか。ベネットとアイエンガーが注目するのは，インターネットを含む現代の情報環境が個人の先有傾向を強化する「選択的接触（selective exposure）」の手段となっているということだ。情報への接触手段は多様化しており，マスメディア以外のチャネルへの接触が主流になりつつあるとベネットらは見ている。こうした環境では，かつてマスメディアを「ながら視聴」していたときのような非選択的接触による社会課題への認知は形成されず，

逆に自分の先有傾向に見合う情報ばかりが摂取される。その結果，マスメディアの情報のほうが偏っていると感じるようになり，不信と反発も増幅されるというのである。

　ベネットとアイエンガーが注目するのはそれだけでない。情報への接触手段のうち最も増加しているのは，社会ニュースではなく娯楽に関するものだ。こうした情報の増加は，社会問題に関心のない層を，よりニュースから遠ざけ，娯楽的な情報に接触する影響をもたらす。メディアの側もこうした消費者の嗜好に合わせた情報を発信するようになり，より先有傾向が強化されていく。

　そして「③その個人の選択は，社会全体の世論をどのような状態にするか(B′→B)」という面から見るならば，それは社会の分断を導くのである。まず，政治的な問題に関心のある層と無関心な層がメディアの選択において分化する。そして，政治に関心のある層は，自身の先有傾向に従ってチャネルを選択し，それぞれに極性化していく。ところがマスメディアの世論調査はいまもって，無関心層までを取り込んだ世論調査を行うので，この深刻な分断を把握することができない，というのがここでの主張だ。

　以上，ベネットらの論文を概観してきた。二人はここで「最小効果説の新時代」と述べているが，ここで想定されているのは，いわゆる「限定効果説」の代表とされる J. クラッパーの『マス・コミュニケーションの効果』（Klapper 1960＝1966）である。ベネットらは本来の限定効果説の含意であった「メディアの影響は，個人の先有傾向を補強するものに限定される」という点を強調するために，この言葉を用いたと考えられる。ただし限定効果説が，マスメディアの普及以前に人びとを取り巻いていた中間集団の影響を重視したのに対して，ベネットとアイエンガーは選択的接触が先有傾向を強化することで，もはや中間集団の影響すら失われていると見ている。実際にベネットと J. マンハイムの論文（Bennett and Manheim 2006）では「コミュニケーションの一段の流れ」とも表現されており，「新・限定効果説」というよりは，「新新・強力効果説」と呼ぶこともできる，個人とメディアの強い結びつきを示唆する立場に依っている。

情報の偏りは人を党派的にするか

　ベネットとアイエンガーの論文は，インターネットのもたらす世論への影響に対する関心が高まっていたこともあって，広範な論争を巻き起こした。ここでは

その代表として R. ホルバートほか（Holbert et al. 2010）および M. プライア（Prior 2013）による批判を確認しておきたい。

批判のうち大きな論点になるのは，ベネットらが依拠している心理学的枠組に厳密さが欠けていることだ。ホルバートらはベネットたちの主張を心理学における説得研究の一部と位置づけたうえで，彼らが「説得を態度変容と同じものだとみなしている」ことを問題視する。つまり国民的メディアが人びとの態度を変容させる力を失い，人びとが自らの態度を強化するための情報を選択するようになるという見立ては，説得のプロセスを非常に狭い視野でとらえているというのだ。またホルバートらは，人びとが自分の好む情報だけを選択しようとするというベネットらの主張に対しても，複数の研究結果をもとに疑いの目を向けている。

同様にプライアも，ベネットらが認知，態度，行動といった行動科学の基本的な枠組を押さえていない点を批判する。たとえばインターネットが情報の摂取に偏りをもたらすとして，それが人びとの投票行動にどこまで影響を及ぼすのかははっきりしないし，ある投票行動をとったことが，インターネットの影響であるかどうかは確認できない。すなわち「店に肉がないときに豆腐を買ってもベジタリアンになるわけではない」のと同じように，政党のイデオロギー的な一貫性が高まったからといって，それが人びとの党派性を高めるわけではないというのだ。

ようするに批判の第一の論点は，ベネットとアイエンガーが情報選択と認知の偏りと態度強化を一連のものと考え，それが現代的なメディア環境のなかでひと続きに引き起こされるものだとみなす点にある。言い換えると，情報環境の変化というマクロな出来事が，人びとを党派的にするというただひとつのミクロな現象につながるとはいえないということだ。

批判のもうひとつの論点は，そもそもインターネットなどの現代的なメディアのせいで世論が分断したといえるのかというものだ。すでに述べたとおり，アメリカの民主・共和党間の政策的な対立は 1970 年代にはじまっており，1980 年代になって，それに追従するかたちでケーブルテレビなどの党派的なチャネルが台頭する（前嶋 2017）。またプライアによると，ケーブルテレビが娯楽チャネルを増加させたのは 1970 年代のことだが，この時点ですでに，娯楽ファンの投票率の低下と，残った有権者の投票行動が党派的なものになるという現象は発生していた（Prior 2013）。つまりベネットらのいうような効果は，すでに初期のケーブ

ルテレビにおいても見られるのであり，ことさら直近の事象であるとはいえない。

　ベネットらが主張の根拠とするのは，アイエンガーらが行った実験の結果 (Iyengar and Hahn 2009) だ。それによると，2000 年に行った CD-ROM を用いた実験では，共和党員と共和党支持の保守派においてはブッシュに関する情報を選択する傾向が強かったものの，民主党支持者のなかではそうした傾向は見られなかった。一方で 2006 年に行ったニュース映像を用いた実験では，共和党支持者に対して「Fox News」のロゴを見出しに加えた記事を見せると，その記事を読みたいと思う確率が約 25 ポイント上昇した。また CNN や NPR のロゴを追加すると，その確率は 10 ポイント近く低下した。一方で民主党支持者の間ではその効果は小さいものの，見出しに「Fox News」と表示されている場合には 10 ポイント強の選択率の低下が見られたという。ベネットらはこの結果の差を，より選択的接触が行われるようになった結果だと解釈しているが，プライアはこれを実験の設計の違いによるものではないかと指摘している。

個人の極性化と社会の分極化の混同

　こうしたいくつもの問題が指摘されるなか，ここでとくに大きく取り上げたいのは「社会的フレームを定義する文脈はもはや共有されていない」というベネットらの想定は，はたして正しいのかということだ。

　たとえば，フェイクニュースや偏向したニュースに接触することで，個人の態度が強化されるというケースを考えよう。ベネットらの説に従うならば，人は自らの先有傾向に従って「このニュースは事実に違いない」と認知し「やっぱり○○党の言うことはウソばかりだ」といった態度を強化し「○○党に投票しない（×× 党に投票する）」という行動を選択することになる。もしそうであれば，フェイクニュースが拡散する理由は「自分の思っていたことと近いから」ということになる。だがインターネット上のフェイクニュースの多くは，ソーシャルメディア上でパーソナルネットワークを介して拡散される。そしてその拡散を促す要因のなかには，多くの「いいね！」がついているからというものもある。つまり「もともと思っていたこと」でなくとも「みんなが『いいね！』を押して拡散しているから」という理由でその情報に接触する可能性もある。それは「社会的フレームを共有している」とはいえないのだろうか。

　また，もしもベネットらのいうように，人びとが社会の影響から切り離された

状態で先有傾向に従って，特定の態度を強化していくとするなら，その方向性は社会全体で見たときにはランダムなものになるのではないだろうか。人びとが個人的に選択した行為が，社会全体で見たときにある二極に偏るのだとしたら，それは偶然の結果とはいえない。むしろ人びとが「共和党と民主党は対極にある」という社会的フレームを共有していなければ，そのような結果は生じないはずだ。

　多くの人びとがすでに社会問題に対する関心を失い，娯楽的な情報により接触するようになっているにもかかわらず，マスコミの世論調査によって，多くの国民が社会問題に関心をもっているように見えているというベネットらの主張にも疑問がある。ホルバートらは娯楽的なソフトニュースのなかにも政治的なメッセージが込められる場合があることを指摘している（Holbert et al. 2010）。またベネットらは市民の多くが社会問題に関心をもっていないことの根拠として，イラク戦争に関する誘導的な世論調査の研究結果をあげているが，「特定の問題に対して明確な態度が形成されていない」ことは「社会のことになんら関心がない」ことと同一ではない。総じて，人びとが自分の好むインターネットの情報しか見なくなって，それ以外のことに無関心になっていることを強く示唆する材料はない。

　すなわち，党派的なメディアやインターネットに個人の先有傾向を強化する効果が認められたとしても，それは人びとの行動に影響を与える唯一の要因ではないし，その効果だけを単純に合成しても，社会の分極化が生じるとはかぎらない。この点でベネットとアイエンガーは，極性化と分極化を混同し，ミクロな行動がマクロな社会的状態を生みだす回路を示すことができていないといえよう。

　以上のとおり，従来の社会心理学を中心とした研究では「インターネットによって世論が分極化する」ことを一貫した論理で示せているとはいえない。その原因は「インターネットによって世論が分極化する」という現象の理論的把握が不十分で，ミクロとマクロのリンクを適切にモデル化できていないことにある。不完全なモデルにもとづく実証研究もまた，結果的に不完全なものになる。

　先述のコールマン・ボートに従うなら，ベネットとアイエンガーのモデルは，①社会的に共有された文脈が喪失する，②インターネットが個人の先有傾向を強化する，③その結果として社会が分極化する，というものだ。ここでとくに検証しなければならないのは，ミクロとマクロをつなぐ①および③の回路である。次節ではこの点について，社会学の研究成果を援用しつつ検討しよう。

3 「社会の視点」は失われたのか

　前節では，ベネットとアイエンガーの主張する「現代的なメディア環境における世論の二極化」論が，マクロの構造とミクロの選択の脈絡づけの点で問題を抱えていることを指摘した。では，その脈絡づけは，どのように考えればよいのだろうか。

社会的文脈が拡散するという想定の間違い

　そもそもこの脈絡づけの失敗は，コールマン・ボートの①において個人が社会的に共有された視点をもちえないと述べているにもかかわらず，それが③において特定の社会的文脈に偏った帰結をもたらすことの理由を説明できていなかった点にある。そこでまずは①の論点について社会学の立場から検討したうえで，なぜ③のフローが生じるのかについてあらためて論じてみよう。

　社会的な文脈が共有されていないとはどういうことなのか。従来の研究では，人びとがメッセージを受け取り，解釈するための共有された文脈やフレームが無効になるという点を，所与の前提としてとらえてきた。たとえば小林（2016）は，マスメディアという社会的情報環境のもつ「リアリティ形成」の位相が，多チャネル化と接触パターンの増大によって変化し，マスメディアの議題設定機能やプライミング効果が弱まると述べている。同様にベネットとマンハイム（Bennett and Manheim 2006）も，メディアの側が視聴者にターゲティングしていくことで，視聴行動が個人化していくことを指摘している。

　しかしながら，視聴環境やチャネルが多様化することは，そのまま社会的文脈が拡散することを意味するわけではない。まず，チャネルが多様化するといっても，視聴者はそのなかから任意のチャネルを選択することができる。そしてメディアの側がマーケティング的な動機で内容を多様化させるとしても，その差異がチャネル間でまったく異なったものになるとはかぎらない。むしろ大きく見れば既存のチャネルで発信されていた価値やフレームとほぼ変わらない内容のなかで，微小な差異化を行うほうがマーケティングとしては成功する可能性が高いと考えられる。

　すなわちメディア接触が「個人化」されることと，個々人の態度形成過程や行動パターンが文脈を失い，社会全体で見たときにバラバラ（ランダム）なものに

なることは，区別されなければならない。そして複数の社会学理論が「個人化」は「社会の喪失」とは異なるという立場をとってきたことを考えれば，この区別は決定的に重要である。

社会学が考える「社会の中の私」

そもそも社会学は，人びとが「社会」の存在を意識して行為を選択することを学問的前提にしている。たとえば自我理論においては，G. H. ミード（Mead 1934＝2005）の「一般化された他者」の役割取得過程に見られるように，いま眼前にいない他者の存在を想定し，そうした人びとの住まう社会のなかにいる自己を自覚することを，自我存立の条件とみなしてきた。私たちが他者とコミュニケーションをとることができるのも，「社会の中の私」あってこそのことだ。

そして社会学の考える近代化のプロセスは，その「社会」や「他者」の範囲が拡張されていくことと同義であった。たとえばギデンズは次のように述べる。

> 前近代社会では，ほとんどの人びとにとって，社会生活の空間的特性は「目の前にあるもの」によって——特定の場所に限定された活動によって——支配されていたため，場所と空間はおおむね一致していた。モダニティの出現は，「目の前にいない」他者との，つまり，所与の対面的相互行為の状況から位置的に隔てられた他者との関係の発達を促進することで，空間を無理やり場所から切り離していった。 (Giddens 1990＝1993: 32-33)

そして空間だけでなく，時間もまた，いまここにある実在を超えて認識されるようになる。B. アダムが，

> ……約束に基づいた実践や制度では，未来の出来事を現在において確保しようとする考慮が働く。たとえば雇用の契約では，未来の休日を確保することが可能であり，その職を失う可能性については，別の職を見付けるまでの時間的な猶予が規定できる。われわれはお金を貯めて投資をするとき，自分の未来を財政的に安心できるものにしていると考える。私の生命，家屋，クルマに保険をかけ，クルマ保険の「無事故割引」があるのは，どれもこれも，もしかすると手に負えないかもしれない未来の危険を，現在において制御可

能な均一の規模にならしているように見える。……未来はひとつの実在物と
　　なった。未来は，分配したり，割り当てたり，支配したり，交換に利用する
　　量となったのである。　　　　　　　　　　　　　（Adam 1990 = 1997: 226-227）

と述べるように，時間的に隔たりのある未来（そして過去）さえも，現在に連な
るものとみなされるようになった。こうした自我存立の時空間的拡張が，国民国
家と近代的な組織を可能にする条件であったことは，社会学のひとつの通説とな
っている。

社会的文脈を自覚したうえでの選択

　また，こうした時空間の拡張に大きな役割を果たしたのがメディアだった。と
くに 1940 年代に本格化するマスメディアの普及過程は，人びとが住まう領域の
あり方を「いまここ」から拡張させるきっかけとなった。たとえば J. メイロウ
ィッツは，

　　あらゆる電子メディアのなかでも，テレビはそれまでの私域と公域をもっ
　　とも強く融合させた。ラジオと電話は視覚的想像力を刺激するが，人々や出
　　来事の正確な映像を提供しない。テレビは，見知らぬ人を親密な人として経
　　験させる。　　　　　　　　　　　　　　　　（Meyrowitz 1985 = 2003:268）

と述べ，1960 年代に起きた若者の異議申し立て運動が，テレビによって暴かれ
た大人社会の「裏領域」に対する怒りに駆動されていたと主張する。ここで重要
なのは，テレビが，社会のあるべき理想像を若者たちに伝え，またそれゆえにテ
レビから流れる戦争や不正などの社会的不正義を許せないものにしたということ
だ。つまりテレビこそが「社会の理想と現実」の基準となっていたのである。
　こうした効果はメディアの効果研究においては「培養理論」や「主流形成効
果」として知られている（Garbner et al. 1986）。培養効果は議題設定機能と並ぶ
「新・強力効果説」の理論であり，この節で主題となっている「社会的に共有さ
れた視点」を生みだすメカニズムについての説明だといえる。
　社会的な視点が共有されるとはどういうことか。この点について大澤（1995）
は，マスメディアの効果研究における「限定効果説」から「新・強力効果説」へ

の変化に着目している。大澤は，マスメディアの効果を「態度や意見ではなく，世界に関する認知や表象の水準において生じている」と述べ，両者の身体的な現れの違いが重要であると指摘している。

　　認知にしろ，意見にしろ，客観的には——第三者的な観察者から判断するならば——，まさに認知し，意見を所有する当の身体に，そこに含まれている選択の作用が帰属している。というより厳密には，それらの選択性の宛て先になったその身体が，認知し，また意見を所有していると見なされるのである。……ところがしかし，奇妙なことに，「認知」においては，選択性の帰属が特殊な屈曲を被って現象する。それは，ある身体に帰属する選択性が，——その当の身体自身にとって——，その身体の外部に現れるという分裂である。

（大澤　1995: 160-161）

　ここでの用語法が社会心理学で一般に用いられるものとは異なっていることに注意する必要がある。たとえば「大統領選挙の結果，民主党の候補が勝利宣言をしたことを知っている」というのが「認知」であり，「この勝利宣言を受け入れる」というのが「意見」に当たる。大澤は意見と認知の違いを「選択の操作が帰属する身体にとって，選択性が自身の外部に現れる認識の形態が『認知』であり，選択性が自身の内部に現れる認識の形態が『意見』である」と分析している。つまりマスメディアの効果は「意見」の水準においては限定的だが「認知」の水準においては強力である，というのが，限定効果説から新・強力効果説への変化の背景にあるというのだ。

　以上のような社会学の理論的前提を補助線として，ベネットらの主張の問題点を検討してみよう。そこでは「人びとが社会的に共有された文脈から切り離され，自身の先有傾向に従って選択的接触を行った結果，なぜか社会的文脈に沿った世論の分極化が生じる」という矛盾が存在していた。現代において世論の分極化という現象が実際に観察される以上，問題の核心は「人びとが社会的に共有された文脈から切り離され，自身の先有傾向だけに従ってメディアへの選択的接触を行うようになる」という，ミクロからマクロへの流れ（図 1.1 の A→A′）にあるはずだ。

　では，ここで「社会的に共有された文脈から切り離される」とは，何を意味す

るのか。ベネットらの議論においてそれは，多くの人が社会問題に関心を失うこと，そして，政治に関心のある人が，自分の意見に近い情報だけを選択するようになることだった。だが先に挙げた大澤の議論に従うならば，ある情報に対して「これは社会問題である」とか「自分の意見に近い政治的主張だ」といった判断がなければ，選択的に接触するという行為じたいが成立しない。だとするならば，人びとは単純に社会的文脈を無視するようになったのではなく，そのような文脈があることを意識しながら，同時にその文脈から独立に自分の行為を選択するようになったと考えることができるのではないか。

こうした社会的文脈に対する自覚の高まりと自発的な行為選択の増加は，社会学理論においてはすでにギデンズらの「再帰的近代化（reflexive modernization）」の議論において展開されている。再帰的近代化論は非常に抽象度の高い理論枠組だが，以下，その内容をかいつまんで説明しよう。

再帰的近代における覚醒性の高まり

すでに述べたように近代化の初発において人びとは，自身が「埋め込み（embedding）」されていた伝統共同体から「脱埋め込み（disembedding）」され，より広い時空間で生じる出来事と対峙するという変化を経験した。こうした傾向は伝統共同体から近代国民国家への一時的な包摂を経て，現在では国家を超えるグローバルな時空間へと脱埋め込みされるものに変化している。このような現代社会では，人びとは自己の行為の選択に際して伝統を無批判に当てにすることができず（Beck et al. 1994 = 1997），自分が直面する状況をつねにモニタリングしながら，社会との関係を調整し，自己のアイデンティティを構築する企てを続けなければいけなくなる（Giddens 1991 = 2005）。

このときに重要なのは，個人の行為選択はたしかに個人に帰属するものになる，つまり「個人化」するのだが，それは社会をまったく無視したものではなく，むしろ社会的な状況や，そこで自分が占める位置についてつぶさにモニタリングしたうえで選択されているということだ。言い換えると個人化とは，人びとが社会的な文脈から切り離されることではなく，社会的な文脈から一方的に拘束される度合いが小さくなる一方で，その文脈に対してどのようにかかわるかを個人が選択するようになるということなのである。

この理論枠組を，本章で検討している世論の分極化に結びつけていくための実

証的な根拠はあるだろうか。メディア選択に関する直接的な証拠にはならないものの，たとえば吉川（2014）が計量分析と社会意識の関係について論じていることが，そのひとつに挙げられるだろう。

　吉川はまず，人びとの地位アイデンティティ（階層帰属意識）が経済的な豊かさのみならず，学歴や職業的地位との結びつきを強めたことを指摘し，これを「人々の階層についてのリテラシーの向上」であるととらえる。一方で，社会意識の根幹ともいえる「伝統 − 近代主義」については，階層との対応関係を失い，階層が高ければ近代主義的であるといった傾向が見られなくなっていったという（ibid: 219–220）。このような一見すると相反する傾向をどのようにとらえるべきか。吉川はそこで，人びとの意識ではなく社会的活動の積極性，つまり活動頻度が階層によって説明される度合いが高まっていることに注目する。くわえて吉川は，人びとの格差観においても「マジョリティ側にいれば自由競争を支持し，マイノリティ側にいれば平等・公平を求めるというかたちで，自己利益がストレートに追求される傾向」があることを指摘する（ibid: 222）。

　これらの傍証を積み重ねて吉川は，現代における再帰性の高まりが，人びとの行為選択をコンサマトリーなものにしている可能性を示唆する。コンサマトリーとは，

　　　このことは，人びとが「○○主義」を介さず，しかし各自の立場に見合った行動をする状況を描き出しており，現代社会学で用いられる言葉でいえばコンサマトリー（即自的）な状況だとみることができる。コンサマトリーというのは，自己目的的，あるいは自己完結的ともいわれ，目的や筋道がないままにただ行動するというような意味であるが，でたらめな行動ややみくもな行動を意味しているわけではない。むしろ，社会のなかでのそれぞれの位置づけにおおいに拘束された動きであり，その意味において社会学的に説明可能なメカニズムである。

　　　　　　　　　　　　　　　　　　　　　　　　　　　　　　（ibid: 193）

と説明されている。つまり人びとは，「○○主義」のようなイデオロギーに一方的に拘束されることがなくなり，代わって自分の社会的地位に対する覚醒性が高まったことで，その自覚にもとづいて，ある志向性をもった行為選択をするようになったということだ。

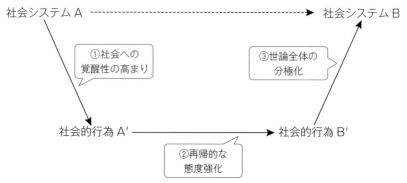

図 1.2　再帰性の高まりを組み込んだ分極化のモデル

　このことは「社会の文脈があることを意識しながら，同時にその文脈から独立に自分の行為を選択する」という先述の想定と外縁的に一致するものであるといえよう。ベネットらの主張する，「現代のメディア環境では，人びとはただ先有傾向をメディアによって強化されるのみである」というモデルに対して，社会学は「自分の社会的なポジションを含む『社会の視点』がなければ，人は行為を選択することができない」と反論する。つまり人びとの行為選択を直接的に拘束する社会的文脈の力が弱まったとしても「何を自発的に選択するか」について社会的な地位の影響がある以上「社会的な文脈が失われた」とはいえないのである。

　こうした検討をふまえて，社会の分極化とメディア選択に関するコールマン・ボートを描きなおしてみよう（図 1.2）。マクロの行為システムからミクロの行為選択へといたる①では，人びとの志向性は，階層などの社会的地位によってある程度説明できるものになっている。それゆえ，どのようなチャネル選択を行うかということについても，人びとは一定のバイアスをもっている。しかしながら②においては，人は選択したチャネルの情報によって受動的に先有傾向を強化させられるのではなく，自らの選択が社会的にどのようなポジションを占めているか，異なるチャネルの情報がどのような主張をしているかを検討したうえで，自覚的に自らの態度を強化していく。その結果，③においては，当初のオリエンテーションが増幅されるかたちで世論の分極化が生じる。メディアの影響がランダムにならないのは，社会システム A における対立軸が，②のプロセスを経て自覚的に増幅されるからだというのが，この章において提示するモデルである。

4 社会の分断を促すのはインターネットなのか

　社会心理学を中心とした先行研究においては，インターネットを含む現代的なメディア環境が，個人の先有傾向を強化し，その結果として世論の分極化が起きると考えられていた。しかしながらこのモデルでは，なぜ人びとの態度がランダムに強化されるのではなく，一定の社会的に共有された対立軸へと収斂（しゅうれん）するのかについて説明がつかず，ミクロ・マクロリンクの問題を抱えていた。

　そこで本章では，マクロからミクロ，ミクロからマクロへの回路を結ぶ視座として，社会学理論の知見を援用しながら検討を進めてきた。そこから導くことができたのは，人が自らの社会的な地位について無自覚なまま行為を選択することはできず，また再帰性の高まる現代社会では，むしろ人びとは自らの地位を自覚しながら，コンサマトリーに行為選択を行うようになっているということだった。コンサマトリーに選択するということはすなわち，自らのもつ意見に自覚的であるだけでなく，それをほかと比較したうえで積極的に行為を選択するということである。本章の検討課題に照らすならそれは，異なる立場の人がどのようなチャネルを選択するのかについてある程度の見通しを立てた状態で，人びとが自分の「好み」のチャネルを選択しているということを意味する。

　こうした説明を付加することで，人びとの自発的なチャネル選択が，なぜマクロの水準では分極化（二極化）するのかという点についても理解することができる。つまりインターネットが一方的に人びとの態度を変化させるのではなく，人びとは「○○な思想の人はこういうふうに考え，こういう情報を見るに違いない」と予期したうえで，あるいは「このチャネルには ×× とは違ってほんとうのことが書かれているに違いない」と積極的に期待して，自らの触れる情報を選んでいるのである。

　とはいえ，このモデルにはまだ検討の余地もある。とりわけ重要なのは，自身の社会的な地位や社会的な対立軸，異なる立場の人びとへの理解は，社会全体で一様ではないということだ。前にあげたとおり近年の日本の階層研究においては，マジョリティ側にいるかマイノリティ側にいるかで格差に対する感じ方が異なる。そうであるならば，特定のチャネルや主張に対するイメージやその理解の仕方も，社会的な属性によって異なると考えるのが自然であろう。

　この点について詳しく述べる余地はないが，一点だけ注意を促しておくべきな

のは，その違いが，個人の心理的尺度や，政治学でいう「政治的洗練性」
(Luskin 1987) のような外在的に評価できる尺度では測りきれない可能性が高い
ということだ。選択に関する心理学的研究成果のひとつである「精緻化見込みモ
デル」によれば，ある情報がどのように受けとめられるかは，その情報に対して
個人があらかじめもっている知識や態度，関与の度合いに影響されると考えられ
ている。このモデルを念頭におくなら「政治に関する知識のある人は選挙に際し
て政策や実績を重視するが，そうでない人は政治家の人柄や印象を重視する」と
いったことがいえるだろう。だがこの章で述べてきたように，そうした事前の知
識などの先有傾向だけでなく，自分の社会的地位に関する自覚がメディア接触や
情報選択を再帰的に強化するのだとすれば，その影響はより複雑なものになるか
もしれない。

　具体的には，政治に対する関心が強いからこそ，一般の人びとの政治的無関心
や，人柄などで政治家を選ぶ傾向に飽き飽きし，また自身の階層が高いために，
投票によって社会を変えるより，自分の身近な人だけが利益を得られればそれで
いいと判断する，といったことが考えられる。複雑な影響をできるかぎりシンプ
ルなモデルで説明しようとすることの努力と，再帰的な態度強化に見られる動的
な影響の内実をどのように架橋するか。「ネットの影響」は，人びとの政治的行
動のすべてを説明する銀の弾丸ではない。社会のミクロ，マクロに見られる出来
事を結ぶ，無数に絡まりあった糸のうちの一本である。今後は，人びとのチャネ
ル選択に影響を与える社会学的な要因と，接触した情報の認知・態度・行動への
影響にかかわる心理学的なメカニズムの解明が，同時並行的に求められることに
なるだろう。

第2章

ネットは政治的意見への接触を偏狭にするか

安倍政権に対する支持と意見を題材に

北村　智

1　ネット社会における政治的意見への接触

インターネット利用と選択的接触

　本章では，インターネットは政治的意見への接触を偏狭なものにするのかについて検討する。メディアを通じて政治的情報に触れるなかでその情報のもつ意見が偏ることを選択的接触と呼ぶが，これまでの議論ではインターネットが人びとの選択的接触を促すことが指摘されてきた。インターネットの普及が社会における世論や政治的・社会的態度の分断をもたらす懸念において，インターネット利用と世論・態度の分断の間をつなぐ理論的過程として有力な説明とされてきたのが選択的接触であった。本章は，本書の議論の前提となるその部分（インターネットの利用ははたして選択的接触を促すのか）について，これまでの議論を概観したうえで，2019年全国調査のデータをもとに日本における実態を実証的に検討する。

　こうした議論の前提に，インターネットが政治的情報・意見への接触機会を形成する中心的役割を果たすようになってきているということがある。たとえば，総務省情報通信政策研究所の「情報通信メディアの利用時間と情報行動に関する調査」の結果から，日本におけるそのような傾向がわかる。同調査では「いち早く世の中のできごとや動きを知る」「世の中のできごとや動きについて信頼できる情報を得る」ためにどのようなメディアを最もよく利用するかを問うているが，インターネットの選択率は2013年11月の調査（総務省情報通信政策研究所 2014）では前者が30.2%，後者が12.9% であったのに対し，2019年2月の調査（総務

省情報通信政策研究所 2019）では前者が 50.7%，後者が 21.6% と明らかな増加傾向が示されている。また，日本では平成 25 (2013) 年 4 月にインターネット選挙運動解禁に係る公職選挙法の一部を改正する法律が成立し，インターネットを使った選挙運動が合法になった。こうした実態，状況を見るかぎり，インターネットを通じた政治的情報・意見への接触が重要なものとなってきていることは疑いないだろう。

　だがこれだけでは，インターネットの普及によってたんにこれまでとは情報・意見の流れる経路が変わっただけだと考えることもできる。情報のチャネルが変わっただけであれば，インターネットの利用と選択的接触の関係はさほど問題になることはないだろう。そこで，情報のチャネルが変わっただけとはいえない可能性について，まずは検討していく必要があるだろう。

　本章ではまず，選択的接触について説明をする。そのうえで，我々が行った調査にもとづく分析結果をもとに，日本におけるインターネット利用と選択的接触の関係について検討する。本章での検討は，後続の複数の章で検討される問題について前提となる視座を与えることになる。

情報環境としてのインターネット

　情報環境としてのインターネットの特徴として，カスタマイズ可能性と発信可能性の 2 つがあげられる（池田編 2005）。前者のカスタマイズ可能性とは，利用者の需要・ニーズに応じた情報環境の選択可能性のことを指す（池田・柴内 1997）。カスタマイズ可能性はインターネットの特徴というよりは，1980 年代からのニューメディア（インフラストラクチャーとして整備され，高度情報社会を支える，広い意味での情報通信システムに用いられるメディア〔川本 1990〕）の流行とともに着眼されてきたものである（北村・佐々木・河井 2016）。インターネット上にはさまざまな情報が膨大な量で存在しており，一利用者がすべてを知ることは不可能といってもいい。そのため，インターネット利用者はインターネット上の一部の情報だけに触れる環境に身をおかざるをえない。つまり，インターネットは「カスタマイズ」できる情報環境というよりは「カスタマイズ」せざるをえない情報環境だといえる。

　その膨大な情報量をもたらしているのが，インターネットのもう一つの特徴である発信可能性である。発信可能性とは，インターネットの利用によって不特定

多数に対して情報を発信できるようになることをいう（池田編 2005）。2000 年代中ごろに「Web2.0」という言葉が流行したが，その考え方は「ソーシャルメディア」の流行の基盤となった（Kaplan and Haenlein 2010）。これにより，利用者が簡便に情報発信できるオンラインプラットフォーム，サービスが発展し，サーバやネットワークについての知識をもたない「普通の」利用者も含めた多くのインターネット利用者が，日常的に不特定多数に対して情報発信をする手段を得た。その結果，インターネット上の情報量は膨大になり，インターネット利用者は自分がどのような情報に触れるか，自覚的か無自覚的かはともかく，取捨選択せざるをえない状況が生じている。たとえば，YouTube のすべての動画をみることはできず，すべてのチャンネルの登録も事実上不可能な状況であり，「YouTube 視聴者」といっても具体的にどのような動画を見ているのかは人それぞれである。同様に「Twitter 利用者」といってもどのようなアカウントをフォローしているのかは人／アカウントそれぞれであり，Twitter のタイムラインは人／アカウントでそれぞれの内容になっている。こうした違いは各利用者が「カスタマイズ」した結果といえる。

　こうしたカスタマイズ可能性の高さは，選択肢の多さによってもたらされるが，利用者に対しては高負荷な情報処理を強いることになる（北村・佐々木・河井 2016）。「カスタマイズ」せざるをえないオンライン情報環境を利用すれば，膨大な情報のなかから何を読んで／見て，何を読まない／見ないかという選択をつねに迫られるからである。結果として，情報過多（information overload）の状態に利用者は陥りかねない。

　こうした情報過多を打破するための技術として考案されてきたのが推薦システムである。推薦システム（recommender systems）とは利用者にとって有用と思われる対象，情報，または商品などを選びだし，それらを利用者の目的に合わせたかたちで提示するシステムである（神嶌 2007）。推薦システムはデータの入力，嗜好の予測，推薦の提示という 3 つの実行過程からなり（神嶌 2007），この過程を自動化した技術が現在の多くのオンラインサービスに導入されている（Baluja et al. 2008; Pariser 2011）。

インターネットに対する懸念

　序章および第 1 章でも取り上げられたが，こうしたインターネットの特徴につ

いて，選択的接触に関する懸念を主張した論者に憲法学者の C. サンスティーン（Sunstein 2001 = 2003）がいる。サンスティーンは MIT メディアラボ創始者の N. ネグロポンテが予言した『デイリー・ミー（the Daily Me）』が情報フィルタリング技術によって実現されることで，多くのインターネット利用者をエコーチェンバーの住民にしてしまう懸念を論じた。エコーチェンバーとは，賛同できるメッセージが反復・増幅されるとともに反対意見から隔離される可能性のある閉じられたメディア空間を表現した語である（Jamieson and Cappella 2008）。こうした空間のなかにいると，すでに同意している意見・メッセージにしか遭遇しないし，そうした情報がすべてであると信じることになりうる。サンスティーンは民主主義制度が広範な共通体験と多様な話題や考え方への思いがけない接触を必要とするものだと考えており，その観点から議論を行ったのである。

　同じく第 1 章でも取り上げられたが，エコーチェンバーへの懸念と類似したかたちで提示されたものにフィルターバブルがある。フィルターバブルという言葉は，E. パリサーがその語を題名にした著書（Pariser 2011）での造語である。過去のクリック情報や検索履歴，位置情報などの利用者情報にもとづいてアルゴリズムが利用者の嗜好する情報を自動的に推測・提示する，つまりフィルターとなることで，利用者が自分のもつ視点や関心に合わない情報から切り離されることを「泡（バブル）」に包まれるようだという比喩である。すでに述べたように情報過多を打破するための技術としてそうした推薦システムが発展・普及している。その技術は利用者の情報処理の負荷を下げることに寄与するものだが，フィルターバブル仮説はニュースを中心とした情報接触の多様性を，利用者本人が気づかないままに，アルゴリズムが低減させてしまうという「負」の効果への懸念を表明している。

　フィルターバブルへの懸念については，いくつかの実証的研究が行われている。よく知られるのは Facebook からの「反論」とも呼べる研究である（Bakshy et al. 2015）。E. バクシーらはアメリカの Facebook ユーザのデータを用いた分析を行い，パリサーが懸念したアルゴリズムによるフィルタリング以上に，Facebook 上での友人関係の保守・リベラルの同質性とニュースフィードに現れた情報をクリックするかどうかという個人の選択が，自身の意見とは異なるコンテンツへの接触を制限するうえで重要な役割を果たしていることを示した。また，パリサーの著書では，Google の検索結果のパーソナライゼーションによるフィルターバブル

が取り上げられていたが，ドイツで行われた研究（Haim et al. 2018）では Google ニュースのパーソナライゼーションがニュースコンテンツと発信元の多様性に与える影響はわずかであり，フィルターバブル仮説を支持する結果は得られなかったと結論づけている。

2 選択的接触とは

選択的接触の理論的背景

　選択的接触はメディア効果研究において古くから論じられてきた現象である。この分野の古典である『ピープルズ・チョイス』において，P. ラザースフェルドら（Lazarsfeld et al. 1948）はマスメディアでの選挙キャンペーンが有権者の態度を改変する効果は小さく，有権者はもともとの先有傾向に合致する情報に接触する傾向があることを明らかにした。つまり，もともとの態度を補強したり，結晶化させたりするような情報に接触する傾向がある一方，元来の態度と反する情報への接触が少ないために，マスメディアの選挙キャンペーンがもつ改変効果は小さいのだと論じたのである。

　心理学的研究では，L. フェスティンガーの認知的不協和理論における不協和低減の主要なメカニズムであり，中心的な役割を果たすものとして，選択的接触が検討されていた。しかし，D. シアーズと J. フリードマン（Sears and Freedman1967）の批判的レビューでは，ラザースフェルドらによる「選択性」の定義は曖昧なものであるとして「事実上の選択性（de facto selectivity）」と呼び，認知的不協和理論における心理的過程とは区別した。彼らは選択的接触がこの「事実上の選択性」によるものであり，支持的な情報を求め，支持的でない情報を避けるという主張を裏づける証拠があるとはいえないと結論づけた。こうした批判的レビューの影響で選択的接触に関する研究は 1960 年代なかば以降に衰退した（Stroud 2017）。

　だが，D. フレイ（Frey 1986）はフェスティンガーの認知的不協和理論の改訂（Festinger 1964）に着目し，選択的接触を認知的不協和理論で説明できると論じた。認知的不協和理論では意思決定をしたあとに不協和情報を回避し，協和情報に接近することを強調するが，フェスティンガーの改訂版ではほかの目的にとって不

協和情報が有益であると考えられる場合，または不協和情報に反論できる自信がある場合，不協和情報を探しだすか少なくとも回避はしないだろうと付け加えている。フレイは過去の研究の実験デザインはこうした点を考慮できておらず，それが選択的接触仮説を支持する結果が得られなかった原因だと主張した。フレイのレビュー以外にも，1956 年から 1996 年に公刊された 16 の研究のメタ分析（D'Alessio and Allen 2002）では，実験的検証は一貫して不協和と選択的接触が関連することを支持していることが示されている。そして，インターネットの普及と情報環境のもつ特徴から，選択的接触は 2000 年代以降，注目を集めるようになっている。

　選択的接触が生じる理論的説明として，N. ストラウド（Stroud 2017）は 5 つの可能性をあげている。1 つめは，すでに述べた認知的不協和理論である。2 つめは動機づけられた推論（motivated reasoning）による説明で（Kunda 1990），方向性目標（directional goal）によって動機づけられることで，同じような考え方の情報を選択するようになると考えるものである。3 つめは認知的努力の軽減による説明で，同意できる情報を処理するほうが同意できない情報を処理するよりも認知的に容易であるために選択的接触が起きると考えるものである。4 つめは気分や感情が情報探索に影響を与えると考えるもので，たとえばネガティブな気分が選択的接触を促すという実験結果もある（Jonas et al. 2006）。そして 5 つめが情報の質に関する判断によって情報を選択する可能性があるという見方である。質の高い情報は質の低い情報よりも優先されうるが，質の判断は自身の信念に影響されうるため，同意できる情報の質のほうが高いと判断されやすく，選択されやすいという説明である。

　選択的接触を論じる際に重要になると考えられるのが，選択的接触と選択的回避（selective avoidance）の区別である。選択的接触の研究はこの（狭義の）選択的接触，つまり自分の意見と同方向の情報・意見に積極的に接触しようとすることと，選択的回避，つまり自分の意見と対立する情報・意見を避けようとすることの両方を扱うものである。しかし，すでに述べたように必ずしも狭義の選択的接触と選択的回避は同じものではなく，自分の意見を強化・補強できる情報・意見に触れる傾向よりも，自分の意見と対立する情報・意見を避ける傾向のほうが弱いという指摘がある（Frey 1986）。自分の意見と対立する情報については接触しても受容せずに却下することができる。また，対立する側の意見を知ることは反

論のロジックを組み立てるうえで有用でもあり，自身の先有態度と合致しない意見・情報を避ける必要は必ずしもないと考えられる。

選択的接触はどのように検証されるか

選択的接触の実証にはいくつかのアプローチがある。ストラウド（Stroud 2017）は選択的接触研究の実証的アプローチを4つあげて説明しているが，ここではそのなかでも重要だと考えられる3つを取り上げる。1つめが自己報告（self-report）による研究である。これはラザースフェルドほか（Lazarsfeld et al. 1948）のとった古典的アプローチであり，社会調査による研究に取り入れやすい。しかし，このアプローチは自己報告であるがゆえに測定の信頼性の問題がある。たとえば，意見・情報への接触と記憶，そしてその想起の区別が困難であることがあげられる。

2つめのアプローチは実験室での研究である。この方法では，P. フィッシャーほか（Fischer et al. 2005）が行ったように，被験者が探索できる情報の量を制限するなど，実験条件をさまざまに設定することによって選択的接触が生じる心理的過程や選択的接触が促される条件を探究することができる。また，情報への接触の客観的な測定も行うことができる。しかし，実験室という限られた環境のなかで生じる現象の観察にとどまり，研究知見の一般化可能性には制限がかかるというデメリットがあげられる。

3つめのアプローチは近年増加している，マルチメディア CD やモックアップサイトを用いる研究である。この手法についてストラウド（Stroud 2017）は非影響的測定として述べている。このアプローチは実験室で行われることもあるが，近年は幅広い対象者にこの手法を適用するものも少なくない。たとえば，S. アイエンガーほか（Iyengar et al. 2008）は 2000 年の大統領選挙の最終週に，インターネットに自宅でアクセスできる有権者に大統領選挙に関連したさまざまな情報をまとめたマルチメディア CD を配布し，その CD にアクセスした記録がコンピュータ上のログファイルとして記録されるようにして選択的接触を調べている。このアプローチは測定の妥当性・信頼性を高めることができると考えられる一方で，情報接触が行われる状況が統制されているために，日常的な情報接触への一般化には難しい部分が残る。

本章では最初にあげた自己報告によるアプローチでの実証を行う。すでに述べたように，このアプローチには測定の信頼性に問題が残るという大きなデメリッ

トがあるが，研究知見の生態学的妥当性が高いという大きなメリットがある。とくに，ニュース接触，情報接触においてはまだまだマスメディア，とくにテレビニュースの重要性は高く，インターネットに限定された測定には大きな問題が残る。選択的接触の心理的過程を扱うには上述の2つめ，3つめのアプローチが重要となるが，本章では無作為抽出法による代表性の高いサンプルを用いること，情報接触について複数のメディア利用の項目を用いた分析を行えることのメリットを重視する。

3　2019年全国調査に見る安倍政権に関する意見への接触

政権に対する意見と接触度

　本章で用いる2019年全国調査（調査の概要は序章を参照）では，R. ギャレット（Garrett 2009）の方法を参考に，安倍政権についての8つの意見文を提示して「次にあげるような意見を，あなたはどれくらい読んだり聞いたりしたことがありますか」という質問を行った。選択肢は「よくある」から「まったくない」の4段階であった。これらの意見文は第二次安倍政権の期間の各新聞社の社説などを参考にして作成されたものであり，安倍政権に対して肯定的な意見文を4つ（a, c, e, g），否定的な意見文を4つ（b, d, f, h）含めた。内容は，民主主義観（aとb），経済政策（cとd），政と官（eとf），歴史問題（gとh）の4つであった。これらの質問項目の回答から，安倍政権に対する肯定的意見への接触度合いと否定的意見への接触度合いを見ていこう。

　回答結果を図2.1にまとめた。グラフ中の数字はその選択肢を選んだ人の割合（％）を表す。全体像を把握するために，肯定的選択肢（よくある，ときどきある）の選択率を接触度としてみると，もっとも接触されていた意見は62.9％の「安倍政権では官僚の "忖度（そんたく）" を招き，不公正な政治決定が行われている」という政と官についての否定的意見であった。ついで多かったのは62.6％の「アベノミクスによって，株価が上がるなど，日本の景気は改善されている」という経済政策についての肯定的意見であった。ただし，政と官についての肯定的意見（「安倍政権は官邸主導で政策を迅速に決定・遂行できている」）の接触度は29.8％と8つの意見文のなかで最低であったのに対し，経済政策についての否定

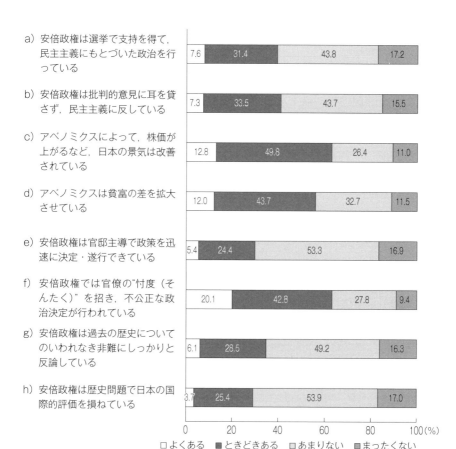

a) 安倍政権は選挙で支持を得て，民主主義にもとづいた政治を行っている　7.6　31.4　43.8　17.2

b) 安倍政権は批判的意見に耳を貸さず，民主主義に反している　7.3　33.5　43.7　15.5

c) アベノミクスによって，株価が上がるなど，日本の景気は改善されている　12.8　49.8　26.4　11.0

d) アベノミクスは貧富の差を拡大させている　12.0　43.7　32.7　11.5

e) 安倍政権は官邸主導で政策を迅速に決定・遂行できている　5.4　24.4　53.3　16.9

f) 安倍政権では官僚の"忖度（そんたく）"を招き，不公正な政治決定が行われている　20.1　42.8　27.8　9.4

g) 安倍政権は過去の歴史についてのいわれなき非難にしっかりと反論している　6.1　28.5　49.2　16.3

h) 安倍政権は歴史問題で日本の国際的評価を損ねている　3.7　25.4　53.9　17.0

□ よくある　■ ときどきある　□ あまりない　■ まったくない

図2.1　安倍政権に関する意見に対する接触の分布（数字は％）

的意見（「アベノミクスは貧富の差を拡大させている」）の接触度は55.7％と8つの意見文のなかで3番めの高さであった。経済政策については支持・不支持のそれぞれが表明される争点であったのに対し，政と官の問題については森友・加計学園問題のように積極的な肯定的意見はあまり表明されない，批判が中心となる争点であったことが表れている結果だろう。

　これらの8つの意見への接触を「よくある」（4点）から「まったくない」（1点）という4件法で得点化して，ピアソンの積率相関係数を算出してみる。すると，最低が0.32（cとh），最大が0.59（aとe）といずれの組み合わせでも正の相関係数が得られた。このことから，全体として，安倍政権に対する意見に接触し

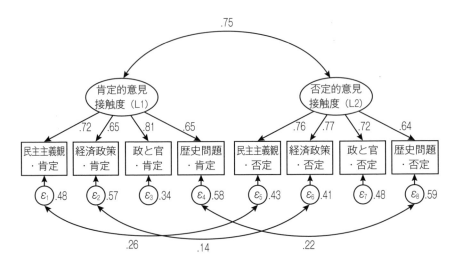

RMSEA=.052, AIC=17304.219, BIC=17443.082, CFI=.986, TLI=.976, *n*=1,005

図2.2　安倍政権に関する肯定的・否定的意見接触度の2因子モデル

ている人は，争点や支持・批判にかかわらず，さまざまな意見によく接触する傾向にあるといえる。つまり，政治的な意見によく接触する人とあまり接触しない人という違いが大きいのである。

肯定的意見と否定的意見の関係とは

　ただし，この8つの意見への接触得点を構造方程式モデリング（SEM：Structural Equation Modeling）という多変量解析の手法で分析すると，図2.2のようなモデルがもっとも当てはまりがよいことがわかった（RMSEA は 0.052，CFI が 0.986 と十分な値となっている）。この分析手法は複数の観測変数の関係構造から共通する潜在変数と独自の誤差変数を推定するものである。ここでは政治的意見接触度という1つの共通する潜在変数を仮定するよりも，肯定的意見接触度（L1）と否定的意見接触度（L2）に分かれていると仮定したほうが，より適切であった。ただし，図2.2のなかで L1 と L2 のあいだに双方向の矢印がひかれている点には注意が必要である。つまり，肯定的意見接触度と否定的意見接触度に分かれていると仮定したほうがデータへの当てはまりはよいが，この2つの間には相関関係がある

ことを意味している。その係数はプラスの値となっており，相関係数の分析結果について述べたように，肯定的意見接触度の高い人ほど否定的意見接触度は高いという関係になっているのである。

　以降の選択的接触の検証では，この安倍政権に関する意見に対する接触の2因子モデルにもとづき推定された潜在変数のL1を肯定的意見接触度，L2を否定的意見接触度として用いる。

4　2019年全国調査で選択的接触・回避は見られたか

接触仮説と回避仮説

　選択的接触仮説は，肯定的・否定的意見接触度を先有傾向としての政治的態度と情報源としてのメディア利用頻度の組み合わせで説明できると考えるものである。広い意味での選択的接触が選択的接触と選択的回避を含むことはすでに説明した。そして肯定的意見に合致する政治態度と否定的意見に合致する政治態度に分けられることから，あるメディアが選択的接触につながることを予測する仮説は以下の4つからなりたつ。

　接触仮説1）支持的な政治態度をもつ人は，メディア利用頻度が高いほど肯定的意
　　　見接触度が上がる
　接触仮説2）批判的な政治態度をもつ人は，メディア利用頻度が高いほど否定的意
　　　見接触度が上がる
　回避仮説1）支持的な政治態度をもつ人は，メディア利用頻度が高いほど否定的意
　　　見接触度が下がる
　回避仮説2）批判的な政治態度をもつ人は，メディア利用頻度が高いほど肯定的意
　　　見接触度が下がる

　2019年全国調査では，支持的・批判的政治態度を安倍政権に対する支持度（政権支持度）として測定した。「あなたは，安倍政権を支持しますか，それとも，支持しませんか」という質問で「支持する」（5点）から「支持しない」（1点）の5件法で回答を求めた。本章の分析対象者の回答分布で「どちらともいえない」

（32.7％）の割合が大きいように，とくに日本においては政治的意見について二分法を用いることが難しい。そこで本章での分析では政権支持度を連続的な変数として扱うアプローチをとる。

　そして，メディア利用はマスメディアからのニュース利用としてテレビニュース接触と新聞閲読，インターネットでのニュース利用としてポータルサイト・ニュースサイト，ニュースアプリ，ソーシャルメディアでのニュース接触を調べた。テレビニュース接触は社会・政治・経済などの一般ニュースについて「1日に4回以上」（6点）から「まったく見ない」（1点）の6件法で回答を求めた。新聞閲読は「ほぼ毎日（1日に平均5分以上）」（6点）から「まったく読まない」（1点）の6件法で回答を求めた。インターネットでのニュース利用は，ポータルサイトやニュースサイトで見る・読む（ポータルサイト・ニュースサイト利用），ニュースアプリで見る・読む（ニュースアプリ利用），知り合いや友達がソーシャルメディアで紹介したニュースを見る・読む（ソーシャルメディアでのニュース接触）の3項目について「よくある」（4点）から「まったくない」（1点）の4件法で回答をそれぞれ求めた。いずれの得点も，点数が高いほどそのメディアを通じてニュースによく触れていると解釈できる。

選択的接触仮説の検証

　選択的接触仮説の検証では，肯定的・否定的意見接触度，政権支持度，メディア利用の3つの変数の関係を考えることになる。前述の4つの仮説が支持されるならば，メディア利用と肯定的・否定的意見接触度の関係は，政権支持度によって変わることになる。肯定的・否定的意見接触度に対するメディア利用と政権支

1　分析対象者は分析に用いる変数に欠損値のない回答者である。「どちらともいえない」以外の割合は，「支持する」が13.2％，「どちらかといえば支持する」が27.2％，「どちらかといえば支持しない」が10.5％，「支持しない」が16.5％であった。

2　質問文は「あなたはふだん，テレビでどれくらいニュースを見ますか」で，残りの選択肢は「1日に2〜3回」（5点），「1日に1回くらい」（4点），「週に数回」（3点），「週に1回以下」（2点）であった。

3　質問文は「あなたは，ふだんどれくらい新聞を読みますか」で，残りの選択肢は「ほぼ毎日（1日に平均5分未満）」（5点），「週に数回」（4点），「週に1回くらい」（3点），「週に1回未満」（2点）であった。

4　質問リード文は「あなたはふだんインターネットで，次のようにしてニュースを見たり読んだりすることがどれくらいありますか」で，残りの選択肢は「ときどきある」（3点），「あまりない」（2点）であった。

表 2.1　肯定的意見接触度に関する選択的接触の分析モデルの推定結果

目的変数：肯定的意見接触度	モデル 1			モデル 2		
	Beta	t	p	Beta	t	p
否定的意見接触度				.79	42.41	.000***
性別（女性）（ダミー）	−.09	−2.86	.004**	.00	0.24	.808
年　齢	.18	4.57	.000***	.02	0.82	.415
生活満足度	−.03	−1.02	.309	−.02	−0.91	.365
婚姻関係（ダミー）ref: 既婚						
離別，死別	.00	−0.16	.874	.02	0.96	.336
未婚	.02	0.69	.488	.00	−0.20	.841
被教育年数	.05	1.81	.070	.01	0.75	.454
フルタイム（ダミー）	.00	0.10	.919	.02	0.87	.387
政治関心	.19	5.27	.000***	.03	1.29	.199
内的政治的有効性感覚	.12	3.50	.000***	.05	2.31	.021*
暮らし向き	.01	0.26	.798	.03	1.40	.162
政権支持度	.13	4.78	.000***	.20	11.60	.000***
テレビニュース接触度	.11	3.84	.000***	.04	2.25	.025*
新聞閲読頻度	.07	2.27	.023*	.03	1.50	.133
ポータル・ニュースサイト利用度	.06	1.79	.074	−.02	−1.22	.222
ニュースアプリ利用度	.01	0.20	.840	−.02	−0.82	.415
ソーシャルメディアでのニュース接触度	.05	1.68	.094	−.02	−1.06	.288
交互作用項：政権支持度×						
テレビニュース接触度	−.06	−2.26	.024*	.00	−0.01	.991
新聞閲読頻度	−.05	−1.62	.106	−.01	−0.73	.465
ポータル・ニュースサイト利用度	.02	0.74	.458	.04	2.02	.044*
ニュースアプリ利用度	−.01	−0.28	.777	−.02	−1.20	.231
ソーシャルメディアでのニュース接触度	.02	0.74	.457	.00	0.23	.818
F	18.24			130.40		
R^2	.28			.74		
Adj. R^2	.26			.74		

（注）　***$p<.001$，**$p<.01$，*$p<.05$

持度の交互作用を検証するということである。

　この検証のために，政権支持度と前述の 5 つのメディア利用（テレビニュース接触度，新聞閲読頻度，ポータル・ニュースサイト利用度，ニュースアプリ利用度，ソーシャルメディアでのニュース接触度）の交互作用項を作成し，重回帰分析（OLS）を行った。たとえば，意見接触度とメディア利用の関係が，政権支持度が上がるほど

表 2.2　否定的意見接触度に関する選択的接触の分析モデルの推定結果

目的変数：否定的意見接触度	モデル 1			モデル 2		
	Beta	t	p	Beta	t	p
肯定的意見接触度				.81	42.41	.000***
性別（女性）（ダミー）	−.12	−3.76	.000***	−.05	−2.43	.015*
年　齢	.20	5.09	.000***	.06	2.35	.019*
生活満足度	−.02	−0.59	.554	.01	0.37	.709
婚姻関係（ダミー）ref: 既婚						
離別，死別	−.03	−0.92	.359	−.02	−1.32	.187
未婚	.03	1.02	.310	.02	0.77	.443
被教育年数	.05	1.70	.089	.01	0.42	.678
フルタイム（ダミー）	−.02	−0.52	.603	−.02	−1.00	.315
政治関心	.20	5.60	.000***	.05	2.27	.024*
内的政治的有効性感覚	.10	2.65	.008**	−.01	−0.27	.785
暮らし向き	−.02	−0.72	.469	−.03	−1.56	.120
政権支持度	−.08	−2.72	.007**	−.19	−10.83	.000***
テレビニュース接触度	.09	3.10	.002**	.00	0.04	.969
新聞閲読頻度	.06	1.71	.087	.00	−0.18	.855
ポータル・ニュースサイト利用度	.10	3.15	.002**	.06	2.86	.004**
ニュースアプリ利用度	.03	0.86	.390	.02	1.17	.243
ソーシャルメディアでのニュース接触度	.09	2.89	.004**	.05	2.58	.010*
交互作用項：政権支持度×						
テレビニュース接触度	−.08	−2.80	.005**	−.03	−1.66	.097
新聞閲読頻度	−.04	−1.47	.142	−.01	−0.29	.771
ポータル・ニュースサイト利用度	−.02	−0.58	.561	−.03	−1.97	.049*
ニュースアプリ利用度	.02	0.54	.588	.02	1.29	.199
ソーシャルメディアでのニュース接触度	.02	0.76	.449	.00	0.27	.789
F	16.37			125.43		
R^2	.26			.73		
Adj. R^2	.24			.73		

（注）　***p<.001，**p<.01，*p<.05

正の方向に強くなる場合に交互作用項はプラスの値を示すことになり，政権支持度が下がるほど正の方向に強くなる場合にはマイナスの値を示すことになる。分析は肯定的意見接触度と否定的意見接触度のそれぞれについて，他方の意見接触度を統計的にコントロールしないモデル 1 とコントロールしたモデル 2 の 2 つで行った。モデル 1，モデル 2 のそれぞれで共通してデモグラフィック変数などの

コントロールも行った。分析結果は表2.1および表2.2に示す。

モデル1での分析の結果，選択的接触の検証にとって重要な政権支持度とメディア利用の交互作用項が有意であったのは，肯定的意見接触度，否定的意見接触度のいずれもテレビニュース接触度であった。テレビニュース接触度の係数はいずれの意見接触度に対しても有意な正の値であり，交互作用項はいずれも有意な負の値であった。これは，テレビニュース接触度の関係の向きは肯定的意見接触度，否定的意見接触度にかかわらず同じであったということを意味している。つまり，接触仮説2を支持する結果ではあるものの，回避仮説2は支持されないだけでなく，真逆の結果が示されたという

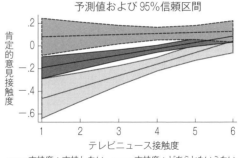

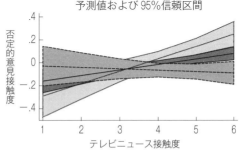

図2.3　モデル1にもとづく政権支持度とテレビニュース接触度の交互作用の推定値プロット

ことできる。そして，ほかのメディア利用変数については政権支持度との交互作用項が有意ではなかった。したがって，モデル1においてはインターネット利用による選択的接触の促進を示唆する結果は示されなかったと判断できる。

この2つのモデル1の推定結果にもとづき，政権支持度とテレビニュース接触度以外の変数に平均値を代入し，政権支持度とテレビニュース接触度によってそれぞれの意見接触度がどのように変わるかをシミュレーションした結果が図2.3である。図2.3の上が肯定的意見接触度のシミュレーション結果，下が否定的意見接触度のシミュレーション結果を示している。政権支持度は「支持する」（5点），「どちらともいえない」（3点），「支持しない」（1点）で変化させ，テレビニュース接触度は1点から6点で変化させた。結果のプロットには95%信頼区間をあわせて示した。

表2.3　テレビニュース接触度の単純傾斜（モデル1）

テレビニュース接触度の単純傾斜	肯定的意見接触度			否定的意見接触度		
（モデル1）	dy/dx	t	p	dy/dx	t	p
支持しない	0.101	3.97	.000***	0.108	4.03	.000***
どちらかといえば支持しない	0.078	4.40	.000***	0.078	4.17	.000***
どちらともいえない	0.055	3.99	.000***	0.048	3.29	.001**
どちらかといえば支持する	0.032	1.95	.051	0.018	1.03	.302
支持する	0.009	0.40	.693	−0.012	−0.48	.630

（注）　***p<.001，**p<.01，*p<.05

　図2.3に示したプロットから読み取れるように，政権支持度が高い場合はテレビニュース接触が高くても少なくてもそれぞれの意見接触度は変わらない。しかし，政権支持度が中程度以下，つまり「どちらともいえない」または「支持しない」の場合は，テレビニュース接触度が高くなるほどそれぞれの意見接触度は高くなっている。このモデルにもとづきテレビニュース接触度の単純傾斜の分析を行なうと（表2.3），肯定的意見接触度に対しても，否定的意見接触度に対しても，「支持しない」から「どちらともいえない」ではテレビニュース接触度の単純傾斜はそれぞれ有意な正の値であった。つまり，安倍政権に対して支持的ではない人びとであれば，テレビニュースをよく見る人ほど安倍政権に対する肯定的意見・否定的意見のどちらにもよく接触していたということである。しかし，「どちらかといえば支持する」「支持する」の場合は，いずれの意見接触度に対してもテレビニュース接触度の単純傾斜は有意ではなかった。この結果は，安倍政権に対して支持的な人の場合には，テレビニュース接触度と安倍政権に対する意見接触度には関係がなかったことを意味する。

　次に，他方の意見接触度を統制したモデル2の結果を確認してみる。これはつまり，他方の意見接触度が同じであったとした場合の，それぞれの説明変数と意見接触度の関係を推定する分析である。

　モデル2において，まずモデル1で政権支持度との交互作用が有意であったテレビニュース接触度は，交互作用が有意ではなくなった。モデル1の結果で確認したように，テレビニュース接触度の係数は交互作用を含めて，肯定的意見接触度に対しても否定的意見接触度に対しても同じ向きであったことから，他方の意見接触度を統制したことによって関係が示されなくなったといえるだろう。

　一方，モデル1では有意ではなかった交互作用のうち，モデル2で有意になっ

たものがあった。政権支持度とポータル・ニュースサイト利用度の交互作用は，肯定的意見接触度に対しては正，否定的意見接触度に対しては負でいずれも有意な値であった。このモデル2での推定結果にもとづき，政権支持度とポータル・ニュースサイト利用度以外の変数に平均値を代入し，政権支持度とポータル・ニュースサイト利用度によってそれぞれの意見接触度がどのように変わるかをシミュレーションした結果が図2.4である。図示の方法は基本的に図2.3と同様である。

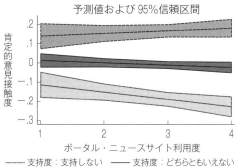

図2.4 に示した推定値プロットからわかるように，まず政権支持度が高くなるほど肯定的意見接触度は高くなり，否定的意見接触度は低くなる傾向にある。先に示したように肯定的意見接触度と否定

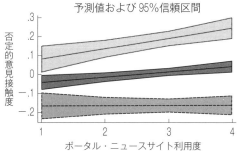

図2.4 モデル2にもとづく政権支持度とポータル・ニュースサイト利用度の交互作用の推定値プロット

的意見接触度のあいだにはかなり強い正の相関関係があり，他方の意見接触度を統制した場合は統制しない場合よりも明確に政権支持度との関係が表れるということができる。

そのうえで，政権支持度とポータル・ニュースサイト利用度の交互作用に着目すると，まず政権支持度が高い場合はポータル・ニュースサイト利用度の高低にかかわらず，肯定的意見接触度も否定的意見接触度もあまり変動しないことがわかる。このモデル2でポータル・ニュースサイト利用度の単純傾斜を推定すると，肯定的意見接触度，否定的意見接触度のどちらを目的変数とした場合でも，「どちらかといえば支持する」「支持する」の場合にはポータル・ニュースサイト利用度の単純傾斜は有意ではない（表2.4）。つまり，安倍政権に対して支持的な人

表 2.4　ポータル・ニュースサイト利用度の単純傾斜（モデル 2）

ポータル・ニュースサイト利用度の単純傾斜（モデル 2）	肯定的意見接触度			否定的意見接触度		
	dy/dx	t	p	dy/dx	t	p
支持しない	−0.038	−2.40	.017*	0.054	3.27	.001**
どちらかといえば支持しない	−0.025	−2.26	.024*	0.041	3.53	.000***
どちらともいえない	−0.012	−1.37	.173	0.028	3.00	.003**
どちらかといえば支持する	0.001	0.09	.930	0.014	1.28	.201
支持する	0.014	0.91	.364	0.001	0.07	.943

(注)　***p<.001，**p<.01，*p<.05

びとは，ポータル・ニュースサイト利用度が高かろうが低かろうが，安倍政権に対する意見接触度は違わなかったということである。

　一方で，政権支持度が低い場合はポータル・ニュースサイト利用度が高まるほど，肯定的意見接触度は高くなり，否定的意見接触度は低くなる傾向にある。単純傾斜の推定結果を確認しても，肯定的意見接触度が目的変数の場合は，「支持しない」「どちらかといえば支持しない」のときにポータル・ニュースサイト利用度の単純傾斜は有意な負の値であった。つまり，安倍政権に対して批判的な人たちは，ポータル・ニュースサイトをよく利用するほど，安倍政権に対する肯定的意見への接触度が低くなっていたということである。一方で，否定的意見接触度が目的変数の場合は，「支持しない」「どちらかといえば支持しない」のときにポータル・ニュースサイト利用度の単純傾斜は有意な正の値であった。これは，安倍政権に対して批判的な人たちは，ポータル・ニュースサイトをよく利用するほど，安倍政権に対する否定的意見により接触していたということである。

　これらのことは，他方の意見接触度を統制したモデル 2 の場合に，選択的接触および選択的回避がポータル・ニュースサイト利用によって促されている関係が，政権支持度が低い人たちで確認されたと解釈することができるだろう。一方で，政権支持度が高い場合にはポータル・ニュースサイト利用によって選択的接触も選択的回避も促されているとはいえない結果が示されたといえる。

　また，ポータル・ニュースサイト利用以外のインターネットでのニュース利用・接触については，政権支持度との交互作用は有意なものではなかった。つまり，本章での検証結果からは，ニュースアプリ利用やソーシャルメディアでのニュース接触が選択的接触や選択的回避を促す関係は見いだされなかったといえる。

ただし，ソーシャルメディアでのニュース接触については，目的変数が否定的意見接触度の場合に有意な係数が確認された点には着目する必要があるだろう。ソーシャルメディアでのニュース接触はモデル1でもモデル2でも，否定的意見接触度と有意な正の関係にあった。つまり，ソーシャルメディアでのニュース接触が多いほど，否定的意見接触度は高い傾向にあるといえる。

5 ネットは政治的意見への接触を偏狭にするか

調査から導いた3つの知見

　本章ではインターネットは政治的意見への接触を偏狭なものにするのか，すなわちインターネットが選択的接触を促進するのかという問いについて，全国調査のデータをもとに検討を行った。理論的に選択的接触を狭義の選択的接触，言い換えれば自分の先有態度に合致する情報に接触する傾向と，選択的回避に分けたうえで検証をするアプローチをとった。

　そして，分析の結果から，第1に安倍政権に対する肯定的意見接触度と否定的意見接触度のあいだには強い正の相関関係があることが明らかになった。このことは，全体的に見てイデオロギー的な，政治的意見・信条にもとづく選択的接触はさほど起きていないことを示唆している。安倍政権に対して支持的な意見にばかり触れて否定的意見とは距離をとる人たち，そしてその逆の人たちという存在は我々の調査データからはけっして目立つものではない。調査結果からは，肯定的意見によく接触する人は，否定的意見にもよく接触をしており，肯定的意見に接触していない人は否定的意見にも同じように接触していないというのが全体的な傾向であるということができる。

　第2に，選択的接触の検証モデル1の分析結果から，インターネットが選択的接触や選択的回避を促進するとはいえないことがわかった。テレビニュース接触度は政権支持度との交互作用を示したが，その交互作用を確認すると，政権を支持しない人の場合はテレビニュースをよく視聴するほど双方の意見接触度が高くなっていた。この結果を詳しく見ると（図2.3），テレビニュースに接触しない人でも政権支持度が高い場合は，ある程度肯定的意見にも否定的意見にも接触するが，政権支持度が低い場合は，肯定的意見にも否定的意見にもあまり接触しない

ことがわかる。一方で，テレビニュースをよく視聴する人の場合は，政権支持度の高低による肯定的意見接触度の差が小さいものとなり，政権支持度が低い人が高い人に比べて否定的意見によく接触していることもわかる。この結果は接触仮説2を支持するものを含むため，テレビニュースが政権不支持者の選択的接触を促進しているとも解釈できる。その一方で，政権不支持者にとっては肯定的意見接触の平準化を促していると解釈できる結果も示されている。したがって，政権不支持者にとってのテレビニュースは，「非選択的に」意見接触を促すものとして機能していると考えられる。そして，このテレビニュース接触度と政権支持度との交互作用は，他方の意見接触度を統制したモデル2では見られなかった。モデル2では肯定的意見接触度が目的変数の場合のみ，テレビニュース接触の係数が有意であったことから，否定的意見接触度が同程度とするとテレビニュースをよく視聴するほど，肯定的意見に触れる機会が増えるといえる。

　第3に，選択的接触の検証モデル2の分析では，ポータル・ニュースサイト利用について，接触仮説2と回避仮説2を支持する結果が得られた。つまり，他方の意見接触が同程度だとすると，政権不支持者はポータル・ニュースサイト利用によって選択的接触と選択的回避が促されると解釈できる結果である。第1の点にも述べたように肯定的意見接触度と否定的意見接触度の間には強い正の相関関係があり，検証モデル1から検証モデル2への決定係数の増加量を見れば，意見接触度の分散の約半分程度を他方の意見接触度が説明できることがわかる。したがって，基本的には一方の意見接触度が高くなるともう一方の意見接触度が高くなるため，メディア利用によって一方の意見接触が促された場合には他方の意見接触も促されるといえる。その点で，メディア利用による政治的意見についての選択的接触・回避が起きていたとしてもごくわずかであるが，本章での分析結果ではインターネットによる選択的接触・回避の促進は部分的に支持されたといえよう。

選択的接触・回避を促すもの

　では，なぜポータル・ニュースサイト利用で選択的接触・回避が促されるのだろうか。まず，「ポータルサイトやニュースサイトの利用」が意味するところを解釈する必要があるだろう。この点については先行する小林（2011）や木村（2018）の示す結果が示唆的である。小林（2011）では2009年8月の衆議院議員

選挙直後に一都三県の 20〜79 歳の有権者を対象に行ったオンライン調査で，回答者の約 47% が選挙期間中に Yahoo! ニュースを閲覧したと報告している。この点については小林（2011）は「日本におけるネットニュース閲覧は Yahoo! ニュースにかなりの割合で偏っている」と述べている。また，木村（2018）の 2016 年 7〜8 月の関東・東海・関西圏 16〜70 歳の男女を対象として行ったオンライン調査の結果では，Yahoo! ニュースの閲覧率は 72.5% であった。このような先行研究の報告をふまえれば「ポータルサイトやニュースサイトの利用」のかなりの部分を Yahoo! ニュースの利用が担っていると解釈することができるだろう。

　この Yahoo! ニュースについては，敵対的メディア認知はされうるが，戦略的中立性をたもつマスメディアや通信社の発信するニュース記事を多く掲載している。そのため，小林（2011）は Yahoo! ニュース利用について，サイト選択レベルでネット利用者の分断化が生じる可能性は低いと述べている。しかし，Yahoo! ニュースの記事には Yahoo! ユーザによるコメントが書かれている点が重要である。木村（2018）によれば前述の調査での Yahoo! ニュースコメント欄の閲覧率は 41.7% であり，Yahoo! ニュース閲覧者に占めるコメント欄閲覧者の割合は全体で 57.5% であった。つまり，ポータル・ニュースサイト利用を通じた政治的な意見接触にはそうしたユーザ・コメントへの接触も含めて考えることができるのである。

　そして，この Yahoo! ニュースコメントを分析した木村（2018）によれば，投稿者 ID のクラスタ分類を行って析出された最大クラスターには「韓国，中国に対する憤り」「被害者が不利益を被ること（加害者が権利保護を受けること）への憤り」というほかのクラスターと共通した特徴と，「『日本』に社会的アイデンティティを求め，内集団意識を明確化，強化したいという強いベクトル」「社会的規範を尊重しないことへの憤り」「マスコミに対する批判」という特徴が見いだされるという。つまり，政治，経済，国際のハードニュースに対する Yahoo！ニュースコメントを開くことで，こうした特徴をもったユーザの意見に接触できる可能性は比較的高いと考えられる。そして，Yahoo! ニュースコメントは「もっと見る」を押して意図的に開かなければ，多くのコメントを読むことはできないようになっており，最初の 2 件程度が目に入る程度で収まる。さらに，Yahoo! ニュースコメントはニュース記事の下部にあるため，ニュース記事を読み終えてさらに下方までスクロールしなければ読むことはできない。2019 年全国調査では

選択的接触の指標として，安倍政権に対する「意見」への接触を測定したため，上記のような Yahoo! ニュースコメントのアーキテクチャ上の特徴と関連しやすい可能性がある。つまり，Yahoo! ニュースコメントは意図的に接触・回避のコントロールを行いやすいアーキテクチャのため，そこに書かれる意見への選択的接触・回避は比較的容易と考えられる。

　しかし，それでも，なぜ政権不支持者に対してのみポータル・ニュースサイト利用が選択的接触・回避を促していたのかという疑問は残るだろう。上述のような Yahoo! ニュースコメントのアーキテクチャの特徴を考えると，政権支持者の選択的接触が促されていてもおかしくない。だが少なくとも，本章の検証結果から，インターネットによる選択的接触・回避の促進が一般的に生じるものではないことが示されていることになる。

　この点については，今後の研究・分析がさらに必要になるが，ひとつにはデフォルトでの接触しやすさが関係してくる可能性がある。つまり，政権支持・不支持がつねに拮抗した状態であり，肯定的意見と否定的意見が同程度に分布した状態であれば，政権支持者と政権不支持者の意見接触のあり方は同じようになりうるが，一方が多数派を示している場合，積極的に選択的接触を行わなくても，デフォルトで自分の賛同しやすい意見に接触できる状況が成立していることになる。また，実際の安倍政権に対する支持・不支持の分布以上に，接触できる意見には多数派・少数派の偏りが生じる可能性は十分ある。メディア研究でよく知られる沈黙の螺旋理論が示すように，多数派と認知された側の意見は表出されやすく，少数派と認知された側は沈黙に回る可能性がある。

　また，本章では意見に対する選択的接触を取り上げたが，調査結果が示していた第1の事実は，肯定的意見によく接触する人は，否定的意見にもよく接触をしており，肯定的意見に接触していない人は否定的意見にも同じように接触していないという全体的な傾向があるということである。つまり，安倍政権に対して支持的な意見に接触するか批判的な意見に接触するかという次元の分散よりも，政治的な意見に接触するかしないかという次元の分散のほうが大きい。選択的接触の議論において，この点に関連した議論を M. プライア（Prior 2007）が行っている。また，ソーシャルメディアがもたらす同様の問題について，稲増・三浦（2016）も実証的に論じている。本章で用いた政権支持度でも「どちらともいえない」と回答し，党派性を示さなかった人が 32.7% いたことを報告したが，近

年の投票率の低下もふまえれば，党派性にもとづく選択的接触以上に，政治的意見や政治的情報・ニュースの接触・回避の問題が重要になりうるだろう。

　最後に，本章では安倍政権に対する支持・不支持にもとづく選択的接触を実証的に論じたが，本章で行った実証が決定的な証拠となるわけではない。第2節「選択的接触はどのように検証されるか」の項でも述べたが，選択的接触にはさまざまな実証的アプローチがある。本章でとった手法はそのひとつであり，すでに述べたようにメリットもあるがデメリットもある。また，選択的接触の実証的知見が必ずしも一貫したものではないことはこれまでしばしば指摘されている点であり，本章で示した知見もそのうちのひとつにすぎない点には注意が必要である。

第3章

ニュースへの接触パターンは
政治的態度とどのように関連しているか

小笠原 盛浩

1 カスタマイズされたニュースメディア環境

カスタマイズという論点

インターネットは，利用者が自らのニーズに合わせて，どのような情報をどのような手段で入手するかという情報環境を自由に設定できる「カスタマイズ」メディアであるとされる(池田 1993; 1997)。スマートフォンからインターネット上のニュース情報に接触する行動は，テレビや新聞でニュースを見たり読んだりすることに比べて時間や場所の制約が小さい。過去の記事閲覧履歴をもとに，政治・経済など個人的には興味がないジャンルのニュースを避けてスポーツやエンターテインメントなど関心をそそられるジャンルのニュースばかり視聴することも容易である。いつ，どこで，どのようなメディアを通じてどのようなニュースに接触するかというニュースメディア環境のカスタマイズ性は，インターネットとスマートフォンの普及によって格段に高まっている。

カスタマイズされたニュースメディア環境に対する研究者の評価には，肯定的なものもあれば否定的なものもある。インターネット普及初期には，パーソナル・フィルターにより個人にとって関連性の高い記事だけが掲載された新聞『デイリー・ミー』を読むことは，読者を伝統的メディアによる記事の押しつけから解放しニュース接触行動の効用を高めるものとして，肯定的に評価されていた(Negroponte 1995=1995)[1]。ニュースアプリや Twitter，YouTube などニュース情報源

が多様化しニュース流通量が増加した現在では，ニュース情報の海で溺れないために パーソナル・フィルターの必要性はいっそう高まっている。

　一方で，個人のニーズに合わせて「カスタマイズされすぎた」情報環境が政治や民主主義に悪影響を及ぼすという否定的な評価もある。インターネット上では似た意見をもつ人達同士でコミュニケーションが行われる結果，同質的な意見や情報ばかりが流通する閉鎖的な情報環境（エコーチェンバー）が形成されやすい（Sunstein 2001; 2017）。また，Google，Facebookといったプラットフォーム企業のパーソナル・フィルターは利用者の興味関心に合った情報ばかりを表示し，関心が薄い情報や利用者と異なる意見は見つけづらくさせるため，人びとは自分だけの情報環境（フィルターバブル）に包まれた状態になる（Pariser 2011）。結果，「他者」とのコミュニケーションが実質的に自分の意見の反響を聞いているのと変わらなくなり，人種差別などの政治的な態度がますます極端になったり（政治的分極化），異なる意見をもつ人びとの間で重大な社会現象に関する認識を共有することが困難になったりする。つまり，インターネット上のカスタマイズされすぎた情報環境が人びとの政治的態度の偏りを悪化させ，社会の分断が深刻化することが懸念されている。

日本のニュースメディア環境

　では，日本のニュースメディア環境はどの程度カスタマイズされ，政治的態度とどのように関連しているだろうか。ここまではインターネットを中心に説明してきたが，いうまでもなく人びとはテレビ・新聞などの伝統的マスメディアも主要なニュース情報源として利用している（Reuters Institute 2020: 98）。「ニュースメディア環境」を分析するには，インターネットニュースメディアや伝統的マスメディアを含むニュースメディア，政治やエンターテインメントなどのニュースジャンルをどのように組み合わせて利用しているかという，ニュース接触パターンを[2]

　の人びとが読んでいるものと同じ記事を読むことができる『デイリー・アス（我々）』の重要性についても指摘している。もっとも，彼は利用者がそのときどきの気分に合わせて『デイリー・ミー』と『デイリー・アス』のバランスを調節すればよいと考えていたが，現在ではメガプラットフォーム企業のアルゴリズムがそれらの調節を自動的に行っており，利用者がアルゴリズムの働きに気づいていない可能性もある。

2　先行研究では「ニュース接触行動において利用される情報源の総体」を含意する表現として "news repertoire" が用いられることが多いが，日本語の「レパートリー（『デジタル大辞泉』によると「技量を発揮できる領域や種目」）」とは意味合いが異なるため，本稿では「ニ

把握する必要があるだろう（Edgerly 2015; Wolfsfeld et al. 2016; Strömbäck et al. 2018; Castro et al. 2021）。本章では 2019 年全国調査のデータを用いて日本のニュース接触パターンと政治的態度との関連について探索的な分析を行うこととする。

2 ニュース接触パターンと政治的な効果

環境としてのメディア

メディア環境全体の効果を把握しようとするアプローチのうち最も早いものは，技術・環境・社会文化システムの相互作用による文化進化を明らかにした J. H. スチュワード（Steward 1955 = 1979）のカルチュラル・エコロジー研究から派生した，メディア・エコロジー研究である。先行研究をレビューした C. スコラーリ（Scolari 2012）によれば，メディア・エコロジーの概念はおもに，①人々を取り巻いて認知に影響を及ぼす「環境としてのメディア」，②「メディア間の相互作用」の意味で用いられてきた。テレビメディアが人々の生活感や心理的プロセスを変容させてきたという M. マクルーハン（McLuhan 1964 = 1987）の主張は前者の例であり，*The New York Times* などのエリートメディアが取り上げるニュースが他メディアのニュース選定に与えるメディア間議題設定効果（McCombs 2004）は後者の例である。

本章では，人々が日ごろニュースに接触する際に，特定のニュースメディア，ニュースジャンルを選択するパターンが彼らを取り巻く固有のニュースメディア環境を形成していると考える「環境としてのメディア」の視点を採用する。

ニュースメディア環境の独自性

ニュースメディア環境は，メディア固有の技術的要因だけでなく社会の政治的・文化的な要因の影響を受けて形成される。しかしながら，先行研究の大半は欧米圏を対象としているため，知見を非欧米圏にそのまま適用することは困難である。ニュースメディア環境（メディアシステム）を比較するスタンダードな分析枠組のひとつは D. ハリンと P. マンシーニ（Hallin and Mancini 2004）のモデルであ

ュース接触パターン」の表現を使用する。

り，彼らは欧米圏 18 カ国を新聞産業，政治的パラレリズム，プロフェッショナリズム，国家の役割の 4 つの基準で比較し，「欧米メディア」を「分極化された多元主義」「民主的コーポラティズム」「リベラル」の 3 モデルに分類した。ただしハリンとマンシーニは 3 モデルがあくまで欧米圏の歴史的・文化的文脈に根ざしたモデルであり，個々の社会のメディア環境には経路依存性があるため非欧米圏には適用できないとも認めている（Hallin and Mancini 2012）。

　筆者は日米韓台 4 カ国・地域のニュースメディア環境の比較分析を行い[3]，日本では受動的に消費される政治的に中立なマスメディア報道がおもなニュース情報源である一方，米韓台では政治的に分極化したマスメディアへの信頼度・利用率が低く，ソーシャルメディアの重要性が相対的に高くなっていることを見いだした。さらに，各国・地域のニュースメディア環境の違いには，独裁政権下でのメディア抑圧の歴史や市場の自由度，ニュースメディア信頼度などの政治的・文化的要因が関連していた（Ogasahara 2018）。

　社会によってニュースメディア環境が独自に形成される以上，定量データにもとづいて日本のニュースメディア環境の特徴と人々の政治的態度との関連を把握しておくことには一定の意義があるだろう。

ニュースメディア環境の政治的効果

　ニュースメディア環境が人々の政治的態度や政治に具体的にどのような効果を及ぼすか，アメリカで地方紙が消失した地域を意味する「ニュース砂漠（News Desert）」（Abernathy 2018）を例に検討したい。ニュース砂漠では住民が地域社会の公共情報を入手する機会が大幅に失われ，カリフォルニア州ベル市では地方紙廃刊直後から市幹部らが自分で自分の給与を段階的に 10 倍に引き上げる汚職が発生している（Gottlieb and Vives 2010）。ベル市汚職の直接のきっかけは，行政へのウォッチドッグ機能の不在だが，地域住民のニュース接触パターンが地方紙中心のものからインターネット上のニュースメディア中心のものへ変化したことが，地方紙廃刊と大規模汚職というメディア環境・政治環境のより大きな変化を引き起こしたともいえる。

3　ハリンとマンシーニが 3 モデルの類型化に用いた基準を参考に，新たな基準（歴史的文脈と政治的分極化，市場の特性，表現の自由への干渉，受け手の利用行動）を作成して比較分析を行っている。

ニュース砂漠は行政へのウォッチドッグ機能を媒介した間接的な効果だけでなく，地域住民の政治的態度・行動に直接的な効果を及ぼしている可能性もある。L. シェイカー（Shaker 2014）は地方紙が消失した地域（デンバーとシアトル）では，他地域と比較して行政機関への意見表明や PTA などの団体活動への参加といった市民的関与が低下していることを見いだした。また，D. ヘイズと J. ローレス（Hayes and Lawless 2015）は 2010 年アメリカ下院選挙時の社会調査結果から，選挙報道が少ない地域ほど有権者が候補者を判断する知識が乏しくなり，投票率も低下する傾向があることを指摘している。日本でも若年層を中心に新聞離れ（橋元 2021）やテレビ離れ（NHK 放送文化研究所 2021）が着実に進行しており，ニュース砂漠はけっして他人事ではない。政治情報に乏しいニュース接触パターンが人々の間で一般的になれば，政治への関与低下に歯止めがかからなくなることも予想される。

ニュース接触パターンの定量的な把握

　どのような統計的分析手法を使えばニュース接触パターンを定量的に把握できるだろうか。S. エジュリー（Edgerly 2015）は，主成分分析と非階層クラスター分析（k-means 法）によってアメリカの 21 種類のニュース接触行動から 6 つのニュース接触パターンを抽出した（ニュース回避，テレビ＋印刷，オンラインのみ，リベラル＋オンライン，保守のみ，雑食性）。市民活動への参加度は，メディアの種類・党派性を問わずニュースに接触する雑食性群が最も高く，メディアの種類・党派性を問わずニュースに接触しないニュース回避群は最も低かった。

　O. ヴォルスフェルトほか（Wolfsfeld et al. 2016）は，イスラエルの 11 種類のニュース接触行動をソーシャルメディア経由政治情報接触，伝統的マスメディア経由政治情報接触，の 2 変数に統合し，それぞれ平均値より多いか否かで調査回答者を 4 群に分割した（ニュース回避者，伝統主義者，ソーシャル，折衷主義者）。そのなかで政治的活動参加への正の効果が認められたのは折衷主義者のみであった。

　J. ストロムバックほか（Strömbäck et al. 2018）と L. カストロほか（Castro et al. 2021）は，潜在クラス分析を分類に使用した。Strömbäck らはスウェーデンの 21 種類のニュース接触行動を 5 群（ミニマリスト，公共ニュース消費者，地方ニュース消費者，ソーシャルメディアニュース消費者，雑食性）に分類し，そのうちソーシャルメディアニュース消費者は政治的活動への参加に正の効果があった。カストロ

らはヨーロッパ 17 カ国の比較分析で 14 種類のニュース接触行動から 5 群のニュース接触パターンを抽出し（ミニマリスト，ソーシャル，伝統主義者，オンラインニュース追求者，ハイパーコンシューマー），伝統主義者とオンラインニュース追求者は政治的知識に正の効果があるとした。また，ハイパーコンシューマーと伝統主義者はメディア信頼度が高く，オンラインニュース追求者は低かった。

　先行研究の分析結果は必ずしも一貫していないものの，多様な情報源を通じてニュースに積極的に接触するグループとニュース接触全般に消極的なグループが存在する点，特定のニュース接触パターンが政治的活動への参加と有意に関連している点は共通している。

日本のニュース接触パターンの探索

　これまでの議論をふまえ，日本のニュース接触パターンについてリサーチ・クエスチョン（RQ）を設定する。エジュリー（Edgerly 2015）の研究から，ニュース接触パターンの分類はメディア中心の分類とニュースコンテンツ内容中心の分類が考えられる。ただし，日本のニュースメディアはアメリカほど党派性が強くないため（Ogasahara 2018），コンテンツ内容中心の分類はリベラル－保守といった党派的な違いよりも政治・経済やエンターテインメントなどのニュースジャンルによる違いが観測されやすいだろう。

　『デイリー・ミー』のニュースメディア環境で観測されやすいニュース接触パターンとニュース砂漠の環境でのそれを区別すると，前者はニュースジャンルによる分類，後者はニュースメディアによる分類と予想される。逆にいえば，観測されたニュース接触パターンがニュースジャンルによる分類である場合には，個人の先有傾向に合致した情報に接触しやすくなるという，選択的接触（Klapper 1960; Stroud 2010; 稲増・三浦 2016）が生じており，ニュースメディアによる分類である場合には，ニュースの受け手（の少なくとも一部のグループ）のなかで，メディア間の代替が生じていると考えられる。

　RQ1　日本のニュース接触パターンはニュースメディア中心の分類か，ニュースジャンル中心の分類か。

　メディア別の効果にとどまらずニュース接触パターンを分析した研究は，日本

では管見のかぎりほとんどなく，欧米のニュース接触パターンの定量的分析結果が日本にあてはまるともかぎらない。本章では探索的分析として，先行研究でニュース接触パターンの特徴の記述に用いられた，デモグラフィック属性，メディア信頼，政治的態度・政治参加との関連を把握する。

RQ2　ニュース接触パターンとデモグラフィック属性の間にはどのような関連があるか。

RQ3　ニュース接触パターンとニュースメディア信頼度の間にはどのような関連があるか。

RQ4　ニュース接触パターンと政治的態度・政治参加の間にはどのような関連があるか。

3　日本のニュース接触パターン

分析データとおもな変数

　インターネット利用者・非利用者を含めたニュース接触パターンを把握するため，分析には2019年全国調査データを使用した（調査方法の説明は序章を参照）。

　分析で使用した変数は，①ニュースメディア（テレビ，新聞，インターネットニュース）およびニュースジャンル（社会・政治，経済・ビジネス，海外・国際，スポーツ，エンターテインメント）別の利用頻度[4]，②メディア信頼度[5]，③政治的態度（政

4　ニュースメディア別・ニュースジャンル別利用頻度の測定方法は以下のとおりである。テレビニュースの頻度は，ニュースジャンル別に「1日に4回以上」「1日に2～3回」「1日に1回くらい」「週に数回」「週に1回以下」「まったく見ない」から回答を選択させた。新聞の頻度は，スポーツ紙・夕刊紙を除いて「ほぼ毎日（1日に平均5分以上）」「ほぼ毎日（1日に平均5分未満）」「週に数回」「週に1回くらい」「週に1回未満」「まったく読まない」から回答を選択させた。インターネットニュースの頻度は，ニュースジャンル別に，パソコン・タブレット端末，スマートフォン・携帯電話からの利用をすべて合わせて，テレビニュース視聴頻度の設問と同じ選択肢から回答を選択させた。ニュースジャンルは表3.1を参照。また，ニュースメディア・ジャンル別の接触頻度の回答を「1日に4回以上」の場合は28回／週，「ほぼ毎日（1日に平均5分以上）」は35分／週のように，1週間あたりの接触頻度，接触時間に換算した。

5　メディア信頼度はテレビ，新聞，ソーシャルメディア，インターネット全般について，信頼できる情報がどれくらいあると思うか，「1割以下」から「9割以上」の9件法で回答させ，1～9点のメディア信頼度得点を分析で使用した。

表 3.1　ニュースメディア・ジャンル接触頻度の非階層クラスター分析

	消極的接触	積極的接触	マスメディア中心接触	インターネット中心接触
テレビニュース視聴頻度（社会・経済などの一般ニュース）	−0.995	0.456	0.419	−0.694
テレビニュース視聴頻度（スポーツ）	−1.246	0.603	0.434	−0.795
テレビニュース視聴頻度（芸能ニュース）	−0.846	0.559	0.351	−0.840
新聞閲読頻度	−0.415	0.110	0.422	−0.487
インターネットニュース閲覧頻度（社会・政治）	−0.922	0.764	−0.938	0.520
インターネットニュース閲覧頻度（経済・ビジネス）	−0.946	0.744	−0.911	0.521
インターネットニュース閲覧頻度（海外・国際）	−0.913	0.749	−0.950	0.554
インターネットニュース閲覧頻度（スポーツ）	−0.960	0.827	−0.779	0.258
インターネットニュース閲覧頻度（エンターテインメント）	−0.629	0.754	−0.818	0.216
n	141	378	298	233

（注）　網かけ部分は他クラスターと比較して利用頻度が高いニュースメディア・ジャンル。

治関心，内的政治的有効性感覚，支持政党，安倍政権支持度，政党・政治家への好感度）・政治参加（投票の有無），およびデモグラフィック属性（性別，年齢，学歴，世

6　政治関心は，「ふだんから政治に対して関心がある」の設問に対して，「そう思う」「まあそう思う」「どちらともいえない」「あまりそう思わない」「そう思わない」の 5 件法で評定させ，回答を反転させて 1〜5 点の政治関心得点とした。

　　内的政治的有効性感覚は，R. ニーミーほか（Niemi et al. 1991）の尺度から「政治のことは複雑すぎて，自分にはよくわからない（反転項目）」「今の政治問題について，私は人並みに理解していると思う」の 2 項目を採用した。それぞれ政治関心と同様の 5 件法で評定させ，2 項目の回答を反転させた合成変数を内的政治的有効性感覚得点とした（クロンバックの $\alpha = .694$）。

　　支持政党は，自由民主党（自民）・立憲民主党（立民）など 8 つの政党および「支持する政党はない」から回答を 1 つ選択させた。自民（33.1%）以外は政党支持率が軒並み低く，最高の立民でも 5.7% のため，回答のカテゴリを「自民支持」「非自民支持」「支持なし」に統合した。

表 3.2　ニュース接触パターンの比較

	消極的接触	積極的接触	マスメディア中心接触	インターネット中心接触
男性比率	37.6%	55.3%	43.0%	54.5%
平均年齢	42.4a	46.1b	54.2c	42.3a
平均教育年数	13.03	13.91	12.85	14.2
平均世帯年収（万円）	486.64	626.65	507.3	620.15
テレビ信頼度	5.43a	6.16b	6.50b	5.37a
新聞信頼度	5.53a	6.32b	6.59b	5.77a
ソーシャルメディア信頼度	3.58a	4.26b	3.52a	3.75a
インターネット全般信頼度	4.09ab	5.02c	4.02a	4.51b
政治関心	2.53a	3.33b	3.13b	3.13b
内的政治的有効性感覚	2.32a	2.91b	2.72b	2.91b
2019 年参院選投票率	57.4%	65.7%	63.1%	56.1%

(注)　セル中のa，b，cは，Tukeyの多重範囲検定の結果，同符号間では5%水準の有意差がないことを示す。網かけ（太枠）部分は他群と比較して比率・値が有意に高い（低い）セル。

帯年収，就業形態，階層帰属意識）である。

ニュース接触パターンの類型と特徴

　ニュース接触パターンの類型化にはエジュリー（Edgerly 2015）と同様，類似したデータを指定した数のクラスターにグルーピングする統計的分析手法である非階層クラスター分析（k-means法）を用いた。分類に用いた変数はテレビ・新聞・インターネットニュースの利用頻度であり，ジャンル別テレビニュース（一般，スポーツ，芸能），新聞，ジャンル別インターネットニュース（社会・政治，経済・

　　安倍政権支持度は「あなたは，安倍政権を支持しますか，それとも，支持しませんか。」の設問に対する「支持する」から「支持しない」の5件法で評点させ，回答を反転させて1〜5点の支持度得点とした。
　　政党・政治家への好感度は，自由民主党，立憲民主党，安倍晋三への好感度について「好き」から「嫌い」の7件法で評定させ，回答を（嫌い）−3〜＋3（好き）の好感度得点とした。
7　2019年参議院選挙における投票の有無と選挙区・比例区それぞれどの政党・候補者に投票したかについて，政党名または「投票に行かなかった」「選挙権がなかった」から回答を選択させた。本章で政治参加の分析に使用した「投票の有無」では，選挙区・比例区どちらも「投票に行かなかった」「選挙権がなかった」と回答した者を投票なし，それ以外の回答者は投票ありとしている。

表 3.3 消極的接触群（n＝126）を基準カテゴリとする多項ロジスティック回帰分析

	積極的接触		マスメディア中心接触		インターネット中心接触	
	B	Exp (B)	B	Exp (B)	B	Exp (B)
切　片	−6.681***		−4.871***		1.364***	
テレビ信頼度	0.092	1.096	0.172*	1.187	0.081	0.910
新聞信頼度	0.016	1.016	0.105	1.110	0.077	1.081
インターネット信頼度	0.207**	1.230	−0.055	0.947	0.066*	1.164
性　別	−0.868***	0.420	−0.464†	0.629	0.244**	0.447
年　齢	0.025**	1.025	0.065***	1.067	0.009	1.006
教育年数	0.215***	1.239	0.004	1.004	0.062***	1.296
世帯年収（対数）	0.564**	1.758	0.267	1.306	0.173*	1.424
n	344		252		205	

（注）NagelKerke R^2＝0.273，***$p<0.001$，**$p<0.01$，*$p<0.05$，†$p<0.1$，適合度：$\chi^2(21)$＝271.331（$p<0.001$）

ビジネス，海外・国際，スポーツ，エンターテインメント）それぞれの利用頻度を標準化したあとに投入した。クラスター数を 2 から 8 まで変化させて分析した結果，最も解釈しやすい結果が得られたクラスター数は 4 であった（表 3.1）。

表 3.1 と属性等の一元配置分散分析の結果（表 3.2）をもとに各クラスターの特徴を概説する。1 番めのクラスターは，インターネット・マスメディアのどちらでもニュース接触頻度が低い消極的接触群である（回答者の 13.4％）。この群は女性比率が最も高く，平均年齢・学歴・世帯年収が低い。どのメディアの情報への信頼度も低く，政治関心が最も低い。

2 番めのクラスターは，消極的接触群とは対照的に，インターネットとマスメディアのどちらでもニュース接触頻度が高い積極的接触群である（同 36.0％）。男性比率が最も高く，学歴・世帯年収が高く，消極的接触群と正反対の属性である。どのメディアの情報への信頼度も高く，参院選での投票率は 4 群で最も高い。

3 番めは，マスメディアニュース接触頻度が高くインターネットニュース接触頻度が低い「マスメディア中心接触群」である（同 28.4％）。平均年齢が最も高く，マスメディアの情報への信頼度は高いがインターネットの情報への信頼度は低い。

最後のクラスターは，マスメディアニュース接触頻度が低くインターネットニュース接触頻度が高い「インターネット中心接触」群である（同 22.2％）。男性比

表 3.4　政治的態度を予測する重回帰分析

	政治関心	内的政治的有効性感覚
	β	β
性　別	−0.153***	−0.234***
年　齢	0.294***	0.235***
教育年数	0.165***	0.173***
世帯年収（対数）	0.041	0.093**
積極的接触ダミー	0.242***	0.172***
マスメディア中心接触ダミー	0.131**	0.091*
インターネット中心接触ダミー	0.170***	0.178***
F	28.616***	31.068***
調整済み R^2	0.170	0.182
n	946	948

(注)　***$p<0.001$, **$p<0.01$, *$p<0.05$　VIFs<3.0

表 3.5　政権支持度，政党・政治家への好感度を予測する重回帰分析

	安倍政権支持度	自由民主党好感度	立憲民主党好感度	安倍晋三好感度
	β	β	β	β
性　別	−0.073*	−0.123***	0.080*	−0.069*
年　齢	0.004	0.064†	0.023	−0.033
教育年数	−0.017	−0.019	−0.014	−0.020
世帯年収（対数）	0.069*	0.103**	0.010	0.044
政治関心	0.006	0.025	−0.005	−0.062
内的政治的有効性感覚	0.015	0.034	−0.024	0.057
積極的接触ダミー	0.138**	0.127*	0.003	0.112*
マスメディア中心接触ダミー	0.007	−0.002	0.033	−0.024
インターネット中心接触ダミー	0.069	0.016	−0.069	0.026
F	3.340***	6.345***	2.032*	3.122*
調整済み R^2	0.022	0.049	0.010	0.020
n	942	933	935	934

(注)　***$p<0.001$, **$p<0.01$, *$p<0.05$, $^\dagger p<0.1$　VIFs<3.0

率が高く高学歴・高年収で，インターネットニュースをよく利用するがマスメディア・インターネットどちらの情報への信頼度も低い。参院選での投票率は最も低い。

　デモグラフィック属性・メディア信頼度がニュース接触パターンをどの程度説

表 3.6　政党支持別ニュース接触パターン分布

	消極的接触	積極的接触	マスメディア中心	インターネット中心
自民支持 (*n*=342)	11.1%	41.5%	25.4%	21.9%
非自民支持 (*n*=188)	14.9%	30.3%	39.4%	15.4%
支持なし (*n*=500)	14.4%	34.4%	26.2%	25.0%

(注)　網かけ（太枠）部分は他群と比較して分布が有意に多い
　　　（少ない）セル。

表 3.7　投票行動を予測するロジスティック回帰分析

	B	SE
性　別	−0.070	0.152
年　齢	0.032	0.006***
教育年数	0.134	0.040**
世帯年収（対数）	0.081	0.114
政治関心	0.521	0.088***
内的政治の有効性感覚	−0.011	0.103
積極的接触ダミー	−0.300	0.240
マスメディア中心接触ダミー	−0.466	0.251†
インターネット中心接触ダミー	−0.599	0.259*
定　数	−4.390	0.887***
Nagelkerke R^2	0.178	
n	930	

(注)　***p<0.001，**p<0.01，*p<0.05，†p<0.1

明できるか，消極的接触群を基準カテゴリとする多項ロジスティック回帰分析を行った（表 3.3）。積極的接触群は消極的接触群と比べて，男性が多く高年齢・高学歴・高年収でインターネットへの信頼度が高い。マスメディア中心接触群は年齢が高くテレビへの信頼度が高い。インターネット中心接触群は男性が多く，学歴・年収・インターネットへの信頼度が高い。

ニュース接触パターンと政治的態度・政治参加

政治的分極化や政治的知識などの重要な説明変数である政治関心（Bennett and Iyengar 2008），市民が政治について理解し自ら働きかけることができるという信念の内的政治的有効性感覚（Niemi et al. 1991）を従属変数，デモグラフィック属性とニュース接触パターンのダミー変数（基準カテゴリ：消極的接触群）を独立変数として重回帰分析を実施した（表 3.4）。

政治関心と内的政治の有効性感覚は，男性・高年齢・高学歴（くわえて，内的政治的有効性感覚では高年収）であるほど高く，積極的接触群・マスメディア中心接触群・インターネット中心接触群は消極的接触群より高い。

続いて安倍政権支持度，自由民主党・立憲民主党および安倍晋三への好感度を従属変数とし，表 3.4 と同じ独立変数を用いて重回帰分析を実施した（表 3.5）。積極的接触群では安倍政権支持度・自民党好感度・安倍晋三好感度が高くなった。

一方で，立憲民主党好感度とニュース接触パターンの間には有意な関連がない。政党支持別（自民支持・非自民支持・支持なし）のニュース接触パターンの分布を見ても，自民党支持者には積極的接触群が有意に多い（表3.6）。

　最後にニュース接触パターンと政治参加の関連について，2019年参議院議員選挙の投票行動を従属変数とするロジスティック回帰分析を行った（表3.7）。高年齢・高学歴で政治関心が高い回答者ほど投票に行っており，マスメディア中心接触群（10%水準で有意傾向）・インターネット中心接触群（5%水準で有意）は消極的接触群と比べて投票行動に対して負の関連がみられた。

4　ニュース接触パターンは民主主義デバイドをもたらすのか

ニュース接触パターンとデジタルデバイド

　本章ではカスタマイズ性の高いニュースメディア環境の政治的効果を検討するため，ニュース接触パターンを定量的に分析した。非階層クラスター分析から得られた4つのニュース接触パターン（消極的接触群，積極的接触群，マスメディア中心接触群，インターネット中心接触群）は，ニュースメディア中心の分類であった（RQ1）。

　ニュース接触パターンのデモグラフィック属性は，消極的接触群と積極的接触群の差異が対照的であり，前者が女性・低年齢・低学歴・低年収，後者が男性・高年齢・高学歴・高年収であった（RQ2）。さらに消極的接触群はどのニュースメディアも信頼しておらず，他群よりマスメディア・インターネットの情報への信頼度が低い傾向にあった（RQ3）。

　積極的接触群は安倍政権支持度や自民党・安倍晋三への好感度が高く，自民党支持者に占める比率が高く，一方で消極的接触群は政治関心・内的政治的有効性感覚が低かった。ただし政治関心の統制後は，消極的接触群よりもマスメディア中心接触群・インターネット中心接触群のほうが投票行動に消極的であった（RQ4）。

　以上の分析結果をふまえて第一に注目したいのは，ニュース接触パターンとデジタルデバイドとの関連である。P.ノリス（Norris 2001）はアメリカとヨーロッパ15カ国の調査から，女性・高年齢・低学歴・肉体労働者におけるインターネ

ットの普及速度が男性・低年齢・高学歴・管理職よりも遅く，格差が生じていることを指摘した。木村（2001）も日本で同様のデジタルデバイドが存在すると述べている。ニュース接触パターンの消極的接触群と積極的接触群の属性の差異は，年齢を除けば上記のインターネットの普及速度が遅い層と早い層の属性の差異と同様である。

　2019年時点の日本人のインターネット利用率は89.8％（総務省 2021）である。社会の大半の人びとにインターネットアクセス環境が行きわたっているが，アクセス環境の格差はデジタルデバイドの第1段階にすぎない。van Dijk（2002; 2006; 2020）は，デジタルメディアのアクセスには，①利用動機へのアクセス，②物理的アクセス，③利用スキルへのアクセス，④利用へのアクセス，の4つの段階があること，①②の格差（第1段階のデジタルデバイド）は先進諸国で解消されつつあるが，③④の格差（第2段階のデジタルデバイド）はむしろ拡大していると指摘する。van Deursen and van Dijk（2014）のオランダの調査によれば，高学歴層よりも低学歴層のほうがインターネットの利用時間は長いものの，高学歴層がニュースや仕事関連の情報入手など社会的地位獲得やキャリア構築のためにインターネットを利用しているのに対し，低学歴層はおもにゲームなどのエンターテインメント目的で利用していた。

　第2段階のデジタルデバイドが問題になるのは，特定の社会階層がデジタルメディアの利用を通じて他階層より早くより多くの利得を得ることで，社会の相対的不平等を拡大させるからである。アクセス環境が一般に普及しインターネットニュースを無料で閲覧できるようになったことは，人びとの政治的知識を全体的に底上げしたともいえるが，無料ニュースだけで満足している層とさまざまな質の高いニュースを有料で収集している層の間の相対的な知識格差はインターネット以前よりも拡大している可能性がある（van Dijk 2020）。

　本章の分析で，積極的接触層が多様なニュースメディアで頻繁にニュース情報に接触する一方で消極的接触群が乏しいニュース情報環境のなかにとどまっていたことは，第2段階のデジタルデバイドの形態のひとつといえ，政治知識格差を拡大させている恐れがある。消極的接触群が積極的接触群より平均年齢が低い点も，このデバイドが物理的アクセスの段階を過ぎてスキル・利用行動の段階に突入しているためと考えれば説明できる。

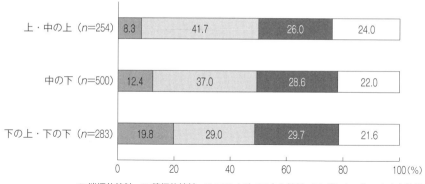

図 3.1　階層帰属意識別ニュース接触パターン分布

ニュース接触パターンと民主主義デバイド

　ニュース接触パターンの違いは，政治知識にとどまらず政治経済的地位の格差と強く関連している可能性がある。Norris（2000）は伝統的マスメディアのニュース接触と市民参加の関係について，高い政治関心・政治的知識がニュース接触を動機づけ，ニュース接触が政治的知識と政治関心を高め，政治情報を処理する認知的コストを低減させて政治参加を促すという，市民参加を強化する双方向の好循環モデルを提唱した。同モデルは，パネル調査（Strömbäck and Shehata 2010）や国際比較調査（Curran et al. 2014）でもおおむね支持されている。

　好循環モデルをデジタルデバイドの議論にあてはめると，もともと政治関心・政治的知識が低い層は政治的ニュースへの接触動機が弱く，偶然政治的ニュースに接触しても注意を払わず，ニュース情報源への信頼度も低く，ニュース接触が政治参加や政治関心を高める効果が見込めない。そのため，政治関心が高い層と低い層の間で「民主主義デバイド」が拡大していくことが懸念される（Norris 2001）。

　消極的接触群が社会経済的に不利な状況におかれている女性・低学歴・低年収層に偏在していること，帰属意識を抱いている社会階層が高くなるほど消極的接触群が有意に少なくなり，積極的接触群が多くなること（図 3.1　$\chi^2(6) = 21.432$, $p < 0.01$，消極的接触群・積極的接触群の標準化調整済残差 >1.96）[8]，消極的接触群の政

8　階層帰属意識を予測する重回帰分析（従属変数は表 3.3 と同じ）の結果でも，積極的接触

治関心・政治的自己効力感（内的政治的有効性感覚）が全ニュース接触パターン中最低であることを考え合わせると，ニュース接触パターンの差異が民主主義デバイドを進行させている可能性がある。

　この説明が正しいとすれば，消極的接触群のほうがマスメディア中心接触群・インターネット中心接触群よりも投票行動との間に正の関連があること（表3.7）も，政治関心がニュース接触と投票行動の媒介変数になっているためと解釈できる。

ニュース接触パターンの一般化可能性

　本章の分析から得られた4つのニュース接触パターンの知見は，どの程度一般化することができるだろうか。消極的接触群と積極的接触群の接触パターンは，欧米のニュース接触パターンのニュース回避・ミニマリスト群と雑食性・折衷主義者・ハイパーコンシューマー群にほぼ対応しており，マスメディア中心接触群は伝統主義者群と類似していた。一方，日本のインターネット中心接触群と欧米のソーシャルおよびオンラインニュース追求者群とは一致していない。これは本分析でソーシャルメディア別のニュース接触行動の変数をクラスター分析に投入していなかったことが原因と考えられる。

　本章の分析結果と欧米の先行研究が一致しないもうひとつの点は，欧米ではニュース回避群が回答者の約半数を占める最大グループであるのに対して（Castro et al. 2021），日本の消極的接触群は 13.4% の少数派にすぎないことである。35 カ国のニュース回避傾向を分析した Toff and Kalogeropoulos（2020）によれば，各国のニュース回避度は個人単位のニュースメディア利用行動だけでなく報道の自由度など国単位のニュース文化変数とも有意な関連があり，日本の平均ニュース回避度は他国の半分以下と著しく低水準であった。消極的接触群が少数派となっている原因は，ニュース情報源としてソーシャルメディアが利用されず，マスメディアニュースが受動的に消費されている日本のニュースメディア環境の独自性が影響していると考えられる。

　したがって，消極的接触群・積極的接触群の類型は頑健性が高く国際比較分析

群・マスメディア中心接触群・インターネット中心接触群は消極的接触群よりも有意に階層帰属意識が高かった。

も可能と考えられるが，ニュースメディア別の類型については日本独自のメディア環境要因を考慮して慎重に解釈する必要がある。

5 ニュース接触パターン研究の課題

　本研究の課題は第一に，ニュース接触パターンの4類型は探索的な類型化のひとつにすぎず，変数や分類方法を変えた追試を今後必要とする点である。インターネット上のニュース接触について，本調査ではYahoo! ニュースなどのポータルサイト・アプリの接触とTwitterなどのソーシャルメディアの接触をまとめて回答させている。稲増・三浦（2016）は，ニュース志向のメディア接触者は娯楽志向の人よりも政治的知識が多いこと，ポータルサイト・新聞社サイトの利用は両者の知識差を縮小する傾向がある一方でTwitterは知識差を拡大する傾向があることを指摘している。インターネット上のニュース接触をニュースサイト別・ソーシャルメディア別に把握し，非階層クラスター分析の代わりにストロムバックほか（Strömbäck et al. 2018）とカストロほか（Castro et al. 2021）の研究で用いられた潜在クラス分析を分類に使用するなど，分析条件を変えることで本章と異なる類型が観測される可能性もある。

　第二に，ニュース接触パターンが好循環によって民主主義デバイドを進展させているという解釈を裏づけるには，政治的知識，政治プロセスへの信頼度，投票行動以外の政治参加活動などの変数を分析に追加することが必要である。また，本研究の分析では横断的調査データを用いたが，好循環の因果関係を検証するには実験的手法（Norris 2000）やパネル調査データを用いた分析（Strömbäck et al. 2018）が望ましいため，調査手法を改善する必要もある。

　とはいえ，本章では，日本独自のニュースメディア環境と政治的態度・政治行動との関連について，ニュース接触パターン分析を通じて欧米との共通点・相違点を一定程度明らかにした。ニュース接触パターンの視点から，日本のニュースメディア環境への理解が今後さらに進むことを期待したい。

コラム **1**

リベラル紙／保守紙購読者の現在形

彼ら／彼女らの政治的態度・社会経済的地位はどう異なるか

渡辺健太郎

1 インターネットの普及と新聞

　新聞は世論形成における重要な役割を担ってきた。しかし，今日では「新聞離れ」が指摘されている。その背景としてよくあげられるのは，インターネットの普及にともなうニュースへの接触環境の変化である。

　そこで，「新聞離れ」をほかのメディアとの関係のなかでとらえてみることにしよう。図1は，2019年全国調査データを用いて，どのようなメディアを通じて人びとがニュースに接触しているのかを示している[1]。

　まず，新聞の購読率に目を向けると，年齢によって大きく異なっていることがわかる。30代以下では3割を下回るのに対し，40代以上では5割以上となっており，若い年代ほど新聞を読まないという傾向が見てとれる。

　では，若年層がニュースに触れていないのかといえば，そうではない。若年層は，新聞ではなく，おもにインターネットを通じてニュースに接触している[2]。と

　[付記]　本研究はJSPS科研費JP18J20998の助成を受けたものである。また，本コラムは渡辺（2021）を再分析し，加筆修正したものである。
　1　本コラムで使用しているのは，2019年全国調査データである。分析に使用したのは，本コラムで使用する変数に欠損のない，18〜69歳の955ケースである。各変数の記述統計については，本コラム末の**付表a**を参照のこと。
　2　ポータル・ニュースサイト，ニュースアプリ，SNS，それぞれでのニュース購読は，「あなたはふだんインターネットで，次のようにしてニュースを見たり読んだりすることがどれくらいありますか」という共通の質問のあとに，項目ごとでたずねられている。なお，それぞれの項目は順に，ポータルサイトやニュースサイトで見る・読む（Yahoo! ニュース等）／ニュースアプリで見る・読む（LINE NEWS, SmartNews等）／知り合いや友達がソーシャルメディアで紹介したニュースを見る・読む（リツイート・シェア等）である。回答は，よくある／ときどきある／あまりない／まったくないの4つの選択肢からなっており，本コラ

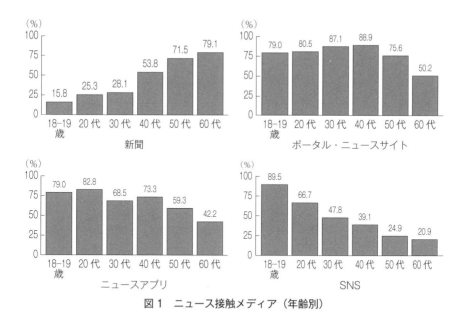

図1　ニュース接触メディア（年齢別）

りわけ SNS を通じたニュース接触は，20 代以下で約 7 割にのぼるのに対し，50 代以上では約 2 割にとどまっている。

　このように，図 1 からは，ニュースへの接触環境の変化と，それにともなう新聞の斜陽産業化というよく知られた趨勢を読みとることができる。

2　新聞をめぐるコミュニケーションの活況

　しかし，「新聞の衰退」は，必ずしも新聞に対する人びとの関心の弱まりを意味するわけではない。むしろ，今日では「ネット右翼」や「ネット右派」（本コラムでは，「ネット右翼」と総称）と呼ばれる人びとを中心として，新聞をめぐるコミュニケーションは活況を呈しているともいえる。たとえば，特定の新聞社の報道を「偏向」や「反日」，「サヨク」などのラベルによって非難する言説などがそうだ。これを以下では，リベラル紙批判と呼ぶことにしよう。

　リベラル紙批判はこれまで，その行為者の側からとらえられてきた。たとえば，

　ムでは「まったくない」に 0 を割りあて，それ以外の選択肢には 1 を割りあて，ポータルサイト，ニュースアプリ，SNS，それぞれでのニュース購読割合を算出している。

北田 (2005) は，2 ちゃんねる（現：5 ちゃんねる）にあふれる朝日新聞をそのおもな対象とする反マスコミ主義が「つながり」を志向するがゆえに，批判という行為を自己目的化してしまっていることを指摘する。同様の議論は，倉橋 (2018) によってもなされている。産経メディアによる朝日新聞批判の分析を行った倉橋 (2018) は，保守論壇にとって「内容の正確さ・正当さを捨象してもなお前景化したいのは『党派性』」（倉橋 2018: 203）であると指摘する。

　これらの議論は，「ネット右翼」を中心としたリベラル紙批判は，その報道内容それ自体に向けられたものというよりも，党派性（「こちら側」と「あちら側」の線引き）をひとつのルールとするゲームのようなものとしても理解される必要があることを示している。その線引き上の「こちら側」を「ネット右翼」の側とすれば，そのプロフィールはいくつかの調査によってある程度明らかにされてきた。たとえば，首都圏在住者を対象に行われた大規模調査データの分析からは，「ネット右翼」になりやすいのは，女性よりも男性，若年層よりも中高年層であることや，雇用形態をのぞいて「ネット右翼」へのなりやすさと客観的な社会経済的地位のあいだには関連がみられないことなどが報告されている（永吉 2019）。

　では，そうした彼ら／彼女らの「あちら側」にいるのは，どのような人びとなのだろうか？　換言すると，新聞を舞台とする「こちら側」と「あちら側」のコミュニケーションは，そもそもどのような線引きのうえでの対比としてとらえることができるのだろうか？　この点に関して，伊藤 (2019) は次のように述べる。

　　　反朝日新聞というアジェンダのなかには，進歩的文化人としての立場に伴うその偏向姿勢を批判するというもの，つまり偏向批判という論点と，『上から目線』のエリート意識を伴うその特権性を批判するというもの，つまり特権批判という論点との 2 つが含まれていたと見ることができる。……『朝日新聞』が叩かれることになったのは，実はその立ち位置が『左』だったからというよりも，むしろ『上』だったからなのではないだろうか。

　　　　　　　　　　　　　　　　　　　　　　　　　　　　　（伊藤 2019: 343）

　この指摘には，2 つの重要な点がある。ひとつは「朝日叩き」などのリベラル紙批判という行為を，「ネット右翼」などの行為者だけではなく，その矛先である新聞の側にも焦点を当てることによって，より奥行きをもった行為としてとら

えようとしている点だ。もうひとつは，彼ら／彼女らにとっての「あちら側」を「左」と「上」によって特徴づけているという点だ。これは，リベラル紙批判を，その担い手が「あちら側」とみなす人びとの政治的立ち位置のみならず，社会的地位にも関連づけて解釈する素地を提供しているという意味で，とくに重要だろう。

　しかし，「左」や「上」といった特徴が，リベラル紙の購読者までも含む「あちら側」に当てはまるのかは定かではない。それは，近年の新聞各紙の購読者の政治的態度と社会経済的地位に関する知見が，十分には蓄積されていないためだ。そこで本コラムでは，新聞各紙の購読者の政治的態度と社会経済的地位について検討する。そして，その作業を通じて，リベラル紙批判とはどのようなものであったのかについて考察する。

3　各紙の購読者にはどのような特徴がみられてきたのか

　新聞各社の論調はそもそも異なるのかという点について確認しておこう。徳山（2014）によれば，新聞社は「読売・産経・日経」対「朝日・毎日・東京」という構図に分かれているのだという。こうした構図は，テキスト分析によっても報告されている。たとえば，朝日・毎日・日経・読売・産経の5紙の社説の分析を行った畑中・村田・掛谷（2009）は，産経新聞の社説は自民党的と判定される割合が高いのに対し，朝日新聞のそれは低い割合であるという結果を報告している[3]。以上の知見をふまえるならば，新聞各紙において，一般にリベラル紙や保守紙という言葉で区別されるような，論調の差異がある様子がうかがえる。

　では，それぞれの新聞の購読者はどのような特性をもっているのだろうか？政治的態度について，斉藤・竹下・稲葉（2014）は，東京都の成人を対象とした調査データの分析から，朝日・毎日・東京新聞と読売・日経・産経新聞の読者とでは，原子力発電政策についての賛否に違いがみられることを報告している[4]。具体的には，前者のグループでは脱原発志向が強いのに対し，後者のグループでは原発維持志向が強いという（斉藤・竹下・稲葉 2014）。同様に，小林・竹本（2016）

3　ただし，畑中・村田・掛谷（2009）は，読売新聞の社説が共産党的であると判定される割合が5紙のなかで最も高いという結果も報告している。

4　この購読紙と原発政策への態度の関連は，原発に対する肯定的な意見／否定的な意見にどれだけ同意するかという受容度によって媒介されるという（斉藤・竹下・稲葉 2014）。

は，2000 年から 2012 年までに行われた全国調査データの分析を通じて，産経新聞の読者がやや保守的であることを報告している。

　以上の知見は，リベラル紙の読者には「リベラル」と呼ばれる傾向がみられ，保守紙の購読者には「保守的」な傾向がみられるという，各紙の論調と購読者の政治的態度の素朴な対応関係を示しているものとして理解することができるだろう。

　それぞれの新聞の購読者の社会経済的地位については「日本版総合的社会調査 (Japanese General Social Surveys)」のデータを用いた分析が行われている。各紙の購読者について比較した木村（2004）の分析では，①日本経済新聞や朝日新聞の購読者に占める高等教育卒層の割合が高く，読売新聞や毎日新聞では中等教育卒層の割合が高いこと，②日本経済新聞や朝日新聞では上層ホワイトカラー，読売新聞や産経新聞ではブルーカラー，毎日新聞では無職の割合が高いこと[5]，③日本経済新聞や朝日新聞の購読者に占める正規雇用で働く者の割合が高く，読売新聞や産経新聞では非正規雇用や自営業，家族従業者の割合が高いこと，④日本経済新聞，産経新聞と朝日新聞，毎日新聞と読売新聞の順で購読者の世帯収入が多いことが報告されている。

　木村（2004）の知見では，リベラル紙と保守紙を分割する明瞭な区分は得られてはいないものの，日本経済新聞と朝日新聞の購読者の相対的な社会経済的な地位の高さという傾向は読みとることができるだろう。とはいえ，上記の知見は 2002 年に実施された調査データによるものであるため，その今日的状況については，あらためて確認しておく必要がある。

4　購読紙と政権支持

　はじめに，各紙の購読と政治的態度の関連について検討する。ここでは，とくに安倍政権への支持に注目して購読紙との関連を検討することにする。安倍政権への支持に注目するのは，①より個別的な政策を内包しながらも，現在の政権を対象とするという具体性によって読者の政治的態度を把握できるという利点，②「安倍ぎらい」などの現政権に関するフレーズによって特徴づけられる，各紙の

5　この点を木村（2004）は，毎日新聞の購読者には高齢者が多く含まれるためであると説明している。

「党派性」との対応関係を反映できるという利点があるためだ。

安倍政権支持は「あなたは，安倍政権を支持しますか，それとも，支持しませんか」という質問でたずねられている。分析では「支持しない」から「支持する」の5段階の選択回答に1〜5の得点を与え，値が大きいほど安倍政権を支持することをあらわす変数として用いる。

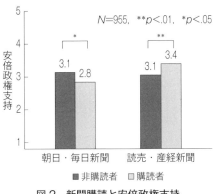

図2　新聞購読と安倍政権支持

購読紙については，各紙の該当ケース数の問題から，一般にリベラル紙とされる朝日新聞と毎日新聞の購読者，そして，保守紙とされる読売新聞と産経新聞の購読者をそれぞれ統合して分析に用いる[6]。

図2に示したのが，購読紙と政権支持の関連である。この図からは，①朝日・毎日新聞の購読者では，非購読者と比べて安倍政権を支持しない傾向にあること，②対照的に，読売・産経新聞の購読者では安倍政権を支持する傾向にあることがわかる。

5　購読紙と社会経済的地位

ここから，各紙の購読と社会経済的地位の関連について検討しよう。どのような属性をもった人びとが保守紙やリベラル紙を購読しているのかについて，性別，年齢，学歴（教育年数），就業形態，世帯収入の視点から分析した結果を表1に示した[7]。

なお，分析で使用した変数の記述統計については，付表aに掲載している。性別は，男性が0，女性が1を意味するダミー変数である。教育年数は，最終学歴

6　購読紙は「あなたがふだん購読している新聞（有料契約の電子版を含む）に，次の中からいくつでも○をつけてください」という質問でたずねられている。そのため，リベラル紙と保守紙の両方を購読しているケースも含まれている（N＝10）。

7　なお，多重代入法によって欠損値を補完して推定した場合でも，本コラムの分析結果に大きな違いはみられなかった（M＝100）。

表1 新聞購読を従属変数とした二項ロジスティック回帰

	朝日・毎日新聞			読売・産経新聞		
	B	SE	$\mathrm{Exp}(B)$	B	SE	$\mathrm{Exp}(B)$
定数	−7.029**	1.320	0.001	−6.368**	1.244	0.002
性別						
男性（ref.）						
女性	0.004	0.224	1.004	0.206	0.212	1.229
年齢	0.025**	0.008	1.025	0.030**	0.008	1.031
教育年数	0.160**	0.054	1.173	0.054	0.050	1.056
就業形態						
正規雇用（ref.）						
非正規雇用	−0.044	0.305	0.957	0.276	0.264	1.318
自営業	0.175	0.398	1.192	−0.021	0.394	0.979
定年・年金生活を含む無職	0.687*	0.278	1.989	0.213	0.279	1.238
世帯収入（対数変換）	0.236	0.172	1.266	0.333*	0.163	1.396
−2LL	676.556			739.595		
Cox-Snell R^2	0.031			0.025		
Nagelkerke R^2	0.059			0.045		
N	955			955		

（注）　**$p<.01$，*$p<.05$

が中学校の場合を9，高校の場合を12，短大・高専・専門学校の場合を14，大学の場合を16，大学院の場合を18とする連続変数である。就業形態は，正規雇用／非正規雇用／自営業／定年・年金生活を含む無職の4カテゴリからなる。分析では，正規雇用を基準カテゴリとして，その他をダミー変数として用いる。世帯収入は対数変換したものを使用する。

　表1から，朝日・毎日新聞と読売・産経新聞のどちらにも共通しているのは，年齢の高さと購読傾向の関連であることがわかる。これは，図1にみたような年齢と新聞購読の関連が，全国紙に限ってみてもあらわれていることを示していると考えられる。

　他方で，社会経済的な地位については，2種類の新聞で違いがみられた。まず，朝日・毎日新聞の特徴として指摘することができるのは，①高学歴層において読まれる傾向にあること，そして，②正規雇用者に比べて，定年・年金生活を含む無職者層において読まれる傾向にあることである[8]。そして，読売・産経新聞の特

徴としては，収入の多い世帯において読まれる傾向にあることが指摘できる。以上の分析結果からは，朝日・毎日新聞の購読者を特徴づけているのが学歴と就業形態であること，読売・産経新聞を特徴づけているのが世帯収入であることがわかる。

6　リベラル紙批判は何を意味していたのか

　本コラムでは，リベラル紙と保守紙の購読者についての分析を行った。その結果，リベラル紙（朝日・毎日新聞）については，購読者が安倍政権を支持する傾向が弱く，高学歴層や定年・年金生活を含む無職者層が購読者となっていることがわかった。また，保守紙（読売・産経新聞）については，購読者が安倍政権を支持する傾向が強く，高世帯収入層となっていることがわかった。

　先行研究（伊藤 2019）では，朝日新聞批判が生じた背景として，朝日新聞が「左」と「上」という位置づけを与えられていた可能性が指摘されていた。この政治的な左右，あるいは鍵括弧つきの「リベラル」と「保守」を安倍首相とその政権を軸としてとらえるのであれば，本コラムの分析は個別の新聞ではなく，リベラル紙と保守紙の購読を対象としてはいるものの，先行研究の指摘におおむね合致する傾向が確認できたといえるかもしれない。

　一方で，リベラル紙購読者の社会経済的地位については，単純に「上」という表現が当てはまるわけではないことが示された。たとえば，世帯収入の多さは，リベラル紙購読者の特徴ではなく，むしろ保守紙の購読者の特徴であった。このことは，リベラル紙購読者の社会経済的地位が一貫して高いというわけではないことを意味している。

　では，リベラル紙購読者の社会経済的地位の特徴は何であったのかというと，それは学歴の高さであった。リベラル紙の購読は高学歴層によって支えられているが，保守紙はそうではない。学歴という，経済的な水準だけに還元されない「豊かさ」をもつ人びとが，リベラル紙の購読者になっている。これが，リベラル紙の「上」という特徴の中身だ。

　以上の結果をふまえて当初の議論に立ち返ると，リベラル紙批判は，次のよう

8　無職を構成するそれぞれのカテゴリにおける朝日・毎日新聞の購読者の割合は，「専業主婦・主夫」で11.8%（$N=85$），「学生」で18.5%（$N=27$），「定年・年金生活」で27.5%（$N=40$），「無職」で21.0%（$N=62$）となっている。

なものとして理解できるのかもしれない。すなわち，リベラル紙批判は，反安倍的なるものへの批判であるのと同時に，高学歴層に象徴される文化に対しての批判でもあるのかもしれない，と。

　そもそも，リベラル紙批判の当事者たちが，どこまで知識社会学的な意味づけを行っているのかは定かではない。その点を承知で，あえて高学歴層の文化への批判としてのリベラル紙批判という点について掘り下げるならば，その批判は反知性主義として形容できるのかもしれない。急いでつけ加えておくが，ここでいう反知性主義とは，知性がないことを非難するための消極的な用語ではない。そうではなく，プラグマティズムの観点から提出される「知性と権力の固定的な結びつきに対する反感」（森本 2015: 262）を意味する積極的な用語である。リベラル紙が，経済的なものとは違った「豊かさ」と結びついていること，そして，そこにある種のスノビズムを見出すこと。それが，リベラル紙批判のひとつのアジェンダとなっていたのではないだろうか。

　もしそうであるならば，リベラル紙批判は，ネット右翼対リベラル紙といった構図のみに収まるものなのではなく，「知」をめぐる闘争として，より社会的な広がりをもった党派性の１つの結節点として位置づけることが可能なのかもしれない。そして，そうした党派性の強調に重きがおかれればこそ，リベラル紙を批判する側にとってみれば，そもそもの新聞の衰退という現実はどこ吹く風ということでもあるのだろう。

付表 a　分析で使用した変数の記述統計

	N(Mean)	%(SD)		N(Mean)	%(SD)
朝日・毎日新聞			教育年数	(13.532)	(2.061)
無講読	839	87.9	就業形態		
講読	116	12.1	正規雇用	433	45.3
読売・産経新聞			非正規雇用	235	24.6
無講読	824	86.3	自営業	73	7.6
講読	131	13.7	定年・年金生活 を含む無職	214	22.4
性別					
男性	477	49.9	世帯収入 （対数変換）	(6.153)	(0.677)
女性	478	50.1			
年齢	(47.379)	(13.502)	安倍政権支持	(3.103)	(1.252)
			N	955	

第4章

ネットは自民党支持を固定化させるのか

3時点にわたる追跡ウェブ調査データからの検証

田辺 俊介

1 情報空間と政治意識

自民党支持の下げ止まり

　本章では政党支持と情報行動の関連を解明することを目的とした分析を行う。その際，特定の情報行動による政党への意識の直接効果のみならず，価値意識（ナショナリズムなど）を変化させた結果として政党支持に影響するような，媒介的効果の有無についても検討する。

　2012年の政権再交代以降，主要な国政選挙における自民党の「連勝」が続いている。しかし，その支持の「国民的広がり」については，自民党の絶対得票率が上昇していないどころか，むしろ低下傾向にあることから疑問が呈されている。

　実際，結果的に「憲政史上最長」となった安倍自民政権ではあるが，安保法制の強行採決に象徴される強引な国会運営，森友学園の国有地払い下げ問題とそれにともなう文書改ざん，加計学園の国家戦略特区認可の不透明なプロセス，桜を見る会の「私物化」問題など数多くのスキャンダルが追及され続けていた。最終的にはコロナ禍における数々の失政（アベノマスクそのほか）によって内閣支持率が低下し，安倍首相は辞任した。しかしそんな情勢下でも自民党の支持率は下げ止まり，（後任となった菅内閣の支持率が下がっても）各種世論調査では2〜3割程度の人びとからの支持を維持しつづけている。

　同様の現象は，アメリカにおけるトランプ前大統領の支持率にも起きていた。数々の失言やスキャンダル，さらにはコロナ禍における度重なる失政をくり返しながらも，トランプ前大統領の支持率は，その退任間際でも4割程度を維持して

いた。この点は党派性の強まりと価値意識の分極化の結果，各種の政治的スキャンダルなどが「響かない」層を作り出しているといわれ，その背景にメディアの分極化した状況が指摘されている（前嶋ほか編 2019）。

何が政党支持を生むのか

　そこで本章では，自民党の支持率の「下げ止まり」の要因として，価値意識によって政党支持に差異があるのかないのかを確認したうえで，メディア接触・情報行動の影響を検討する。メディア情報の政治意識に対する問題については，日本でも近年少なくない研究や報告がなされ，マスメディアへの規制・干渉やネットの情報空間の有効活用が，安倍政権が長期化した背景のひとつともいわれる。たとえば，官邸による各種マスメディアに対する過剰な干渉による情報統制は，鈴木（2015）・ファクラー（2016）ほか，とくにメディア報道の現場に近い人びとから数多くの批判がなされている。またインターネットにおける政治的情報についても，津田ほか（2013）や西田（2015）などが指摘するように，政党のなかでもとくに自民党の積極的な利用の実態が論じられている。たとえば，2014 年の総選挙に際して Twitter においては bot を用いたナショナリズムを刺激する右派キャンペーンが行われ，安倍政権への援護射撃となっていたことが検証されている（シェーファーほか 2019）。

　しかしそれらの議論は，おもに「送り手側」を論じるものであり「受け手側」の情報行動が，はたしてほんとうに政党や政権に対する意識に影響するのか，その点は明確になっていない。たしかに新聞社による世論調査などで「内閣支持率『ネット限定層』で高め」（朝日新聞 2020/5/4）という指摘がなされている。しかし，それは年齢層や価値観などを統制したうえでの議論ではなく，情報行動自体の影響の検証にはなっていないだろう。そこで本章では，情報行動と政党支持や投票行動などの主要な政治意識・行動とのあいだの関連を，年齢や性別などの基礎属性に加えて価値意識なども統制したうえで実証的に解明していく。

　その際，情報行動自体の直接の影響にくわえ，特定の情報行動が価値意識を強め，その結果として特定の政党支持に帰結するという，価値意識の媒介効果も合わせて検討する。具体的には政治にかかわる価値意識のなかでも，世界においても（広い意味で）「分極化」の主要因のひとつにあげられる各種ナショナリズムに，とくに着目した議論を進めていく。

ただし政党支持意識については，無党派とされる人びとの増大などによって，投票行動の予測力が低下しており，政治学においては「不要論」も出ている（谷口 2012）。とはいえ，とくにここ数回の国政選挙では全体の投票率低下によって，結果的に固定的な支持層をもつ自民党（と公明党）の連立与党は連勝を続けている。つまり，安定的・固定的支持層の実質的な政治的影響力は，むしろ増大しているとも考えられる。そこで本章では，パネル調査において複数回連続して「自民党を支持する」と回答した，いわば固定層と呼べる人たちを抽出して「岩盤支持層」とみなし，自民党への投票者やそれ以外の人びとの属性や価値観，情報行動の差を見ていくことで，それらの影響力を考察する。

2　政党支持意識の規定要因について

社会階層の影響

　政党（party）はもともと社会内の部分（part）ごとの利害対立を反映して成立したといわれる。古典的には S. リプセットと S. ロッカン（Lipset and Rokkan 1967）による「社会的亀裂」論などが，階層にもとづく政党支持の差異を指摘しており，日本でも三宅（1985）が「自前層」（経営者や自営業主）の自民支持の傾向を論じていた。総じてそれらの研究においては，特定の職業階層の利害関心（資本家の保守政党，労働者の社会主義政党など）との対応関係から政党支持の要因を説明していた。

　しかし 1980 年代以降，とくに米ソ冷戦終結後，そのような階層と政党支持の間の関係が不明確になってきていたといわれる。世界的な「階級政治の終焉」論（Clark et al. 1993 など）であり，日本でも階層的な変数の影響力低下が指摘されている（平野 2007；田辺 2011 など）。

　21 世紀に入る 00 年代以降は，特定の社会階層の人びととポピュリズム的な政治家・政党への支持との関連が指摘されるようになってきた。たとえば排外主義を主要な主張とする極右政党の支持者の分析では「近代化の敗者論」などを前提に，比較的階層的地位の低い人びとの支持が一定程度確認されていた（たとえば Lubbers et al. 2002）。また近年はとくにトランプ現象などについて，高卒（白人）労働者階級による支持が「ラストベルト」などの議論とからめられながら論じられ

ている（Gest 2016＝2019 ほか）。

とはいえ上述の「近代化の敗者論」については，2010 年代以降のより近年の
ポピュリズム的な動きや極右政党の支持に関する実証研究では，否定的な結果が
多い。たとえばドイツの極右政党「ドイツのための選択肢（AfD）」の支持者の研
究でも，個々人の社会経済的地位との関連は確認されない（佐藤 2018）。そのた
め近年ではむしろ，実証的に否定しても蘇ってくるという意味で「ゾンビ理論」
などともいわれているという（中井 2021）。そこで本章でも，それら社会階層の
影響の有無を確認するためにも，学歴などの基本的な階層変数を分析モデルに含
めることとする。

価値意識の影響

個々人のもつ価値意識や価値観が政党への支持に影響することは，比較的古く
から議論されている。たとえば日本では「文化政治」（綿貫 1976 など）として，
経済・階層よりも価値体系の相違による政治的対立の存在が指摘され，具体的に
は「（戦前的）伝統対（戦後的）革新」という価値対立にもとづき保守政党（＝自民
党）と革新政党（＝当時は社会党や共産党）という政治的対立が成立していると主
張されていた。この対立は，社会文化的な軸としては「自由－保守」，経済的な
軸では「自由－平等」として二次元になりうるが，日本では歴史的経緯から両者
がすこしねじれて混合（社会文化的保守と経済的自由の結合が「保守」，社会文化的自
由と経済的平等の結合が「革新」）した「保守－革新」という一元的な対立軸として定
着していたとされる（綿貫 1976；松谷 2012）。

世界的には「再分配への賛否」という対立（政策による富の再分配と市場原理によ
る富の分配）が，基本的に価値観の左右対立の基盤であった。それにくわえ，自
由や多様性を重視するリバタリアンと社会秩序の維持のための介入を求める権威
主義という対立を H. キッチェルト（Kitschelt 1994）が主張した。その点について，
実は日本社会では戦後直後から先述の綿貫（1976）が「文化政治」で論じていた
ように，戦前的伝統を重んじる権威主義と，自由や多様性を重視する戦後的革新
のリバタリアン的傾向として，政治的対立構造のひとつに組み込まれていたとも
いいうるだろう。

また 2000 年代以降は，移民受入やグローバル化への対応などを背景に，世界
的にはナショナリズム（あるいはトランスナショナリズム）が，新たな価値意識の

亀裂として政党支持と関連してきていることが指摘されている（たとえば Hooghe and Marks 2018）。トランプ前大統領の標語「America First」のような自国中心主義はその典型例であり，またナショナリズムの一側面である排外主義は欧州の極右政党の主要綱領とすらいいうる。しかしそれにとどまらず，たとえばドイツの AfD が「ナショナル」という側面を前面に打ち出し，（彼ら／彼女らが「非国民」と思う難民・移民のような人びとを除いたうえでの）再分配政策を主張している（佐藤 2018）。そのように世界的に見て，多元的な側面の「ナショナリズム」が政治的価値対立のアリーナになってきているといえるだろう。

　それらの価値意識と政党支持の関連について日本でも一定の研究成果が報告されている。たとえば米田（2018）は，1995 年，2005 年，2015 年の社会階層と社会移動全国調査（通称「SSM 調査」）データの分析結果から，権威主義の自民支持への関連は弱まる一方，2015 年において（経済的自由主義の一側面である）経済格差容認意識が自民党支持への影響力を強めていると論じる。また伊藤（2011）や米田（2019）は，ナショナリズムの下位概念（愛国主義・純化主義・排外主義）と政党支持のあいだの関連を分析し，2010 年代以前から愛国主義と純化主義が自民党支持に影響していたが，2017 年には排外主義も自民支持に影響したという知見を報告している。

　以上をふまえて本章においても，旧来からの（「再分配への賛否」という）経済的側面の価値対立に加え，ナショナリズムの複数の側面の影響を考察する。

情報行動の影響

　近年「分極化」や「右傾化」という現象に各種メディア（旧来型のオールドメディアにくわえ，SNS などの新興ネットメディアを含む）が影響を与えている，という議論は少なくない。たとえばアメリカでは，最も古いマスメディアともいえる新聞の多くが「リベラル」とみなされて，またテレビやラジオなどの主要な放送メディアの多くが「共和党寄り」（保守）か「民主党寄り」（リベラル）のどちらかに分類されたうえで，人びとの政治的傾向と接触メディアの関連は強まっているといわれる（たとえばテレビなどのマスメディアについては Levendusky 2013）。さらに，多くの既存メディアに対する不信感の強さが，トランプ支持者の特徴ともされる。その一方で SNS などのネットメディアについては，多発するフェイクニュースとともに，トランプ大統領誕生の要因であったとも語られる（前嶋ほか編 2019 な

ど）。

　日本では先述のとおり，政権によるマスメディアに対する規制が強まっているといわれる。ただそのことは逆にいえば，旧来型のマスメディアの一部には政権に批判的要素があり，だからこそ政権側がそれを統制しようとしたとも考えられるだろう。

　それに対してインターネットの利用については，トランプ支持者の議論などと同じく，安倍政権支持ひいては「自民党支持」につながりやすいと予想される。その要因として，たとえば自民党ネットサポーターズクラブ（J-NSC）などの活動によって，ネット空間の親自民（反民主）・「右派的」傾向が指摘されている（津田ほか 2013；西田 2015；シェーファーほか 2019 など）。朝日新聞の世論調査の結果としても，政治や社会に関する情報取得においてネットや SNS を参考にする人びとでは安倍政権への支持率が高く，一方新聞を参考にする人びとのあいだでは低めであったことが報告されている（朝日新聞 2018/10/13）。

　以上のことから特定のネット利用が，自民党支持を促したり，あるいは積極的な利用層のほうが安定的・固定的な支持層となりやすくなると考えられる。実際，安倍政権と親和的な「ネット右翼」と情報行動の関連として永吉（2019）が，SNS やネットニュース，まとめサイトなどの利用者のほうがネット右翼になりやすく，一方テレビでニュースなどを視聴する人ほどなりにくいとの結果を報告している。

　以上まとめれば，アメリカでの分極化やトランプ支持の岩盤層の議論にもあるように，マスメディア（とくに新聞）への不信感や，積極的なネットや SNS 利用が，日本における自民党支持層へのなりやすさ，とくにその「岩盤支持層」とつながると予想される。本章ではそれらの諸点について，実証的なデータ分析にもとづいて検証する。

3　どのような人びとが自民党の岩盤支持層なのか

「岩盤支持層」をとらえる視点と方法

　岩盤支持層とは誰なのか。その存在を記述的にとらえるためにも，そのような人びとの属性や階層的地位，さらに価値意識の強弱を見ていく。そのためにまず

本節では，「岩盤支持層」という概念の測定（いわゆる「操作化」）について説明する。

　用いるデータは，2017 年から 3 カ年にかけて行われたウェブによるパネル調査である（調査概要は序章を参照）。そのデータで定義する（自民党の）「岩盤支持層」は，まず 17 年調査で「先月（10 月 22 日）の衆議院選挙の比例代表で，あなたはどの政党に投票しましたか？　次のなかから 1 つ選んでください」とたずねた質問に「自民党」と回答したうえで，18 年調査と 19 年調査の政党支持の質問に対して「自民党」と回答した人びとのことである。データ上では 3 波のすべてに回答した 1992 人中の約 14％（$N=283$）が該当する。

　続いて関連を検討する属性や社会経済的地位は次のとおりである。まず基本的な属性として性別・年齢の関連を検討する。また社会経済的地位としては，教育年数（カテゴリでたずねたものを年数に変換）や職業的地位（自営業主か，正規職か否か）などを検討の対象とした。さらに自己評定ではあるが総合的な指標として「生活満足度」，あるいは「暮らし向きの余裕」を分析に含めた（スコアの数値が高いほど，生活に満足し，暮らし向きに余裕があるとの回答である）。

　そのうえで本章では，価値意識との関連も検証する。まず旧来からの経済的対立軸（「自由－平等」）と関連し，近年の新自由主義の議論とも重なる経済的自由主義の側面を考察の対象とする。[1]また政治的価値観の対立点として近年言及されることが多いナショナリズムについて，今回は筆者がこれまでに論じてきたように（田辺編 2019）複数の側面から分析する。まず 1 つめの側面として「社会的アイデンティティ」，とくに「単一民族神話」ともかかわる側面を取り上げる。いわば「日本という国は，日本民族（人種）の国だ」と主張するような類のナショナリズムをとらえるもので，本章では田辺編（2019）を踏襲して「民族的純化主

1　具体的には次のような質問文と質問項目で測定した。まず質問文として「これからの日本は，どのような社会を目指すべきだと思いますか？ それぞれについて，あなたの考えが左右どちらの意見に近いかを選んでください」とたずねたうえで「1. 左に近い，2. やや左に近い，3. どちらともいえない，4. やや右に近い，5. 右に近い」という 5 つの選択肢から選んでもらった。使用した質問項目は 3 つで，1 つめは左に「働いた成果とあまり関係なく，貧富の差が少ない平等な社会」，右に「自由に競争し，成果に応じて分配される社会」，2 つめは左に「税負担は大きいが，福祉などの行政サービスが充実した社会」，右に「福祉などの行政サービスを必要最小限に絞り，税負担の少ない社会」，3 つめは「生活に困っている人たちに手厚く福祉を提供する社会」と「自分のことは自分で面倒をみるよう個人が責任をもつ社会」であった。

義」と名づける。ナショナリズムの2つめの側面としては，ヨーロッパの極右政党，あるいはトランプ前大統領の主張の特徴として指摘できる「排外主義」を取り上げる。とくに今回は先行研究では「脅威認知」とも名づけられる外国人を脅威とみなす認知を用いた。最後の3つめの側面として，トランプ前大統領の「America First」との主張と重なる自国中心主義的な意識を取り上げる。この概念は，いわばエスノセントリズム（自民族中心主義）の対「国」版であり，自国への「愛着」と（外部への）「優越感」が混ざった価値観である。

どのような人びとが「自民岩盤支持層」なのか

前項で紹介した変数でそれぞれの概念を操作化したうえで，本項ではその関連を見ていこう。なお岩盤支持層の特徴を示すためにも，2017年選挙で自民党に投票した人やサンプル全体と比較した結果が表4.1と表4.2である（3波すべてに回答した1992人にデータを限定）。

分析の結果，女性に比べて男性で，また比較的高学歴層で，さらに生活に満足していたり，暮らし向きがよいと思っていたりする人びとほど，そうでない人びととよりも2017年選挙で自民党に投票しているだけでなく，自民党の岩盤支持層になりやすい傾向が示された。男女差については，日本の（とくに政治的側面における）ジェンダーギャップを反映したものとも考えられる。学歴についてはネット調査の特性から高学歴かつ関心の高い人びとの回答が多い点も考えられるが，主観的なものとはいえ「暮らし向き」がよい人ほど自民党を安定的に支持していることは，ある種の「階層性」が顕在化してきているとも考えられる結果であろう。また価値意識についても予想どおり，岩盤支持層では経済的自由主義のみならず，各種ナショナリズムもほかの人びとに比べて強く，さらにそれは2017年

---

2 具体的には「ある人を本当に日本人であると見なすためには，以下にあげるようなことが『重要だ』という意見と『重要ではない』という意見があります。それぞれについてあなたはどの程度重要だと思いますか」と聞いたうえで，本人が選択不可能な帰属的な条件である「日本で生まれたこと」「人生の大部分を日本で過ごしたこと」「先祖が日本人であること」という3項目を用いた。

3 具体的には「日本に定住しようと思って日本へ来る外国人について，次のような意見があります。あなたはどう思いますか？」と聞いたうえで，「そうした外国人が増えれば，犯罪発生率が高くなる」「そうした外国人によって，日本文化は徐々に損なわれてきている」という2項目を用いた。

4 「たとえ自分の国がまちがっている場合でも，国民は自分の国を支持すべきだ」「外国製品の輸入を制限すべき」という2項目であった。

表 4.1　属性との関連

属　性	岩盤支持層	自民投票者	N
全　体	14.2%	26.4%	1992
男　性	**18.7**%	**30.4**%	1021
女　性	<u>**9.5**</u>%	22.1%	971
18〜29 歳	15.8%	32.2%	171
30〜39 歳	13.6%	25.8%	390
40〜49 歳	14.4%	28.8%	500
50〜59 歳	13.9%	23.1%	554
60〜69 歳	14.3%	22.8%	377
既婚者	13.5%	26.8%	898
自営業	13.6%	22.1%	154
正規職	**18.0**%	30.7%	845
中　卒	0.0%	0.0%	14
高　卒	<u>**10.8**</u>%	23.2%	418
短大・高専	12.1%	23.3%	437
大　卒	15.5%	28.1%	986
大学院卒	**23.4**%	**35.8**%	137

（注）　太字はサンプル全体と比較して 5% 水準で統計的に有意に多い．太字下線は 5% 水準で統計的に有意に少ないことを示す．

表 4.2　生活意識や価値意識との関連

スコア平均（1〜5 点）	固定層	自民投票者	全　体
生活満足度	3.56	3.43	3.20
暮らし向き	3.15	3.06	2.84

主成分得点平均	固定層	自民投票者	全　体
経済的自由主義	0.255	0.144	0.00
民族的純化主義	0.348	0.254	0.00
自国中心主義	0.383	0.295	0.00
排外主義	0.312	0.251	0.00

に投票した人びとと比べても強い傾向が一貫して示されている。

　以上の結果は，あくまでもそれぞれの変数同士の単純な関連を示したものである。変数間の相互の影響関係などは統制されていないため，疑似相関に過ぎない可能性もある。そこで次節において，情報行動の影響も含めたうえでの分析を行うことで，岩盤支持層になる要因について検討する。

4 情報行動は「岩盤支持層」を作り出すのか

情報行動の何を見るか

　どのような情報行動をとっている人びとが自民党の岩盤支持層になっているのか。その本章の主要な関心に応えるため，ここでは前節で検討した属性や価値意識を統制したうえで，情報行動が岩盤支持層か否かに与える影響力を確認していく。またその際，情報行動の影響力を総合的に見るためにも，情報行動の価値意識を媒介した影響も合わせて検証する。

　検討した情報行動は大きく分けると以下の3種類である。まず「オールドメディア」との関連として，テレビの視聴時間，新聞閲読頻度，それに購読している新聞の種類との関連を確認した。なお購読新聞の種類については，いわゆる全国紙の読売・朝日・毎日・産経・日経と各種地方紙などの「その他」である。一方，各種のインターネットを利用した情報行動については，PC やスマートフォン・タブレットなどの利用時間，SNS や掲示板などの利用頻度と，どのようなニュースサイトを利用しているかを分析対象とした。また各種メディアに対する「信頼感」も分析に含めた。

　以上の情報行動について，その媒介効果も同時に推定するために，ここでは構造方程式モデリング（SEM）と呼ばれる統計手法を用いた。具体的には，価値意

5　テレビの視聴時間は，「あなたは，ふだん1日にどれくらいテレビを見ますか？（平日・休日を平均してお答えください）」とたずねたうえで，続く選択肢「1日に5時間以上，1日に4〜5時間未満，1日に3〜4時間未満，1日に2〜3時間未満，1日に1〜2時間未満，1日に30分〜1時間未満，1日に30分未満，まったく見ない」のなかから選んでもらい，その回答値の中央値を時間変換したうえで対数化して用いた。新聞の閲読頻度は「あなたは，ふだんどれくらい新聞を読みますか？」とたずねたうえで「ほぼ毎日（1日に平均20分以上），ほぼ毎日（1日に平均10〜19分），ほぼ毎日（1日に平均5〜9分），ほぼ毎日（1日に平均5分未満），週に数回，週に1回くらい，週に1回未満，まったく読まない」のなかから選択してもらった（数字は頻度が高いほうを大きくするように調整）。

6　テレビの視聴時間と同様にたずねた PC の利用時間，スマートフォン・タブレットなどの利用時間は対数変換して用いた。SNS は「Twitter」の利用頻度（閲覧と書き込み），また掲示板利用としては「あなたは，インターネットで次のようなことを，どれくらいしますか？」とたずねたうえで，「Twitter のまとめサイトを読む，『2ちゃんねる（現・5ちゃんねる）』を読む（まとめサイトを除く），『2ちゃんねる』のまとめサイトを読む」などの行動をたずねている。また接触しているニュースサイト15種類の有無も分析に含めた。

7　具体的には「次のメディアの情報で，信頼できる情報はどのくらいあると思いますか？」とたずねたうえで，テレビ・新聞・インターネットそれぞれに対して，1割以下〜9割以上の9件法で回答を求めたものである。

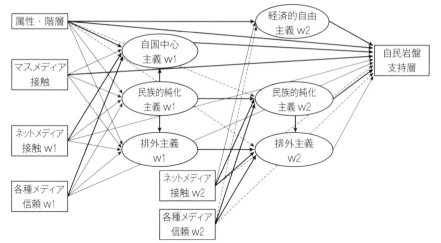

（注）　○で囲まれた変数は潜在変数であり，前注などで示した観測変数によって測定されている。また
　　　　□で囲まれた変数は観測変数だが，図の視認性と簡便性のため複数の変数をカテゴリとしてまとめ
　　　　ている。実線は係数が統計的に有意であった関連を示し，一方の点線はモデルには含めているが係
　　　　数が統計的に有意ではなかった関連を示す。なおwとはwaveの略でw1は第1波時点の変数，
　　　　w2は第2波時点の変数であることを示す。

図4.1　構造方程式モデリングによる分析モデル

識（各種ナショナリズムや経済的自由主義）の測定を行いつつ，それぞれに対して属
性（性別，年齢，教育年数など）や情報行動の影響力も推定したうえで，各属性や
価値意識，さらに各種情報行動が岩盤支持層になるか否かに影響するのかを同時
に推定している（分析イメージは図4.1を，詳細な結果の係数は表4.3を参照）。

　なお，パネルデータであることの強みを生かし，一部の価値意識については第
1波時点の回答を第2波の規定要因に含めたうえで，第2波の情報行動の影響力
を推定している。それによって，第1波時点の個々人の価値観などを先有傾向と
して，ある程度統制したうえでの情報行動の影響力の推定となっている。また，
このモデルであれば，第2波時点の情報行動が価値意識を媒介して固定的な支持
層へのなりやすさに影響しているのかも，一定程度は検証可能となっている。さ
らに最終的な被説明変数は，第3波の情報も用いて作成した「岩盤支持層」か否
かである。そのため，説明変数側を一時点以上前の第2波までの価値意識や情報
行動に限定したことから時間の前後関係の一部は統制できており，そこからある
程度の因果性の推論も可能と考えられる。[8]

表 4.3　自民岩盤支持層の規定要因

		β	SE	p
価値意識	経済的自由主義（w2）	**0.115**	0.034	0.001
	民族的純化主義（w2）	*0.099*	0.051	0.052
	排外主義（w2）	*0.080*	0.047	0.093
	自国中心主義（w1）	**0.147**	0.047	0.002
属性・階層的地位	女性	**−0.186**	0.045	0.000
	年齢	0.015	0.051	0.776
	教育年数	0.060	0.038	0.121
	既婚	0.057	0.044	0.192
	正規職	−0.053	0.044	0.230
	自営業	−0.015	0.036	0.677
	生活満足	**0.110**	0.045	0.015
	暮らし余裕	**0.113**	0.043	0.009
マスメディア接触	テレビ視聴時間	0.605	0.413	0.143
	新聞閲読頻度	**0.207**	0.071	0.003
	対比：購読新聞なし＋まったく読まない			
	購読新聞：読売	−0.004	0.049	0.931
	購読新聞：朝日	**−0.140**	0.051	0.006
	購読新聞：毎日	−0.036	0.039	0.368
	購読新聞：産経	−0.014	0.035	0.694
	購読新聞：日経	−0.027	0.043	0.533
	購読新聞：その他	−0.075	0.050	0.132
ネットメディア接触・利用（W1）	PC 利用時間	−0.026	0.064	0.686
	スマートフォン利用時間	−0.034	0.064	0.596
	Twitter 閲読	−0.105	0.070	0.137
	Facebook 閲読	0.004	0.037	0.902
	Twitter まとめ閲読	−0.061	0.051	0.234
	2 ちゃんねる閲読	−0.007	0.064	0.916
	2 ちゃんねるまとめ閲読	0.040	0.057	0.481
	ニュースサイト：読売	0.016	0.039	0.683
	ニュースサイト：朝日	−0.029	0.041	0.475
	ニュースサイト：毎日	−0.040	0.038	0.296
	ニュースサイト：産経	**0.088**	0.036	0.013
	ニュースサイト：日経	0.040	0.037	0.278
	ニュースサイト：NHK	*0.059*	0.032	0.070
	ニュースサイト：時事ドットコム	−0.027	0.037	0.459
	ニュースサイト：ZAKZAK	*0.063*	0.035	0.075
	ニュースサイト：日刊ゲンダイ	*−0.071*	0.038	0.058
	ニュースサイト：Yahoo! ニュース	*0.066*	0.038	0.086
	ニュースサイト：J-CAST ニュース	−0.010	0.038	0.785
	ニュースサイト：ハフィントン・ポスト	0.060	0.041	0.138

	ニュースサイト：バズフィード	0.004	0.038	0.921
	ニュースサイト：ガジェット通信	−0.034	0.037	0.364
	ニュースサイト：ニコニコニュース	0.013	0.032	0.674
ネット接触（W2）	PC 利用時間（w2）	−0.029	0.065	0.650
	スマートフォン利用時間（w2）	0.064	0.062	0.305
	テレビ視聴時間（w2）	0.016	0.073	0.829
	Twitter 閲読（w2）	0.059	0.068	0.386
	Twitter まとめサイト閲読（w2）	−0.009	0.054	0.870
	2 ちゃんねる閲読（w2）	0.033	0.067	0.619
	2 ちゃんねるまとめサイト閲読（w2）	0.068	0.054	0.210
	YouTube 視聴（w2）	−0.041	0.045	0.361
	ニコニコ動画視聴（w2）	−0.017	0.046	0.713
メディア信頼	信頼感：テレビ（w1）	*−0.116*	0.062	0.063
	信頼感：新聞（w1）	−0.007	0.064	0.907
	信頼感：ネット（w1）	**0.098**	0.047	0.036
	信頼感：テレビ（w2）	0.034	0.068	0.620
	信頼感：新聞（w2）	−0.098	0.068	0.148
	信頼感：ネット（w2）	0.003	0.047	0.947

（注）　太字は 5% 水準で統計的に有意な，斜体は 10% 水準を採用すれば有意な係数を示す。

自民岩盤支持層になる経路

　分析の結果として，自民岩盤支持層との関連として統計的に有意であった変数を確認していこう。まず各種価値意識は予測のとおり経済的自由主義が強く，各種ナショナリズムも強い人びとが固定的な自民党の支持層になりやすいようである。また属性や階層については，女性はなりにくく，一方で生活に満足していたり，暮らし向きに余裕があったりする人はなりやすい。この点も，二変数間のみで見た関連の結果と変わらない。

　本章の課題である情報行動についてはどうだろうか。まず，新聞の閲読頻度が高いまでも朝日新聞を読まない人びと（反朝日！）が，自民党の岩盤支持層の特徴のようである。またネットメディアについては，ニュースサイトで産経を見る

8　解析には Mplus 8.4 を用いた。推定法は重みつき最小二乗法を，また従属変数は 2 値変数なので二項プロビットモデルでの推定となっている。なお，分析対象ケース数は 3 波すべてに答えたバランスデータの 1992 ケースである（なお，バランスデータのゆがみを確認するために説明変数に欠損のないケースを用いた結果も検討したが，係数にほとんど差はなかった）。また提示する分析結果のモデル適合度については，RMSEA が 0.031，CFI が 0.941 と十分な値となっている。

人が自民岩盤支持層になりやすいようである。さらに 10% 水準を採用すれば有意な係数なので参考程度ではあるが，産経と同じフジサンケイグループで，右派的傾向が指摘される ZAKZAK を見る人がなりやすい一方，自民党に批判的な日刊ゲンダイを見ている人はなりにくいという傾向が示された。また同じく 10%水準の有意で係数も小さいが，サンプル内の利用者が 5 割をこえる Yahoo! ニュースを利用する人のほうが固定層になりやすいという結果は，ネット空間の親自民的傾向の影響を示すものとも考えられる。くわえてメディアへの信頼感は（第1 波と第 2 波の両方を同時投入したことから結果が見えにくくなっているが），基本的にネットへの信頼感が高いほうが，自民党の固定的な支持層になりやすいとの結果である。以上の結果を総合して考えると，先行研究においてネット空間の親自民的傾向がたびたび指摘されているが，ほかのオールドメディアと比較してもそのようなネット情報を信頼する人びとにおいて，自民党支持が固定化する可能性が示されたと考えられよう。

　また情報行動などが価値意識を経由した効果についても一定程度確認された（係数の一覧表は，煩雑になるので省略）。具体的には図 4.1 で示したように，情報行動それ自体の影響を考えるために，第 1 波時点の価値意識を統制したうえで第 2波の価値意識（民族的純化主義と排外主義）を経由して，特定の情報行動やメディアへの意識などが影響しているのかを検証した。

　その結果，まずネットへの「信頼感」は，排外主義や民族的純化主義を経由した媒介効果が有意であり，特定の情報源への信頼感が価値意識を経由してもつ影響力も無視できないようである。また直接効果は有意ではない「ニコニコ動画の視聴」についても，排外主義や民族的純化主義を経由した媒介効果が有意であった。その間接効果の標準化係数の合計値は，前者（信頼感経由の効果）が 0.019（標準誤差 0.007），後者（ニコニコ動画視聴）も 0.020（標準誤差 0.007）程度と，たしかに大きな値ではない。しかしこれらは前年の個人の価値意識を統制したうえでの結果である。よって，たとえ係数が小さいとしても第 2 波時点の情報行動の結果として第 3 波時点にまで続く「固定化」につながったことと考えられるため，けっして小さな発見ではないと考えられる。

5 政党政治と情報行動

　ここまでの分析結果が示すように，自民党の固定的な支持層であるか否かについては，属性や階層的地位もたしかにある程度は影響するが，価値意識の影響力も大きいのだといえるだろう。またその価値意識については想定どおり，経済的自由主義が強く，各種ナショナリズムが強いほど自民党の岩盤支持層になりやすいようである。

　そのうえで，特定のメディアとの接触などの情報行動が，一定程度自民支持を強め，さらに岩盤支持層になりやすくする傾向も確認された。さらにそのような情報行動の多くには，各種ナショナリズムをも強める傾向があり，特定の情報行動が価値意識を高め，結果的に自民支持を固定化させるという媒介効果をもっていたことも示された。以上の結果を総合して考えれば，安倍政権下の自民党のメディア戦略の成功が「日本の憲政史上最長」となった一因であったとの診断も，けっして誇張とはいいきれないだろう。

　また分析結果として，階層的地位や価値意識を統制しても特定の情報行動，とくにネットの影響が検出されたことからは（その強度においてはアメリカほどではないと予想されるが），メディアを通じた「固定化」が日本においても生じている可能性を読みとることができる。皮肉なことであるが，それが「分極化」となっていないのは，一極の側の自民党支持者（とくにコアな支持層）の価値意識や情報行動にはまとまりが見られるものの，もう「一極」の側としてまとまりの対象となりうる政治的勢力・政党が存在しない状態だからであろう（たとえば本章で考察できていない権威主義やジェンダー本質主義のような価値意識についても，自民党支持者の間で強いのに対してそれらが弱い人びとは無党派になりやすい。そのような傾向が 2015 年 SSM 調査データの分析により示されている〔田辺 2021〕）。そのことを政治的分断が広がらない奇貨とみるか，「もう一極」をもちえない人びとにとっての（政治的）奇禍とみなすのか，それ自体が判断する人の政治的価値観にもとづくものとなろう。とはいえ少なくとも，日本社会もけっして世界的な「政治的分断」の潮流と無縁なわけではないことが示された結果と考えられる。

　本章の議論は，あくまで 2019 年までのデータを用いたものであり，その段階までの日本社会における「事実」を提示したものである。コロナ禍のなかでポスト安倍政権となり，また仮にも主要野党の合流が果たされ，共産党も含めた野党

共闘も一部行われつつある「ポスト安倍政権期」の政治状況について，その情報行動との関連，さらには「分極化」の行方に関する厳密な議論のためには，新たなデータが必要となるであろう。とはいえ本章で示した知見にもとづけば，今後もとくにインターネットに代表される情報行動の政治的影響力は強まることが予想される。そのため，日本においても情報行動に影響された分極化の危険はけっしてよそ事ではない。Qアノンというネット発の陰謀論の信者たちによる議事堂占拠など極端な事例で示されたアメリカのような危機的分極化を避けるためにも，今後もその動向を注視しつづける必要があるだろう。本章の議論がその一助となれば幸いである。

第 5 章

誰がなぜ改憲に賛成・反対しているのか

自由記述データの計量テキスト分析から

樋口 耕一

1 改憲に対する人びとの考えを自由記述から分析するねらい

自由記述の自由さ

　本章では，2018 年ウェブ調査の自由記述データを計量的に分析することで，誰がなぜ改憲に賛成・反対しているのかという問いに答えることをめざす。

　この問いに答える従来の試みにおいては，同じアンケートに含まれる，ほかの選択肢型の設問を用いることが多かった。たとえば行政改革についての意見をたずねた設問を用いることで，1996 年当時には，行政改革に積極的な人ほど改憲を支持しがちであったことがわかっている（境家 2017: 232）。たしかに，こうした分析から明らかになることは多く，意義の大きい試みといえよう。他方でこうした分析は，同じアンケート内にほかにどんな設問があるのかによって，制約を受けるのもたしかである。それは同じアンケート内に設問がない事柄については，分析できないという制約である。それに対して，人びとに自分の言葉を自由に記入してもらえば，そうした制約を受けないかたちでデータを収集できる。「憲法改正について，どのようなことを感じたり思われたりしますか？」という設問に自由に答えてもらうと，どんな答えが返ってくるのだろうか。本章では，この設問に対する人びとの自由記述を計量的に分析し，結果を報告する。

社会意識とネット

　こうした試みは，第一に，研究者・政治家・ジャーナリストなどの立場を問わず，改憲の論議に取り組むならばふまえておくべき基礎を提供することにつなが

るだろう。最終的に改憲のゆくえを決めるのは国民投票であるから，世論を無視した議論は空論となりかねない。「世論の理解が得られない改正案は，いかに政治理論的あるいは法理論的に優れたものであっても，結局のところ画餅でしかない」と境家史郎が述べるとおりである（境家 2017: 27）。改憲論議の基礎として，世論ないし社会意識の動向を把握することは有用であろう。

　第二に本章では自由記述データを使うことで，改憲への賛否に対するメディア接触の影響，とりわけインターネット利用の影響について詳しく分析する。というのも憲法問題は，人びとが日常生活で直接的にふれることが少ない問題，すなわち間接経験争点であり，メディア接触による影響が大きいと考えられる。たとえば 2007 年の調査結果として，日常生活で接触があるような直接経験争点に比べて，憲法問題においてはメディア報道と有権者の自由記述の類似度が高いことが報告されている（稲増 2015）。また 1993 年から 95 年にかけて「読売新聞」の読者層では，改憲に賛成する人の割合が顕著に高まっている。こうした社会意識の変化は，当時の「読売新聞」で「改憲キャンペーン」が実施された効果であると指摘されている（境家 2017: 278–283）。

　そして現在では，各種メディアのなかでもとくにインターネットを信頼している層で，改憲に賛成する人が多いという（政木・荒牧 2017）。ネットに流れる言葉が，人びとを改憲賛成に向かわせるような影響を及ぼしたのだろうか。もし仮にそうだとしたら，ネットにあふれるさまざまな言葉のなかで，どの言葉が「刺さった」のだろう。どの言葉がそうした影響を及ぼしたのだろう。こうした探索を行える点でも，本章における自由記述の分析には意義があると考えられる。

2　ネット上の言葉と従来の改憲論

　現在のインターネット上には，おびただしい量の保守的・右翼的な日本語の発言が見られる。こうした発言を行う人びとのことを指す用語として「ネット右翼」「ネット右派」「ネトウヨ」などがある。本章ではこれらの用語の差異にまでは踏み込まないが，どの用語を用いるにせよ，実態として保守的・右翼的な発言が多いことは確かである。ネットでそうした発言を行う人という意味で，以下では「ネット右翼」の語を用いる。

ネット上の保守的・右翼的な発言のなかで改憲にかかわるものとしては，第一に，安倍首相ないしは自民党を支持する発言がある。安倍首相は 2020 年 7 月時点でも「自民党総裁の任期中に憲法改正を成し遂げていきたい」との意向を示していたし，自民党も日本国憲法改正草案を作成・公開している。「ネット右翼」の一部は，安倍首相や自民党に対抗する勢力に「反日」というレッテルを貼り，安倍首相を「反日勢力」と共闘する味方とみなしている（シェーファーほか 2019）。一口に「ネット右翼」といっても，個々にさまざまな関心をもつ人びとであろうが「反日」という共通の敵が生みだされたことで，共闘するようになる（倉橋 2019）。そうして，たとえば安倍首相について否定的な報道を行うマスメディアを「反日」と呼んで批判するといった，親安倍・親自民的な発言が数多くインターネットに投稿されている。

　第二に，韓国や中国をはじめとする近隣の国を「反日」とみなす，排外主義的な発言がある。こうした話題は「嫌韓」「嫌中」といった名前で呼ばれることもある。外交問題に関連して「外なる敵」として近隣諸国を扱う場合もあれば，「在日特権」をもつ「内なる敵」として在日外国人を扱う場合もみられる（髙 2015；伊藤 2019）。「外なる敵」として近隣国を見る場合には，領土や安全保障といった問題が取り沙汰されることがあり，これは戦力の不保持を定めた憲法にもかかわる問題である。

　なおネット上の保守的・右翼的な発言の内容としては，「嫌韓」「排外主義」「反マスメディア」のほか，「反リベラル市民」「歴史修正主義」などもあるとされており，これらの展開については伊藤昌亮（2019）が詳しい。

　改憲に賛成する人びとは，以上のようなネット上の発言に影響を受けたという可能性も考えられるが，ネット以前の改憲論に賛同しているのかもしれない。ネット以前の改憲論としては，憲法を「押しつけられた」とみなすものが 1950 年代に，自衛隊明記や自衛隊による国際貢献をめざすものが 1960 年代以降に，新しい人権を書き込もうとしたり，既存政治に不満をもち体制改革をめざすものが 1990 年代以降に見られたという（境家 2017）。

　人びとの改憲についての自由記述に多く見られるのは，ネット上に多く見られる親安倍・親自民や，排外主義的内容なのか，それとも従来の改憲論なのか。また，ネット利用の多い人ほど，親安倍・親自民そして排外主義的な内容の記述が多いといったことは，起こっているのだろうか。

3 調査データと分析方法

本章では，2018 年ウェブ調査（くわしくは序章を参照）のデータをおもに分析する。「あなたは，憲法改正について，どのようなことを感じたり思われたりしますか？」という自由記述型の設問を含むことが，この調査データを用いる理由である。ウェブ調査の画面においてこの設問は回答必須となっていたので，回答者全員がなんらかの記述を行っている。また，この調査に回答した人びとの一部は 2017 年のウェブ調査にも回答しており，本章の分析では一部 2017 年調査のデータも使用する。ただし，とくにことわりがない箇所では，2018 年調査の分析結果を示している。

なおウェブ調査への回答者は，日本人全体を代表するような確率標本とはいえない。このため分析結果について，ほかの調査結果と整合性があるかどうかや，理論的に無理のない解釈が可能かどうかといった，総合的な吟味が必要である。それでもウェブ調査には，自由記述を書いてもらいやすいという，本章のねらいからすれば非常に重要な利点がある（大隅 2002）。また，改憲に賛成する人の割合が多いというネット信頼層やネットを多く利用する層の特徴を分析できる点で，本章のねらいに合致した調査データといえよう。

これらの調査データを用いて，本章では大きく分けて 2 つの分析を行う。1 つめの分析として，ネットを利用するほど改憲に賛成するようになるのかどうかについて，自由記述ではなく，通常の選択肢型の設問を用いて確認を試みる。もし，いくらネットを使っても改憲賛成に向かわないならば，ネット上の言葉にはさして影響力がないことになる。逆にネット利用が改憲賛成につながるならば，ネット上の言葉には無視できない力があるとみなせるだろう。このどちらなのかを，1 つめの分析において確認することをめざす。

そのために，まず 2018 年 1 時点のデータを用いた構造方程式モデリングから，ネットを利用する人ほど，改憲に賛成しているかどうかを確認する。ただし 1 時点のデータでは，相関関係が明らかになるのみで，どちらが原因でどちらが結果なのかという因果関係は明らかにできない。仮に相関があったとしても，もともと改憲に賛成の人が好んでネットを利用していただけかもしれない。そこで 2017 年調査と 2018 年調査の両方に同じ人が回答しているパネル調査であることを生かして，変数の制約はあるものの，因果関係の向きについても可能な範囲で

分析を試みる。ここまでの分析に用いるソフトウェアは Mplus である。

　次に 2 つめの分析として，ネット上のどんな言葉が「刺さった」ことで改憲に賛成するようになったのかを，改憲についての自由記述データから探索する。同じ改憲賛成の回答者であっても，ネットを活発に利用する人だけが，とくに多く書き込むような言葉はあるのだろうか。もしもそうした言葉があるならば，そうした言葉が「刺さった」結果として，改憲に賛成するようになった可能性を考えうるだろう。

　人びとの自由記述という文章型のデータ，ないしはテキスト型のデータから自動的に言葉を取りだして，上述のような統計的分析を行うために，本章では「計量テキスト分析」（樋口 2017; 2020）を用いる。「計量テキスト分析」とは，社会科学の分野で伝統的に用いられてきた内容分析（content analysis）の考え方のもと，「テキストマイニング」と呼ばれるような比較的新しい技術も取り入れた分析方法である。実際の分析にあたっては，樋口（2020）が開発し，フリーソフトウェアとして公開している KH Coder を使用する。

4　改憲に賛成する人，しない人とその理由

2018 年 1 時点の分析に用いる変数

　1 つめの分析として，通常の選択肢型の設問を用いて，ネットを利用することが改憲賛成につながるのかどうかを確認する。まず「現在，憲法改正が議論になっていますが，あなたは，憲法改正に賛成ですか，反対ですか？」とたずねた設問について，回答の単純集計を表5.1 に示す。改憲に賛成する人と反対する人の割合が，合計で 30.3 % と 27.9 % と拮抗しており，これは近年の主要な調査結果とおおむね合致する結果である（政木・荒牧 2017；境家 2017）。なお表5.1 の「コーディング」列に示したように「賛成」という選択肢には 5，「どちらかといえば賛成」には 4，というように数値を割り当てている。このように数値を割り当てて計算した平均値は 3.006，標準偏差は 1.273 であった。

　次にインターネット利用については，改憲への賛否に影響を及ぼす可能性がある利用のかたちとして，保守的・右翼的な内容の発信が多いと考えられるサイトの利用を取り上げた。具体的には，5 ちゃんねるまとめや，国際・海外ニュース

表 5.1　改憲への賛否

	度　数	割合（%）	コーディング
賛　成	627	12.1	5
どちらかといえば賛成	943	18.2	4
どちらともいえない	1348	26.0	3
どちらかといえば反対	722	13.9	2
反　対	725	14.0	1
わからない・こたえたくない	816	15.7	欠損値
合計	5181	100.0	

（注）　有効回答 4365，平均値 3.006，標準偏差 1.273

サイトを閲覧する頻度と「読売新聞」「産経新聞」のサイトを閲覧するかどうかという変数を用いている。国際・海外ニュースについては，サイト運営者による発信がさほど保守的・右翼的ではなくとも，コメント欄に記入されるユーザ・コメントがしばしば保守的・右翼的となるので取り上げた（伊藤 2019: 485）。なお分析の過程においては，革新的・左翼的な内容を発信していると思われるサイトの閲覧頻度や，紙媒体の新聞閲読といった変数についても試行的にモデルに含めた。しかし，これらの変数のパス係数は低く，モデル全体の適合度も悪化したため，最終的なモデルからは除外した。

　最後に改憲への賛否をあらわす変数としては，表5.1 に単純集計を示した一般的な改憲への賛否を問う設問だけでなく，9条1項（戦争放棄）削除への賛否，9条2項（軍隊・戦力の不保持）削除への賛否，自衛隊明記への賛否をたずねた設問も分析に含めた。これらの項目については，一般的な改憲への賛否をたずねた項目との相関が高く，1つの因子を構成した。憲法についてはほかに，大規模災害時の緊急事態条項を設けることや，参議院選挙区の合区解消，教育環境の整備・充実の明記についても賛否をたずねていた。しかし，こちらの3つについては，一般的な改憲への賛否との相関がそれほど大きくなかったので，分析モデルに含めていない。[1]

1　2018 年1時点の分析に用いた変数の一覧を章末の付表5.a に示す。おもにコントロールのために社会的属性として性別・学歴・年齢・世帯年収・婚姻状況・就業形態をあらわす変数を準備した。性別は男性が1，女性が2というコーディングである。学歴については大卒であれば1，婚姻状況については既婚であれば1というダミー変数を作成した。年齢はそのまま数値として用い，世帯年収については対数化している。就業形態は無職を基準カテゴリとして，フルタイム正規雇用・自営業・非正規雇用の特徴を見るダミー変数の構成とした。

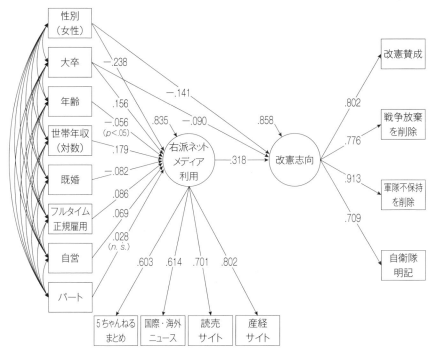

（注）　N=4247, RMSEA=.049, CFI=.961, TLI=.951
有意水準の記載のない係数はすべて p<.001。

図 5.1　ネット利用と改憲賛否との関連（2018 年 1 時点）

2018 年 1 時点の分析から見るネット利用と改憲への賛否

　これらの変数を用いて，ネット利用および社会的属性によって，改憲への賛否がどのように変化するかを見るために構造方程式モデルを作成した。[2]分析結果を図 5.1 に示す。

　まず図 5.1 の右側を見ると，一般的な改憲への賛否をたずねた変数は，戦争放棄の削除・軍隊不保持の削除・自衛隊明記などとともに 1 つの因子を構成している。ここから，たんに改憲についてだけたずねた場合でも，多くの人が 9 条の改定を念頭において回答していたことがうかがえる。これは，境家（2017: 242–247）

　2　ここで行った 1 時点の分析では，ネット利用と改憲への賛否をたずねた変数をすべて順序尺度として扱い，ロバストな重みつき最小二乗法（WLSMV）による推定を行った。

による JES（Japanese Election Study）IV および 2012 年 2013 年の東京大学谷口研究室・朝日新聞共同調査の分析結果と，よく合致する結果である。

　次に図 5.1 の中央から左側に目を移すと，女性や学歴の高い人は改憲志向に向かわない傾向があるが，係数はそれぞれ－.141 と－.090 と，それほど大きくはない。むしろ右派ネットメディア利用から改憲志向への係数が.318 と大きい。年齢や学歴のような社会的属性よりも，右派ネットメディアを利用するかどうかが，改憲志向をもつかどうかと強く関連しているという結果である。ここでいう右派ネットメディアとは，「読売新聞」「産経新聞」のサイトと，国際・海外ニュース，5 ちゃんねるまとめである。

　まとめると，女性や学歴の高い人は改憲に賛成しないという相対的に弱い傾向がある一方，右派ネットメディアを利用する人ほど改憲に賛成するという強い傾向が見いだされた。

パネル調査データを用いた因果関係の検討

　ただし図 5.1 から確実に読みとれるのは，右派ネットメディアの閲覧と，改憲賛成との間に強い相関があるということだけである。この 2 つの因果関係の向きについては，図 5.1 からはわからない。右派ネットメディアを閲覧することによって，改憲に賛成するようになるのだろうか。それとも，もともと改憲に賛成する人が，右派ネットメディアを利用するようになるのだろうか。因果の向きがこのどちらなのか，あるいは双方向なのかについて，使用できる変数に制約はあるものの，可能な範囲での分析を試みる。

　本章で分析しているウェブ調査はもともとパネル調査として設計されており，2018 年調査に回答した人の一部は 2017 年調査にも回答している。パネル調査データであることを生かして，因果関係の向きを検討するモデルを作成した（図5.2）。図 5.2 において重要なのは，2018 年における「5 ちゃんねるまとめ」から「戦争放棄を削除」へのパスと，その反対向きの「戦争放棄を削除」から「5 ちゃんねるまとめ」へのパスである。これらのパス係数が統計学的に有意であれば，そこに因果的な効果があったと推論しうる[3]。

　図 5.2 を見ると，2018 年時点の「5 ちゃんねるまとめ」と「戦争放棄を削除」とを結ぶ 2 方向のパスは，いずれも係数が 0.1% 水準で有意である。ここから 5 ちゃんねるまとめ閲覧と改憲賛否の間には双方向的な因果があったと想定できる。

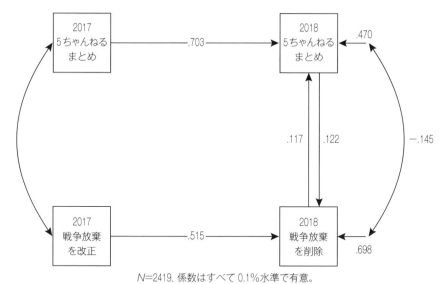

N=2419, 係数はすべて 0.1%水準で有意。

図5.2　パネルデータを用いた同時効果モデル

すなわち，一方で人びとは5ちゃんねるまとめを閲覧することで，憲法9条1項（戦争放棄）削除に賛成するようになっていた。同時に他方では，憲法9条1項（戦争放棄）改定に賛成する人びとが，5ちゃんねるまとめを読むようになっていた。右派ネットメディアについても改憲賛否についても，それぞれひとつずつという限られた変数による分析ではあったが，両者の間には双方向の因果関係が存在したと考えられる。

自由記述に多くあらわれた内容

　以上の分析から，右派ネットメディアを閲覧することによって，人びとが改憲賛成に向かうという方向の因果関係も存在したことが示唆された。それでは右派

3　本来であればこのモデルを作成するには，2017年調査と2018年調査の両方に，まったく同じ言い回し（ワーディング）の設問を含めるべきである。しかし改憲賛否についての設問については，調査年次によってワーディングに若干の違いがあった。2017年は憲法9条1項（戦争放棄）の「改正」について賛否をたずねているのに対して，2018年は「削除」について賛否をたずねている。このため図5.2については，完全なモデルとはいえないことをことわっておく必要がある。ただし，ワーディングの違いとしては，分析結果に根本的な変化が生じるような大きな違いではなく，少なくとも暫定的な結論は得られるものと考えて分析を行った。

ネットメディア上に流れる言葉のなかで，どのような言葉が人びとに「刺さった」結果として，人びとを改憲志向へと向かわせたのだろうか。この点を探索するために，次のような自由記述型の設問への回答を対象として，計量テキスト分析を行う。

　　あなたは，憲法改正について，どのようなことを感じたり思われたりしますか？　改正に賛成・反対の理由でもけっこうですし，それ以外のことでもかまいませんので，何でも自由にお答えください。

　ここではまず，5181 件の回答中に多く出現した主題にはどんなものがあったのかを確認する。そのために，記述中に多く出現していた語を取り出したうえで，どの語とどの語が結びついていたのかを図 5.3 に示した。図 5.3 では，同じ回答者の記述中によく一緒に出現した語同士，すなわちよく共起していた語同士を線で結んでおり，このような図を共起ネットワークと呼ぶ。さらに図 5.3 では，互いに強く結びついている語同士を自動的にグループ分けしている。グループ分けの結果は，もともとは色の違いによって表現されているが，図 5.3 では点線でグループの区切りを示した。どのような語のグループがあるかを見ていくことで，データ中に多く出現していたテーマを探索できる。

　なお図 5.3 のような共起ネットワークという可視化の方法は，内容分析の分野では伝統的に用いられてきたものである（Osgood 1959; Danowski 1993）。自由記述データを KH Coder に投入すれば，共起ネットワークがほぼ自動的に作成される。ただし，注目した語の強調や，テーマの命名については筆者が行った。

　まず図 5.3 の①および②の部分には，改憲に反対する理由をあらわす語が集まっている。①の部分には「政治家」「政府」「勝手」「進める」などの語がある。また①の部分から少し下にたどっていくと「安倍」「自民党」などの語がある。これらの語を含む実際の回答には，「政治家主導で勝手に進められている印象」「政府の好き勝手にしてはならない」「安倍首相が勝手にどんどん進めているのが気に入らない」などがあった。政治家・政府・首相といったエリートへの不信が，改憲に反対する 1 つの理由となっていたことがわかる。この反対理由を①「エリート不信」と名づける。

　図 5.3 の②付近には，「戦争」「9 条」「平和」などの語があり，実際の回答と

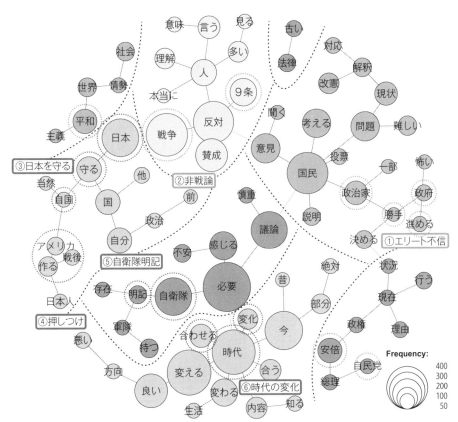

（注）　文中で言及した語や，筆者が注目した語は，点線の円で囲んで強調した。

図 5.3　多く出現した語の共起ネットワーク

しては次のようなものがあった。「せっかくの平和憲法」「9 条改正は危険なので容認できない」「自衛隊が戦争行為に接近することに対しては懸念を感じる」などである。平和を希求する思いや，戦争に近づくことを不安視することが，もう1 つの改憲反対の理由として記入されていたことがわかる。この部分を②「非戦論」と名づけた。

　次に改憲に賛成する理由としては，③「日本を守る」，④「押しつけ」，⑤「自衛隊明記」，⑥「時代の変化」などが記入されていたことを図 5.3 から読みとれる。③「日本を守る」に関して「守る」という語を含む実際の回答には「他国の攻撃を防ぐため自国を守るため」や「自分たちの国を自分たちで守り自立する」

などがあった。改憲に賛成する理由として，日本の防衛に役立つだろうということが記入されている。

そのほかに，④「押しつけ」の具体的な回答としては「なぜ日本は戦後アメリカに作らされた憲法を大事に守っているのか」といったものがあった。これはネット以前の，1950年代の「押しつけ憲法論」に通じるものである。ただし1950年代の「押しつけ憲法論」には戦前への回帰をめざす面があったが，自由記述中では明確に戦前回帰をめざすというよりも，日本の自主性を保つべきという意見が多く見られた。⑤「自衛隊明記」については，図5.3を見るかぎりでは，60年代の改憲論を引き継ぐものとみなしうるだろう。最後に⑥「時代の変化」の部分については，具体的にどんな変化なのかを示す言葉は見当たらないのだが，とにかく「時代」の「変化」に「合わせる」必要があるという回答が相当数存在したことがわかる。具体的な回答としては「今の時代に合った改憲は必要」といったものがあった。

以上のように，実際の回答を検索しつつ共起ネットワーク（図5.3）を見ていくことで，改憲に賛成・反対する理由として多く書き込まれた事柄が明らかになった。改憲に反対する理由としては①「エリート不信」，②「非戦論」があり，賛成する理由には，③「日本を守る」，④「押しつけ」，⑤「自衛隊明記」，⑥「時代の変化」などがあった。

改憲賛成のネット利用者に特徴的な言葉

ここまでに見てきたような改憲に賛成・反対する理由は，右派ネットメディアを利用する程度によって変化するのだろうか。右派ネットメディアを頻繁に閲覧する人は，特定の理由で改憲に賛成するといった傾向がもし明らかになれば，そこに右派ネットメディアの影響力を見いだせよう。

こうした観点から，改憲への賛否と，右派ネットメディアの利用頻度を組み合わせて，回答者を次の4つのカテゴリに分類した。1つめに，改憲に賛成で右派ネットメディアの利用頻度が高いカテゴリ，2つめに，改憲に賛成だが右派ネットメディアはあまり利用しないカテゴリである。そして改憲に不賛成の人びとも同様に分割してあと2つカテゴリを作成し，合計4カテゴリとした。これら4つのカテゴリについて，自由記述の特徴を見るために対応分析を行った結果が図5.4である。

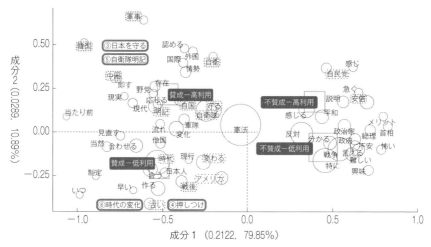

図5.4 「改憲賛否×右派ネットメディア利用頻度」と抽出語との対応分析

　なおカテゴリ分割の詳細は以下のとおりである。まず改憲に「賛成」か「不賛成」かのどちらかに回答者を二分した。この際，改憲への賛否をたずねた質問（表5.1）に，「賛成」「どちらかといえば賛成」と答えた人を「賛成」に分類した。そして「どちらともいえない」「どちらかといえば反対」「反対」と答えた人を「不賛成」に分類した。次に右派ネットメディアの利用程度については，図5.1に示した「右派ネットメディア」因子の値を保存し，上位3分の1を「高利用」に，それ以下を「低利用」に分類した。最後に改憲への「賛成」「不賛成」と，右派ネットメディア「高利用」「低利用」とを組み合わせて，(1)「賛成−高利用」(2)「賛成−低利用」(3)「不賛成−高利用」(4)「不賛成−低利用」の4カテゴリとした。

　図5.4の全体的な傾向として，まず左右に改憲への賛成と不賛成が分かれている。そして横軸（成分1）の寄与率が高いことから，賛成と不賛成とで記述の差違が大きかったことがわかる。次に上下に右派ネットメディアの高利用と低利用が分かれており，利用程度によっても一定程度の記述の差違があったことが読みとれる。ただし，左側すなわち改憲賛成側では上下に大きく語が散らばっているのに対して，右側すなわち改憲不賛成側では語の上下方向の散らばりが比較的小さく，上下軸に関しては比較的狭い範囲に語が集まっている。ここから，改憲賛

成の場合には右派ネットメディアの利用程度によって賛成の理由が変化している
のに対して，不賛成の場合はそうした変化が小さいことがわかる。

　それでは改憲賛成の理由は，右派ネットメディアの利用によってどのように変
化していたのだろう。まず右派ネットメディアをあまり利用していない人につい
ては，図5.4の原点から見て「賛成－低利用」の方向に特徴的な語が布置されて
いる。この方向には「時代」「変わる」「戦後」「アメリカ」などの語がある。こ
こから右派ネットメディアをあまり利用しない人は，改憲賛成の理由として前項
で見た，④「押しつけ」や，⑥「時代の変化」を多くあげる傾向があったようだ。
実際の記述例として，④「押しつけ」については「アメリカの押しつけ憲法は嫌
だ」「もともとアメリカが作った憲法なので改正もありだと思う」などが見られ
た。⑥「時代の変化」についてはたとえば「時代に合う改正は必要だと思う」と
いう記述があった。これら3つの例はすべて，句点を省略したほかは，回答者に
よる記述の全体を引用している。ほかの例を見ても，現行憲法のなかで改めるべ
き部分であったり「押しつけ」「時代」以上に具体的な理由の記述は，ほぼ皆無
であった。

　それに対して右派ネットメディアを頻繁に利用する人はどうだろうか。図5.4
の原点から見て「賛成－高利用」の方向に布置されている語を見ると，「韓国」
「中国」「軍事」「自衛」などがある。これらの語を含む実際の回答には次のよう
なものが見られた。「日本を他国（中国・韓国）の驚異（ママ）から守るために憲法の改正
が必要」「韓国とは国交断絶すべき」「拉致被害者を取り戻せるのは軍事力だけ」
「他国の軍事力が上がっているので」「やはり自衛の力は必要」などである。「賛
成－高利用」カテゴリにおいては③「日本を守る」が，改憲賛成の理由として多
く記入されていたことがわかる。

　それにくわえて「自衛隊」「明記」などの語も，原点から見て「賛成－高利用」
の方向に布置されている。⑤「自衛隊明記」についても，「賛成－高利用」カテ
ゴリに特徴的であったようだ。ここで⑤「自衛隊明記」は，ネット以前の改憲論
で主張された歴史があるとはいえ，③「日本を守る」と近い文脈においてしばし
ば記述されている点に注意が必要である。そうした回答の例としては「日本を守
る為に自衛隊を明記する事は良いと思う」「隣国との関係で，自衛隊が有事の場
合，動きにくい組織であってはならなあい（ママ）ので，憲法に明記すべきである」など
があった。⑤「自衛隊明記」は，必ずしも60年代以来の改憲論として記述され

たとはかぎらず，③「日本を守る」に付随するものとして記述された面があるようだ。

　総じて，右派ネットメディアを頻繁に閲覧する人の場合，周辺国の脅威から，③「日本を守る」必要を感じており，そのことが改憲賛成の理由となっている。右派ネットメディアに流れる言葉のなかでも，周辺国の脅威を感じさせる排外主義的な言葉が「刺さった」こと，すなわち改憲賛成へと向かうような影響を及ぼしたことがうかがえる。

　最後に改憲に不賛成の理由については，右派ネットメディアの利用による変化が比較的小さいものの，よく利用する人びとの側に「自民党」「安倍」といった①「エリート不信」の語があることが興味深い。「不賛成－高利用」の人による記述の例として「現状のような議論軽視の安倍政権の国会では憲法改正を議論すべきでない」「安倍首相がちょっと大きいことしたくて国内の諸問題を憲法の改正に持って行っているような気がしてならない」「現在の自民党政府が考えているような内容では改正には反対する」などがあった。右派ネットメディアには親安倍・親自民的な発言も多かったはずだが，そうした言葉は「刺さらなかった」ことがうかがえる。ネット上の保守的・右翼的な発言のなかにも，「刺さる」もの，すなわち影響を及ぼすものと，そうでないものがあったようだ。

5　改憲への賛否と「ネット右翼」の影響力

　誰がなぜ改憲に賛成・反対しているのかという表題の問いに答えるならば，社会的属性としては，女性よりも男性，そして学歴の低い人のほうが改憲に賛成する傾向があった（図5.1）。紙幅の都合もあって図表を示していないが，男性は自衛隊明記を理由に賛成し，女性は非戦論から不賛成という傾向が見られた。同様に学歴の低い人は周辺国の脅威を理由に賛成し，学歴の高い人は非戦論に加えてエリート不信から不賛成という傾向が見られた。

　ただし，性別・学歴などの社会的属性よりも強い関連を示したのが，右派ネットメディアの利用程度である（図5.1）。右派ネットメディアの利用が，人びとを改憲賛成に向かわせるという傾向が見られた（図5.2）。そして右派ネットメディア利用者は，周辺国の脅威から日本を守ることを，賛成理由としてあげる傾向が

あった（図5.4）。

　最終的に改憲のゆくえを決めるのは国民投票であるから，改憲論議の基礎として世論を理解することは重要である。この点で，人びとが自由に自分の言葉を記入した自由記述データから，現代の憲法意識を以上のように明らかにしたことは，本章における貢献のひとつといえるだろう。

　次に本章では，インターネット利用による憲法意識の変化について詳しく分析を行った。この結果，右派ネットメディアに多くあらわれる，周辺国の脅威を強調する排外主義的な言葉が「刺さった」こと，すなわち人びとを改憲賛成へと向かわせるような影響を及ぼしたことが示唆された。なお，その一方で，同じく右派ネットメディアに多く流れる親安倍・親自民的な内容の発言については，そうした影響を及ぼした形跡がなかった（図5.4）。

　こうした分析結果からすると，ネット上の排外主義的な発言，すなわち「ネット右翼」による発信は，無視できない影響力をもつ場合があるようだ。たとえば5ちゃんねるまとめサイトには，無料のコンテンツとして魅力的な面があると考えられる。5ちゃんねる（旧2ちゃんねる）というネット掲示板に新聞・テレビなどのニュースが転載されて，そのニュースについての議論が盛り上がると，5ちゃんねるまとめサイトに取り上げられる場合が多い。さらに5ちゃんねるに記入されたユーザ・コメントの一部がまとめサイトにも転載されるのだが，こちらも，多くの人から返信があったコメントが取り上げられがちである。多くの人から反応を引き出したコメントには，なんらかのおもしろみがあることが多い。したがって5ちゃんねるまとめは，多くの人の関心をひくニュースに加えて，なにかしらおもしろみのあるユーザ・コメントが並ぶという点で，魅力的なコンテンツとなる。この5ちゃんねるまとめを読む人は，改憲賛成に向かう傾向があるのだから（図5.2），5ちゃんねるに書き込みをする「ネット右翼」には無視できない影響力があるといえよう。

　以上のような本章の分析結果は，「ネット右翼」自体は少数派であっても，その影響力ないしシンパが存在することを指摘した先行研究の知見と整合的である（辻 2017；松谷 2019）。ネットで保守的・右翼的な発言をする「ネット右翼」の数そのものは，1％程度という数字がある（辻 2017；永吉 2019）ものの，他方で「ネット利用が排外意識を強める」という指摘もある。より正確には「排外意識を先有傾向としてもつ者は，ネット上で排外主義的な情報や他者により多く接触

することによって，その影響をより強く受け」るという（辻 2018）。本章の分析
結果は，この指摘とも符合するものといえる。

　ただし影響力があるといっても「ネット右翼」のあらゆる発言が人びとに影響
を及ぼすわけではない。周辺国の脅威や危険を感じさせるような排外主義的発言
には効果があったが，親エリート的な発言には効果が見られなかった。安倍首相
や自民党といった政治的エリートを指す言葉は，むしろ改憲に反対する理由とし
て，エリート不信の文脈で多く記入されていた。「ネット右翼」の発信において
は，「反日」とされる周辺国の危険性が喧伝されるとともに「日本を，取り戻す」
「美しい国，日本」などの言葉を掲げて「反日」勢力と戦う首相として安倍氏が
扱われていた。しかしこれらの情報の受け手は，たとえ周辺国の脅威を感じたと
しても，安倍首相を熱烈に支持するようにはならなかった。政治的権威に対する
根強い不信感があるためかもしれないし，あるいは，外敵の脅威に不安を覚える
かどうかと，為政者を支持するかどうかは別問題と認識されているのかもしれな
い。この点についての検討は興味深い今後の課題といえよう。

　以上のように「ネット右翼」による発信のなかで，改憲賛否に対して影響力を
もつものとそうでないものを発見した点が，本章におけるもうひとつの貢献とい
えよう。なお本章の結果は非確率標本に対するウェブ調査にもとづくものである
が，分析の最初の段階からしばしば触れてきたように，これまでの調査結果と合
致する点が多く見られた。また理論的に無理のない，一貫性のある解釈が可能な
分析結果であった。ここから本章における発見は，少なくとも暫定的な結論とし
て提示し，検証をまつに値するものと考えられる。

付表 5.a　2018 年 1 時点の分析に用いた変数

	N	最小	最大	平均	標準偏差
性別（女性）	5181	1	2	1.509	0.500
大　卒	5181	0	1	0.638	0.481
年　齢	5181	17	65	39.953	14.273
世帯年収（対数）	4247	3.912	7.467	6.165	0.809
既婚ダミー	5181	0	1	0.436	0.496
フルタイム正規雇用	5181	0	1	0.364	0.481
自　営	5181	0	1	0.077	0.266
パート＋非正規雇用	5181	0	1	0.172	0.378
5 ちゃんねるまとめ閲覧	5181	1	5	1.677	1.153
国際・海外ニュースサイト	5181	1	7	3.054	1.659
読売サイト	5181	0	1	0.106	0.307
産経サイト	5181	0	1	0.069	0.253
改憲賛成	4365	1	5	3.006	1.273
戦争放棄を削除	4404	1	5	2.198	1.285
軍隊不保持を削除	4315	1	5	2.719	1.348
自衛隊明記	4240	1	5	3.375	1.235

付表 5.b　パネル調査データの分析に用いた変数

	N	最小	最大	平均	標準偏差
2017　5 ちゃんねるまとめ閲覧	2672	1	5	1.613	1.148
2018　5 ちゃんねるまとめ閲覧	2672	1	5	1.588	1.095
2017　憲法 9 条 1 項（戦争放棄）改正	2419	1	5	2.631	1.384
2018　憲法 9 条 1 項（戦争放棄）削除	2248	1	5	2.705	1.378

第6章

デジタルネイティブ世代は分極化しているか

浅野 智彦

1 社会の分極化と若者

問題設定

　本章は，インターネット利用による社会の分極化という議論を背景として，若者の政治意識・政治的態度を位置づけようと試みるものである。「デジタルネイティブ」という言葉が用いられるようになってすでに 20 年，日本において「ネオ・デジタルネイティブ」という言葉が提起されてから数えてもすでに 10 年が経つ（橋元ほか 2010）。若者が（携帯電話などを含む）インターネットをごく自然な生育環境として育ってきたこと，それゆえ彼ら／彼女らがネット利用についてごく自然な親和性を示すこと，これらは今日ではあらためて指摘する必要もないだろう。[1]

　他方，インターネットの利用が「サイバーカスケイド」「フィルターバブル」「エコーチェンバー」などと呼ばれるメカニズムをとおして人びとの情報環境を隔離・濃縮化することで社会の分極化を進めている可能性が指摘されており，これはまさに本書の全体をとおして検討され，論じられているところである。

---

[1]　橋元良明は，「本書で言う『デジタルネイティブ』は，必ずしも特定の年代生まれのコーホートを指す言葉ではなく，76 世代以降に生まれて主に PC でネットを駆使する人々」であるとする（橋元ほか 2010: 110）。いわゆる「76 世代」（1976 年前後生まれの ICT に早くから親しんだ人びと）も今日ではすでに 40 代なかばに差し掛かっている。他方，橋元のいう「ネオ・デジタルネイティブ」は「86 世代以降に徐々に誕生し，主にモバイルでネットを駆使して，動画情報をも自由に操る若者」を指すとされている。「86 世代」は現在 30 代のなかばに達しつつある。

ではこのようなネット利用をとおした分極化の進展と若者の政治意識・政治的態度とはどのように関連しているのだろうか。言い換えると，インターネットが社会の不可欠なインフラとなった現在，「ネオ（あるいはすでにネオ・ネオというべきかもしれないが）・デジタルネイティブ」たる若者の政治意識・政治的態度もまた分極化しているのであろうか。これが本章の問いである。

分極化する若者？

　インターネットの利用が社会の分極化を促すのであれば，ネットを生活環境の一部としてそれに深く依存しながら生きている若者こそそのような分極化の先端にいる，ということになりそうである。実際，ジャーナリストの津田大介は「分断」を主題とした朝日新聞の論壇時評において，「若者がリバタリアン（右）と新・社会主義（左）に分裂」しているというアメリカに関する報告に言及しつつ，日本でも同じような動きがあるのではないかと示唆している（津田 2019）。津田は「分断は若者世代の話に限らない」と慎重に付け加えているものの，この注意書き自体が「若者の分断はすでに進んでいる」という判断を暗黙の前提にしているようにも思われる。

　このような見方にも理由がないわけではない。なぜなら 2010 年代以降，国会を中心とした政治の外側で活発に政治活動を繰り広げる若者の姿がメディアによって報じられてきたからだ。このような活動は，一方では右の極に，他方では左の極に見いだされてきた。

　右の極として注目されたのは「在日特権を許さない市民の会」（在特会）に代表される排外主義的な運動である。注目されはじめた当初，これらの運動は社会のなかで周辺化された若者たちの不満の受け皿になっていると理解されていた。たとえばジャーナリスト安田浩一は，そのすぐれたルポルタージュのなかで，生活のなかでまわりの人たちから認められず，関係に困難を抱えた若者たちがそうした運動にひきつけられているのではないかと推測している（安田 2012）。

　対して左の極として注目されたのは，反原発・反秘密保護法案・反安保法制などの運動であろう。とくに秘密保護法案への反対運動として組織され，安保法制への反対運動へ発展していった「自由と民主主義のための学生緊急行動 Students Emergency Action for Liberal Democracy-s」（SEALDs）はマスメディアに頻繁に取り上げられた。

これらの運動が同時並行的に若者たちを巻き込んで拡大していったのだとすると，若者の政治的な分極化を懸念することにもそれなりの理由があることになるだろう。けれども，これまでに行われてきた社会学的な研究が教えるのはそれとは逆のことである。

　たとえば在特会についての樋口直人のていねいな調査が明らかにしたのは，そこに参加する人びとがとくに若いわけでもなければ，社会のなかで周辺化されているわけでもない（高学歴の正社員が相対的に多い）こと，また運動参加を促進した要因は，参加者個々人の状況というよりは地政学的な事情（東アジアにおける外交的緊張の高まりなど）であることなどである（樋口 2014）。

　在特会がインターネットを主たる活動の場にしていたように，排外主義的な言論はネットをその土壌として広がった。その言論の担い手たちはしばしば「ネット右翼」と呼ばれる。辻大介は，計量調査の結果をもとにそのような人びとが日本のネットユーザの「1% 未満と見積もるのが妥当」であり，また 2007 年から 2014 年にかけて「『ネット右翼層』が増えたとは言えない」（辻 2017: 215），と結論づけている[2]。さらにネット右翼とそれ以外の人びとを比べてみると，前者の収入が低い（しかし階層帰属意識には優位な差が見られない）ことをのぞき「しばしば語られるような若年・低学歴・独身者といった特徴は」見られないという（辻 2017: 216）。

　また永吉希久子は，樋口らとともに大規模な世論調査を実施し，ネット右翼のプロフィールについて計量的な分析を行った。その結果，彼らが若年層よりは中高年層に多く，社会経済的地位が低いわけではなく，社会的に孤立しているともいえないことを確認している（永吉 2019）。

　ようするに排外主義的運動の担い手は，若者ではなく，とくに周辺化された人びとであるともいいがたく，またそのような運動が拡大傾向にあるわけでもない[3]。

2　ただし辻は，政治的な志向性においてネット右翼に親和的な「ネット右翼シンパ層」は増えているという点にも注意を促している（辻 2017）。

3　若者が右傾化しつつある可能性については 2000 年代初頭からさまざまなかたちで論じられてきた。たとえば香山リカの「ぷちナショナリズム」，北田暁大の「アイロニカルな没入」としてのナショナリズム，高原基彰の「不安型ナショナリズム」などがそれだ（香山 2002; 北田 2005; 高原 2006）。政治学者の菅原琢は，これらの言説について政治学の立場から批判的に再検討している（菅原 2009: 205–）。なお菅原はそこで，政治学者たちが若者右傾化論に一貫して懐疑的であることを指摘しているが，これは現在でも同様である（たとえば谷口 2020）。他方，齋藤僚介は社会学の立場からより新しいデータを用いてこのような初期の

他方，いわゆるリベラル派の若者の運動についても同様である。独特のコール（かけ声）で広く知られるようになった SEALDs のデモは，多くの若者をひきつける新しさをもっていると報道されることが多い[4]。しかし，実際にデモに参加したことのある若者がこの間に増えているとはいいがたい。たとえば，青少年研究会（本章著者はメンバーとして調査に参加）が杉並区で複数の時点で行った調査（対象者は 16 歳から 29 歳の男女）の結果からは，1 年以内のデモ参加経験は 2007 年から 2012 年にかけて変化していない。2012 年はその前年から，SEALDs による新しいスタイルの先駆ともいうべき反原発デモが各地で活発に行われたとされる時期であるものの，若年層の参加はそもそもきわめて低水準であり，増えているともいいがたい。

　2015 年のデモについても同様である。樋口らの行った大規模世論調査のデータを用いた分析において松谷満は，参加者に占める若者の比率の小ささにあらためて注意を促し「3・11 後の社会運動には若者が多く参加した，という認識をいまだに持っている人がいるならば，すぐに改めた方がよい。」（松谷 2020: 72）と述べている。

　つまり一見すると，若者の政治的活動が左右両極において活発化していたように見えるが，それは実態とは異なった像であるということだ[5]。

中庸化する若者？

　前項で見た分極化する若者という像に対して，対照的な若者像を描き出してみ

右傾化論を実証的に検討し，否定的な見通しを得ている（齋藤 2019）。
　ちなみに若者にかぎらず，全年齢層を含む右傾化についても，多くの実証的な研究は否定的な結論にいたっている（塚田編 2017）。右傾化しているように見えるとしたら，有権者の意識が大きく変化していないにもかかわらず，政治家の政策上の位置取りが右方向に移動したからだというのが谷口の見立てである（谷口 2015）。
4　若者の運動へのコミットメントにおいてこのようなスタイルが重要な意味をもつこと，そのスタイルが運動内部で世代間に境界線をひくための資源として用いられていることを富永京子はフィールドワーク，インタビュー調査などで明らかにしている（富永 2016）。他方，そのスタイルが広範な若者たちに訴求したかどうかは定かではない。
5　ただしここで注目した政治的な意見における保守性・右派性とは別に，権威主義的な態度が若年層において強まっていることは，いくつかの異なった調査が一致して示しているところである（池田編 2018；田辺編 2019；吉川・狭間編 2019；尾嶋・荒牧編 2018）。ヤシャ・モンクが世界価値観調査などのデータをもとに論じている先進諸社会の若者における民主主義への評価の低下と権威主義的な体制への評価の上昇もこのことと関連しているかもしれない（Mounk 2018＝2019）。

せたのが経済学者の田中辰雄と浜屋敏である（田中・浜屋 2019）。彼らの議論の中心的な主張は「ネットは社会を分断しない」というものであるが，その議論の重要な一部として若者が中庸化するという主張が提起されるのである。

　田中らは大規模なパネル調査のデータをもとに，分極化が進んでいるのはむしろ中高年であり，若年層の政治的意見は中庸であることを確認した。すなわち「20歳〜30歳代の若年層がネットメディアを使うと中高年に比べてより穏健化する」のである（田中・浜屋 2019: 128）。インターネットの利用がフィルターバブルなどのメカニズムを経て政治的意見の極端化を引き起こすのだとしたら，ネットをよく利用する若者の意見こそより大きく極端化しているはずである。しかしデータが示すのはそれとは逆のことであった。

　田中らは，これを次のように説明する。実は，インターネット上では思われているよりも多く自分とは異なる政治的意見に接する機会（彼らはこれを「クロス接触率」と呼ぶ）がある。むしろマスメディア（テレビ・新聞・雑誌）のみによって情報を得ている場合のほうがクロス接触率は低くなるのだ，と。その結果，より多くネットを利用している若者は，マスメディアにより多く接する中高年と比較して，意見の分極化の程度は低く，むしろより穏健になっている，というのである。

　だが，田中らのこのような議論に対して辻大介は次のような3つの論点をあげて批判している（辻 2020：あわせて本書第9章3・4節を参照）。第一に，田中らが依拠している調査が登録モニタを対象としたウェブ調査であり，回答者が必ずしも母集団をうまく代表していない可能性がある。第二に，若年層の政治的意見が穏健なのは彼ら／彼女らの政治関心が高くないためである可能性が見落とされている。政治に対する関心が高ければ，政治に関する意見もより明確になるだろう。年齢と中庸の関係は，政治関心の高さというもうひとつの変数がもたらした見かけのものであるかもしれない，ということだ。第三に，田中らが用いている分極化指数は，「分極化」という言葉が通常意味することと必ずしもうまく対応していない。それをうまく測るためには別の工夫が必要である。[6]

　こうした論点をふまえると，分極化に対比されるような中庸化が進行しているという仮説にもまた疑問符がつくということになりそうである。

6　この点については，さらに辻（2018），辻・北村（2018）も参照されたい。両者の議論は全国紙でも取り上げられており（日経新聞 2020年1月27日朝刊，朝日新聞 2020年3月3日朝刊），本書も含めて議論がさらに深められることが期待される。

分極化でも中庸化でもなく

　ここまで政治的分極化の観点から見た若者の位置づけに関して2つの仮説を見てきた。ひとつは，若者の政治的意見が左右の両極に分極化しているのではないかという仮説（若者分極化説）。もうひとつは，逆に若者の政治的意見は中庸化しているのではないかという仮説（若者中庸化説）。そしていずれの仮説についてもかなり強力な反論が提起されていることも確認した。それでは分極化でも中庸化でもないどのような記述の仕方が実態とうまく見合うことになるのだろうか。

　本章で注目したいのは，前項で紹介した辻の議論で触れられていた政治関心の高さである。若者分極化説にせよ若者中庸化説にせよ，それらは若者がそれなりに政治的な意見をもっているということを前提としている。しかしもし彼ら／彼女らの多くが政治に対してさしたる関心をもたないのだとしたら，極端な意見であれ中庸な意見であれ，なんらかの意見をもつという見込みは低い（野球に関心のない者が各チームに対して特段の好みをもたないように）。

　このことは同時に次のことを意味する。もしなんらかの刺激により政治的な関心が高められた場合，若者もまたそれなりの政治的な意見をもつようになる。そしてその刺激の与えられ方によってはその意見は右にせよ左にせよいずれかの極へとひきつけられていく可能性がある。とりわけ分極化論の文脈でいえば，インターネットを経由した情報への接触がそのような効果をもつ可能性があるだろう。このような見立てを若者無関心説と呼んでおこう。

　そこで以下では，安倍晋三首相への好感度に注目し，この仮説を検証する。用いるデータは2019年に実施した全国調査である（調査の詳細は「序章」を参照されたい）。

2　若者は安倍首相を好感するか

分析の方針と概念の操作的定義

　以下の分析は，安倍首相（当時）への若者の好感度に照準する（以下，とくに必要がないかぎり「首相好感度」と表記する）。若者は安倍首相に好感をもっているのか，どのような若者が首相に好感をもつのか，そして情報への接触は好感度にどのように影響するのか，といったことを検討していく。

分析に先立っていくつかの概念を操作的に定義しておこう。まず「首相好感度」である。これは「次にあげる政党や政治家を，あなたは好きですか，嫌いですか。それぞれについて，あなたの好感度を表す数字（最も好きの「＋3」から最も嫌いの「−3」まで）に，○をつけてください」という質問のなかの「安倍晋三」という項目に対する回答をそのまま得点化して用いる。これはいわゆる「感情温度（feeling thermometer）」とおなじものである。

　内閣や政党あるいは政策への支持ではなく首相好感度を分析の目標とするのは，以下の3つの理由による。第一に，内閣や政党支持あるいは政策への支持は，その判断に際して相対的に大きな負荷がかかるのに対して「安倍晋三」は首相としてよく知られておりそれに対する好き嫌いも比較的容易に判断できる。実際，あとで見るように政策（たとえば改憲など）への支持については「わからない」と回答するものが少なくない。第二に，安倍首相がその政権を運営している期間，ポピュリズムについての議論がさかんに行われ，そこでは情動の政治的動員が重要な要因としてあげられてきた（吉田 2011）。好き嫌いはそれ自体が重要な政治的エネルギーでありえる。第三に若者においては政治的な意見がしばしば政治家個人への評価によって左右される。たとえば松谷満は，「自民党支持よりむしろ安倍首相に対する評価が高いということが，若者の特徴として指摘できる」と論じている（松谷 2019a: 241）。

　次に「若者」である。「若者」という概念が社会制度に埋め込まれたものであり，制度の変容に連動して変容すること，とくに 1990 年代末以降はその年齢上の上限が次第に上昇しつつあること，結果としてその輪郭を曖昧にしていること，これらはすでによく知られているところであろう（川崎・浅野編 2016）。したがって若者を静的に定義することにはほとんど意味がないのだが，ここでは分析の便宜上，操作的に 35 歳未満を「若者」（若年層）と定義する。これに対して 35 歳以上を「年長層」と呼ぶことにしよう。35 歳は行政上の若者支援においても用いられることのある区分線なので，操作的定義とはいえ一定程度は制度的現実にも結びついているとはいえるだろう。

　このように定義したうえで，まず若者の首相好感度がほかの世代に比較してどの程度であるのか確認する。次に，その高低を規定する要因を重回帰分析で予備的に検討する。最後に，政治的な関心とネットへの接触が首相好感度とどのような関係にあるのかを多項ロジットモデルで確認する。

若者の安倍首相に対する好感度

図6.1は，年齢層別に見た安倍首相への好感度の平均得点である。第一に注目すべきは，安倍首相が比較的高い支持率を維持してきたことを考えれば意外なことにも思えるが，好感度の平均値が，30代を除くすべての年齢層でマイナスであるということだ。第二に，そのなかでもより若い年齢層ほど（ここでも30代が例外となるが）絶対値が小さい（より0に近い）ことが読みとれる。

若者が安倍政権あるいは自民党への支持を強めているという指摘はさまざまな角度からなされてきた。かつては，若いころは社会党・共産党を支持しても年齢を重ねるにつれて自民党支持になっていくといわれたこともあるが，このような年齢に沿った自民党支持の傾斜が近年なだらかになってきているという指摘もある（米田 2018；松本 2018）。また，こうした若者の自民党支持を支える要因についてもデータによって明らかにされてきた（松谷 2019a; 2019b）。

首相好感度という視点から見ても，若年層は安倍首相により好感を抱いているといえるだろう。より正確にいえば，嫌いである度合いが，ほかの年齢層に比較して小さいのである。

実際，安倍首相の言動から連想されるような保守性を若者はあまりもちあわせていない。表6.1は，その種の保守性を示すと考えられる質問項目に対する回答を若年層（35歳未満）と年長層（35歳以上）とで比較したものである。いわゆる嫌韓・嫌中感情は年長層で高く，外国人を危険視する意識も年長層で高い。逆に夫婦別姓や同性婚のような（安倍首相の熱心な支持者からは忌避されそうな）リベラルな政策への支持はむしろ若年層で高くなっている。安全保障

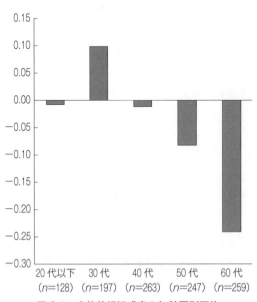

図6.1 安倍首相好感度の年齢層別平均

表 6.1　政治的意識の比較（若年層と年長層）

韓国への好感度	**35 歳未満**＞35 歳以上
中国への好感度	**35 歳未満**＞35 歳以上
定住希望外国人について：「そうした外国人が増えれば、犯罪発生率が高くなる」	35 歳未満＜**35 歳以上**
定住希望外国人について：「そうした外国人は、日本人から仕事を奪っている」	35 歳未満＜**35 歳以上**
「外国人や少数民族を差別するヘイトスピーチをもっと厳しく取り締まる」ことに賛成	35 歳未満＝35 歳以上
「夫婦別姓を認めるように民法を改正する」ことに賛成	**35 歳未満**＞35 歳以上
「同性婚を可能とするように法的整備をする」ことに賛成	**35 歳未満**＞35 歳以上
「憲法 9 条 1 項（戦争放棄）を削除する」ことに賛成	35 歳未満＝35 歳以上
「憲法に自衛隊を明記する」ことに賛成	35 歳未満＝35 歳以上
「沖縄の米軍基地を辺野古に移設する」ことに賛成	35 歳未満＝35 歳以上
「原子力発電所の再稼働を進める」ことに賛成	**35 歳未満**＞35 歳以上

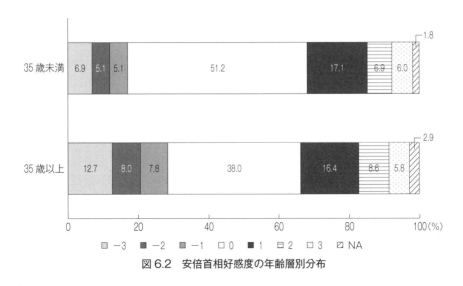

図 6.2　安倍首相好感度の年齢層別分布

関係の項目については若年層・年長層のあいだに大きな差は見られず，若者がとりわけタカ派色を強くもっているということもない。原発再稼働に対する支持が若年層において高い点は親安倍政権的な傾向をうかがわせるが，全体として見れば若年層がより保守的であるとはいいがたい。また 9 条 1 項削除への賛否において若年層の 16.7% が「わからない」と回答している点にも注意しておこう。同様に，自衛隊明記への賛否において 28.1%，米軍基地辺野古移設への賛否におい

て 31.8% の若年層が「わからない」と回答している。

　これに対して若者分極化説の立場からは，若者のなかで首相好感度が分極化していればその結果として得点の平均値（の絶対値）は小さくなるのではないか，という疑義が出されうる。この点についてあらかじめ確認しておこう。図6.2は，若年層と年長層とに分けて好感度得点の分布を示したものだ。まず気づくのは若年層において「0」と回答したものがきわだって多いということだ。「＋1」から「＋3」までの回答についてはそれほど差がないので，若年層においては「0」が多い分だけマイナス得点が少なくなっていると見ることができる。やはり若者は首相を特段に好感しているというよりは，嫌う度合いが小さいというほうが適切である。

　そして「0」が多いことからわかるように，若年層の好感度は正負の極に分化しているわけではない。若者分極化説が支持されないのは明らかである。それでは若者中庸化説が支持されるということになるのだろうか。次項ではこのことを検討していこう。

首相好感度の内実

　首相好感度が実質的に何を意味しているのかを知るためにはほかの質問項目との関連を見てみるのがよい。その最初の一歩として，前項でも用いた（表6.1）安倍首相の政治的姿勢と関連が深いと考えられているいくつかの項目を取り上げ，首相好感度との相関係数を確認する。その際に若年層と年長層とに分けて違いを見ていこう。

　表6.2はその結果を示したものである。一見してわかるように若年層における首相好感度はこれらの諸項目とのあいだにあまり強い関係が見られない。年長層において 11 項目中 2 つ（中国への好感度，定住希望外国人への意見）以外のすべてとのあいだで首相好感度が有意な相関関係を示すのに対して（ただし係数の絶対値がきわめて小さいものも含まれる），若年層において両者に有意な関連が見られるものは 4 つにすぎない。年長層の首相好感度が首相の姿勢への共感に関係しているのに対して，若年層の好感度が何にもとづいているのか，ここからは読み取りにくい。

　このような曖昧さは，若年層の首相好感度の「高さ」（あるいは低くなさ）が政治関心の「低さ」によって支えられているからではないかというのが本章の仮説

表 6.2　安倍首相好感度の内実

	若年層 （35 歳未満）	年長層 （35 歳以上）
韓国への好感度	−0.06	−0.09*
中国への好感度	−0.09	−0.00
定住希望外国人について：「そうした外国人が増えれば，犯罪発生率が高くなる」	0.08	0.09**
定住希望外国人について：「そうした外国人は，日本人から仕事を奪っている」	−0.01	0.03
「外国人や少数民族を差別するヘイトスピーチをもっと厳しく取り締まる」ことに賛成	−0.05	−0.14***
「夫婦別姓を認めるように民法を改正する」ことに賛成	−0.06	−0.15***
「同性婚を可能とするように法的整備をする」ことに賛成	−0.16*	−0.12**
「憲法 9 条 1 項（戦争放棄）を削除する」ことに賛成	0.19**	0.29***
「憲法に自衛隊を明記する」ことに賛成	0.38***	0.42***
「沖縄の米軍基地を辺野古に移設する」ことに賛成	0.12	0.47***
「原子力発電所の再稼働を進める」ことに賛成	0.33***	0.35***

（注）　***p<.001，**p<.01，*p<.05

である。立ち入った分析に先立って，ごく単純なやり方でこれを検討してみる。

　まず政治関心について概観しておく。「ふだんから政治に対して関心がある」（5 件法）という質問への回答を，数値が大きいほど関心が高いことを示すように得点化（1 点〜5 点）する。この得点の平均値を年齢層別に示したのが図 6.3 である。年齢が低くなるほど政治関心も低く

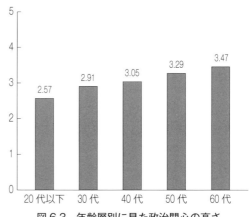

図 6.3　年齢層別に見た政治関心の高さ

なっていることがわかる（統計上も有意）。

　次に若年層における首相好感度を，「0」を中心とした 3 つのカテゴリに分割する。すなわち「正得点」（＋3〜＋1），「0」，「負得点」（−1〜−3）の 3 つである。そのうえで，首相好感度 3 カテゴリごとに政治関心の高さの平均値を計算し比較してみる。すると正得点のグループが 3.05，負得点のグループが 3.05 であるの

に対して0点のグループは2.45となり有意に政治関心が低いことがわかる。

　首相好感度は，その得点が高くなるほど好感度が高いこと（いわゆる線形的な関係）を意味しているのでは必ずしもない。正得点，負得点のグループはそれなりに政治に関心があり，好感度はより実質的なものでありえようが，ほぼ4割を占める「0」グループは，政治への関心が低く，好きになる理由も嫌いになる理由もとくにないために0を選んでいるものと推測される。[7]

首相好感度と基本属性

　首相好感度と回答者の基本的な属性とのあいだにはどのような関係があるだろうか。

　まずすべての年齢層を含むデータに対して，基本的な属性との関係を見るための重回帰分析を行う。属性として注目するのは，性別（男性＝1，女性＝0としたもの），年齢，権威主義（「専門家委任」）の度合いの高さ，階層帰属意識の4つである。[8]権威主義についての変数を用いるのは，注5でもふれたように，近年若者の権威主義化が指摘されており，安倍首相への好感度にも関係していると見込まれ

7　実際，安倍政権についてのさまざまな意見について読んだり聞いたりしたことがあるかどうかをたずねる質問に対して「0」グループは，正得点・負得点のグループと比較して読んだこと・聞いたことが「ない」と答える傾向が有意に強い（4件法を得点化して分散分析を行った結果）。これは安倍政権に対する肯定的な意見に対しても否定的な意見に対しても同様である。「0」グループは安倍首相を知ってはいるが，彼がどのような政治姿勢をもっており，どのように評価されているのかについては関心がないのだと考えられる。

8　本調査において権威主義の高さを測る質問はいくつかあるが，そのうち最も首相好感度との関係が明確であった以下の項目を利用する。
　　「この複雑な世の中で何をなすべきか知る一番よい方法は，指導者や専門家に頼ることである」（5件法）
　　この質問に肯定的に回答するほど権威主義的態度が強いとみなされる。最も強い場合に5点，最も弱い場合に1点を与えるように得点化して分析に用いる。
　　階層帰属意識を測るために以下の質問を用いる。
　　「かりに現在の日本社会全体を，次の5つの層に分けるとすれば，あなた自身はどれに入ると思いますか。
　　　　上　　　中の上　　　中の下　　　下の上　　　下の下」
　　「下の下」に1点を，「上」に5点を割り当てるように得点化したものを分析に用いる。社会経済的な変数として通常は学歴や職業などを投入するのだが，ここで焦点を合わせている若年層には現役の生徒・学生が含まれており，それらの変数の利用には限界がある。また年収，生活満足度，暮らし向きなども利用可能であるが，ここでは無回答が少なく，また重回帰分析の説明力が相対的に高かったモデルを採用している。なおほかの変数を投入したモデルにおいては，年収と暮らし向きが有意な効果をもたず（生活満足度は正の効果をもつ），いずれの場合にも権威主義は正の効果をもつ。

表 6.3　首相好感度を従属変数とする重回帰分析

	全年齢層 $n=1046$		若年層(35 歳未満) $n=210$		年長層（35 歳以上） $n=836$	
	偏回帰係数	VIF	偏回帰係数	VIF	偏回帰係数	VIF
性別（男性＝1，女性＝0）	0.289**	1.01	0.386**	1.02	0.258*	1.01
年　齢	−0.007*	1.00	0.013	1.02	−0.005	1.00
権威主義（専門家委任）	0.219***	1.01	0.235*	1.02	0.209***	1.01
階層帰属意識	0.253***	1.01	0.368***	1.03	0.226***	1.00
調整済み R^2	0.043***		0.091***		0.030***	

(注)　***$p<.001$，**$p<.01$，*$p<.05$

るからだ。

　表 6.3 は首相好感度を従属変数とし，性別・年齢・権威主義（専門家委任）・階層帰属意識の4つを独立変数として投入した重回帰分析の結果である。全年齢層においては男性であるほど，年齢が若いほど，権威主義的であるほど，階層帰属意識が高いほど安倍首相に対する好感度が高くなる傾向がある。若年層と年長層とに分け

表 6.4　政治関心と首相好感度の関係（若年層）

	首相好感度		
	0	負得点	正得点
政治関心低	62.6%	15.4%	22.0%
政治関心中	55.2%	13.4%	31.3%
政治関心高	29.6%	25.9%	44.4%

て同じ分析を行うと，いずれも全年齢層の場合とほぼ同様の結果となる。異なるのは，2つの年齢層に分けると年齢による効果が消えることだけだ。

　ところで先に見た政治関心は首相好感度になんらかの影響を及ぼしているだろうか。基本属性の効果を確認した重回帰分析に政治関心を投入した場合，全年齢層・若年層・年長層いずれにおいても首相好感度と有意な関連は見られない。だがこのことは両者が無関係であることを意味しない。

　実際，政治関心の高さおよび首相好感度をそれぞれ3段階に区切って，クロス集計を行うと若年層については表 6.4 のような結果になる。政治関心が低いほど首相好感度が「0」になりやすく，政治関心が高くなると「0」が減り，負得点および正得点が増えていくのである。この傾向は，全年齢層についても年長層についても見られるが（表は省略），若年層において最もはっきりあらわれてくる[9]。し

9　政治関心を5件法にしたままでも同様の結果を得ることができるのだが，若年層の場合，1セルあたりの期待度数が小さくなり検定結果が不安定になるため，ここでは3段階に整理して分析を行った。

かしこのような関係は，一方が高まれば他方も高まるという直線的なものではないので，重回帰分析ではとらえることができない。そこで節をあらためてこの問題について検討していこう。

3 首相好感度・政治関心・メディア

多項ロジットモデル

　前節で見たように，政治関心の高さは首相好感度に関係をもちそうだが，その関係は直線的ではないため重回帰分析ではとらえられない。そこで，以下では多項ロジットモデルという手法を用いて両者の関係を検討する。そのうえで，メディアへの接し方によって首相好感度がどのように変わるのか検討する。

　多項ロジットモデルとは，ある基準となるカテゴリを定めたときに，それと比較して別のカテゴリになる可能性がどのような要因によって上がったり下がったりするのかを確認するための方法である。したがって，ここで主題となっている首相好感度であれば，好感度0を基準としたときに，どのような要因があれば0から正得点や負得点に転じやすいのかを推測することができる。しかもほかの要因を一定に保ったうえでの推測であるから，特定要因の正味の効果を見ることができる。首相好感度と政治関心のあいだにあるような関係をとらえるのに適した手法である。

　まず先ほど重回帰分析に投入した基本的な属性に政治関心を加えたモデルを示す（表6.5）。煩雑さを避けて若年層と年長層のみについて結果を示す（全年齢層についての結果は年長層とほぼ同様である）。若年層について性別の行を見てみると正得点のほうだけが有意な正の関連をもつと判断されている。これは，性別が男性であれば，0よりも正得点になりやすいということを意味している。逆に階層帰属意識は負得点のほうだけに有意な負の関連をもつと判断されている。これは，自分の帰属階層を高く考えている人ほど0より負になりにくいということを意味する。

　では，政治関心はどうか。政治関心は正得点，負得点の双方に正の関連をもつ。つまり，政治関心が高いと0よりも正負双方になりやすいということだ。若者が首相好感度0と答えがちなのは，政治的に中庸だからではなく，政治に対する関

表 6.5　政治関心を投入し，首相好感度を従属変数とする多項ロジットモデル

	若年層 ($n=208$)			年長層 ($n=825$)		
	負得点	正得点	VIF	負得点	正得点	VIF
性別（男性＝1，女性＝0）	−0.221	0.896*	1.08	−0.017	0.353*	1.06
年　齢	−0.074	−0.031	1.04	0.027**	0.017*	1.05
権威主義（専門家委任）	−0.204	0.210	1.03	−0.091	0.224*	1.01
階層帰属意識	−0.615**	0.219	1.03	−0.135	0.246*	1.02
政治関心	0.581**	0.467**	1.08	0.455***	0.452***	1.12
Nagelkerke の疑似決定係数	0.237			0.164		

(注)　***$p<.001$，**$p<.01$，*$p<.05$

心が低いからではないかとここから推測される。

　他方，年長層においてのみ首相好感度との有意な関連が見られる要因もある。まず年齢は，正負どちらにも正の関連をもつ。つまり年齢を重ねると正負のいずれにもなりやすくなる。また権威主義は，その度合いが高いと 0 から正得点になりやすくなるが，低いからといって 0 から負得点になりやすくなるわけではない。最後に階層帰属意識は若年層とはやや異なった効果をもっている。すなわち若年層では階層帰属意識が高いと 0 から負得点になりにくかったのに対して，年長層では階層帰属意識が高いと 0 から正得点になりやすいという，より積極的な関連が見られる。

　だとすると，若者は潜在的には正負いずれかに分化していく可能性をもっていることになる。第一に，若者が成長して相応に政治的に社会化されていけば，現在の年長層程度には政治的な意見が分かれていくであろう。関心が出てくれば好みも明確になる（野球に関心をもてば好きなチームもできてくるように）。第二に，そのような成長をまつまでもなく，政治関心を引き上げる要因があれば，0 から正負いずれかの得点へと好感度を変化させる可能性もある。つまり若年層の「0」とは，分極化に対比されるような意味での中庸のあらわれなのではなく，分極化の（そして一定の条件のもとではもしかしたら中庸化の）一歩手前の状態であると見るべきなのである。

　若者の自民党支持の背景にある意識を松谷満は「右傾化なき保守化」と表現し（松谷 2019b），松本正生は「実感のない『バーチャル支持』」（松本 2018）と表現

している。ともに「支持」に見合う実質がうまく見いだせない状態を指す表現であるが，これはつまるところ関心の低さゆえの未分化状態に対応しているのではないだろうか。

このような見方に対して，成長による関心の増大はともかくとして，現時点で若年層の政治関心が近い将来に急に高くなることはないだろうから，彼らは「0」にとどまりバッファの役割を果たしてくれるのではないか，という考え方もあるかもしれない。そうなれば実質的には若者中庸化説が妥当することになるだろう。しかし，若者の政治関心がずっと低いままでいるという想定はそれほど現実的ではない。たとえば，内閣府が約5年ごとに行っている青年の国際比較調査を見てみると，たしかに2013年から2018年にかけて政治関心は低いままで推移（あるいはさらにわずかに低下）しているのだが，その前にさかのぼってみると，1998年から2008年にかけての時期には政治関心は上昇し続けていた（内閣府政策統括官2009; 2019）。2013年に調査方法が変わってしまったので，上昇局面と下降局面とを単純に比較することはできないのだが，少なくとも若者の政治関心が今後も長期にわたって低いままで推移するという想定にさほどの根拠がないということはここから理解しうるだろう。

さらにメディア利用による影響を考慮するならば，事実上の「中庸」がどこまで維持されるのか，あらためて検討が必要になるところである。次項からその点に立ち入って分析していく。

メディア利用の効果

政治的な関心とともに首相好感度を正負の双方に動かしそうなのはメディア利用のあり方である。第1節で見たように，若者分極化説はインターネット上での情報接触がエコーチェンバー現象やフィルターバブルをとおして，もともともっていた信念をより極端化するという論理をとっていた。他方，若者中庸化説は，マスメディアに比べてインターネットは自分の信念とは異なる情報と接する機会が相対的に多いために中庸化する（むしろマスメディアこそ分極化をもたらす恐れがある）という論理をとっている。つまりいずれにせよ重要なのはどのように情報に接しているかということ，とくにインターネットとマスメディアの対比である。そこで前項で行った多項ロジットモデルにメディア利用に関連する変数を投入する。まずはマスメディアとの関連を見たあとに，インターネット利用について検

表6.6　インターネット利用時間を投入し，首相好感度を従属変数とする多項ロジットモデル

	若年層 (*n*=205)			年長層 (*n*=808)		
	負得点	正得点	VIF	負得点	正得点	VIF
性別(男性＝1，女性＝0)	−0.374	0.707	1.17	−0.067	0.338	1.09
年　齢	−0.069	−0.040	1.11	0.020	0.014	1.36
権威主義(専門家委任)	−0.249	0.267	1.04	−0.080	0.246*	1.01
階層帰属意識	−0.649**	0.125	1.06	−0.142	0.249*	1.02
政治関心	0.635**	0.460**	1.17	0.444***	0.427***	1.14
PCネット利用時間	0.094	0.351	1.19	0.310	0.459*	1.10
MBネット利用時間	0.184	−0.802*	1.16	−0.277	−0.158	1.36
Nagelkerkeの疑似決定係数	0.304			0.206		

（注）　***p<.001，**p<.01，*p<.05

討していこう。

　ここでは，マスメディアの代表としてテレビの視聴時間と新聞の閲読頻度（3段階）を分析に利用した[10]。結果の表は省略するが，若年層・年長層いずれについてもテレビ視聴時間は首相好感度と有意な関係を示さなかった。新聞閲読頻度も同様で，好感度との間にとくに有意な関連は見いだされなかった[11]。

　インターネットが社会を分断するかどうかはともかく，この結果からはテレビ視聴時間と新聞閲読それ自体には分断につながる様子はうかがわれないということになるだろう。佐藤嘉倫は，ソーシャルメディアによって島宇宙化していく諸個人の情報世界がマスメディアによって架橋されていく可能性を指摘している（佐藤 2018: 37–38）。この可能性がどこまで実現されていくのか今のところ未知数ではあるが，少なくとも現時点で佐藤の指摘と矛盾する傾向があらわれているわ

10　テレビ視聴時間として，1週間の平均視聴時間に1をくわえて対数に変換したものを分析に用いた。

11　なお政治関心の高い人びとにのみメディア利用が影響を及ぼすということもありえるので，メディア利用と政治関心の交互作用も同時に確認した。たとえば，テレビ視聴率が政治関心の高い人にのみ影響を与えている場合，交互作用項が首相好感度と有意な関連を示すことになる。しかしテレビ視聴時間，新聞閲読頻度ともに政治関心との間の交互作用は確認されなかった。以下，すべての分析について交互作用も検討しているが，好感度との関連が見られない場合にはとくに言及しない。また，若年層の74.5％が新聞をまったく読まないと回答していることにも注意しておこう。

けではないことがデータからは読みとれる。

次にインターネットの利用について見ていく。まずはネットへの入り口をコンピュータ（PC）と携帯端末（スマートフォン・携帯電話）とに分けて利用時間を算出し，これを先ほどと同様に分析に投入する[12]。前者を PC ネット利用時間，後者を MB ネット利用時間と呼ぶことにしよう。

これら 2 つのネット利用時間を投入した分析の結果を表6.6 に示す。若年層については PC ネット利用時間と首相好感度との間に有意な関係性は見いだされないが，年長層については正得点への方向性と有意な関連性が見られる。すなわち，PC ネット利用時間が長いほど，0 よりも正得点を選びやすくなるという有意な傾向が見てとれる。

これに対して MB ネット利用の効果は若年層にのみ確認される。すなわち若年層においては MB ネット利用時間が長いほど，0 と比較して正得点を選びにくくなるという有意な傾向が見てとれる。年長層においては特段の関連は確認できない。

若年層のこの傾向は，MB ネットを使うほど（正得点よりは）0 を選びやすくなるということである。この分析では政治関心の高さを統制している（一定に保っている）ことに注意をしておこう。それが意味しているのは，政治関心の高低にかかわらず MB ネット利用時間が長いと正得点よりも 0 を選びやすくなるということだ。他方で，MB ネット利用時間の長短にかかわらず負得点を選ぶ度合いは変わらない。このことは若者中庸化説が少なくとも半面の事態しかいい当てていないことを意味していよう。

以上はメディアの利用時間や利用頻度に着目した分析であった。しかしインターネット上のサービスは多様であり，それら具体的な利用のあり方を検討するとまた違った様子が見えてくる。次項でその点に立ち入って分析を進めよう。

インターネット上のサービスによる違い

インターネット上での情報接触といってもさまざまな入り口がありえる。ここではニュース接触の入り口として比較的よく利用されている Twitter の閲覧，ポ

---

12 利用時間として，PC の場合も携帯端末の場合も 1 週間の平均利用時間に 1 をくわえて対数に変換したものを用いた。

表6.7　インターネットサービスを投入し，首相好感度を従属変数とする多項ロジット
　　　　モデル

	若年層 (n=205)			年長層 (n=818)		
	負得点	正得点	VIF	負得点	正得点	VIF
性別（男性＝1，女性＝0）	−0.344	0.812*	1.12	−0.090	0.348	1.08
年　齢	−0.027	−0.053	1.33	0.033**	0.031**	1.28
権威主義（専門家委任）	−0.284	0.241	1.04	−0.096	0.244*	1.01
階層帰属意識	−0.644**	0.174	1.06	−0.148	0.216*	1.03
政治関心	0.589**	0.431*	1.21	0.424***	0.392***	1.16
Twitter 閲覧頻度	0.299*	−0.079	1.29	0.095	0.051	1.13
ポータルニュース閲覧頻度	0.015	0.447*	1.16	0.237**	0.264**	1.39
ニュースアプリ閲覧頻度	−0.106	−0.144	1.13	−0.199*	0.035*	1.29
Nagelkerke の疑似決定係数	0.347			0.215		

（注）　***p<.001，**p<.01，*p<.05

ータルサイトでのニュース閲覧およびニュースアプリでのニュース閲覧をとりあ
げて検討する。

　これら3つのサービスの閲覧頻度を投入した分析の結果を表6.7に示す。
Twitter の閲覧は若年層において効果をもっている。すなわち Twitter を閲覧する
頻度が高ければ，0よりも負得点を選びやすくなるという有意な関連が見られる。
年長層においてはどちらの方向についても有意な関係が確認されない。

　ポータルサイトでのニュース閲覧はどちらの年齢層においても効果をもつ。若
年層においては，ポータルサイトでニュース閲覧をよく行うほど，0よりも正得
点を選びやすくなるという有意な関連が見られる。年長層においては，どちらの
方向にも有意な関連が見られる。すなわち，ポータルサイトでのニュース閲覧頻
度が高いほど，0に比べて正負いずれをも選択しやすくなるという有意な傾向が
見られる。年長層においてこのサービスは分極化を促す可能性があるということ
だ。

　ニュースアプリでのニュース閲覧は若年層においては効果をもたないが，年長
層においては正負の両方向に効果をもつ。すなわち，年長層においてニュースア
プリを閲覧する頻度が高いほど，負得点よりも0を，また0よりも正得点を選択
しやすくなるという有意な関連が見られる。これは年長層においてこのサービス

は首相好感度を押し上げる効果をもっている可能性があるということだ。

　以上をまとめると，若年層の場合，Twitter の閲覧頻度は 0 よりも負得点を，ポータルニュースの閲覧頻度は 0 よりも正得点を選びやすくなる傾向と有意に関連する。ニュースアプリ閲覧は有意な関連を示さない。年長層の場合，Twitter は有意な関連を示さないが，ポータルニュース閲覧頻度は 0 よりも正負両方の得点を選びやすくなる傾向と有意な関連を示し，ニュースアプリ閲覧頻度は 0 よりも正得点を取りやすくなるという有意な関係を示している。若年層と年長層とで傾向の違いは見られるが，総じてネット上でのニュース接触頻度は，首相好感度との間に正負いずれかの（あるいは両方の）関係をもつことが示唆される[13]。つまり，政治関心の低さによって支えられた首相好感度「0」は，ネット上での情報接触のあり方によって正負いずれにも振れる可能性がある，ということだ。

4　政治的無関心の行方

　本章がはじめに掲げた問いは，ネット利用が日常化する社会のなかで若者の政治意識・政治的態度がどうなっているのか，というものであった。この問いに対して，これまで若者分極化説と若者中庸化説という 2 つの仮説が提起されてきた。これに対して，ここまでの分析結果が示唆しているのは，若者の政治意識・政治的態度は分極化・中庸化の手前にあり，ネット利用による分極化への潜在的な可能性を否定できない，ということだ。

　首相好感度に注目した本章の分析から得られる知見は以下のとおりである。

(1)若年層の首相好感度はほかの世代に比較して高く見えるが（これだけ見ると若者が右傾化しているように見える），実際には回答が「0」に集中しているため見か

13　ネット上でのニュースの入り口としては 5 ちゃんねる（およびそのまとめサイト）もよく議論の対象となる。利用者は少ないものの（「まったく見ない・読まない」者が全年齢層の 81.4％），いわゆる「ネトウヨ」の成り立ちに深くかかわると考えられているからだ。その意味では政治的に濃い意味をもった入り口ということになろう。これを分析に投入してみると，若年層では有意な関連が見られないが，年長層では正得点の方向に有意な関連が見られた。5 ちゃんねる（旧 2 ちゃんねる）はある種の世代文化であるという見方があり，ここでの分析結果はこの見方を一定程度支持するものである。ただし利用頻度を見るかぎり相対的によく利用しているのは 20 代，30 代である点にも注意が必要である。

け上高くなっているものである（これだけ見ると中庸化しているように見える）。

⑵しかし，若年層において首相好感度は首相の特徴とされる政策や政治的信念との間に特段の相関関係を示さない。むしろ若年層の無関心さが好感度を「0」にとどめていることが示唆される。

⑶基本属性の与える影響を見るために重回帰分析を行ったところ，首相好感度の高さは性別（男性であること），権威主義的（専門家委任的）態度の強さ，階層帰属意識（自分を高い階層に所属していると評価していること）によって支えられていることがわかる。だが政治関心は好感度と直線的な関係をもたないので，さらに別の分析が必要となる。

⑷そこで多項ロジットモデルにより，政治関心の効果を見てみると，関心の高さは好感度に対して正負得点の双方に対して正の関連をもつことがわかる。つまり「0」は中庸というよりは，政治的な関心の低さを意味する。という仮説が支持される。

⑸メディア利用の効果を見るために，マスメディアとインターネットの利用について，多項ロジットモデルを用いて検討したところ，マスメディアについては若年層・年長層いずれにおいても好感度との間に有意な関連は見られなかった。

⑹インターネット利用については，PC ネット利用時間は年長層においてのみ正得点の方向と関連が見られる。MB ネット利用時間は若年層においてのみ正得点よりは 0 を選びやすくなるという効果を示した。つまり，政治関心の高低にかかわらず，若年層の MB ネットの利用は好感度を 0 にとどめる効果をもつ。ただし負得点については効果が見られないので，中庸化しているともいいがたい。

⑺インターネット上でニュースの入り口となる複数のサービスごとに好感度との関連が異なる。若年層についてのみ述べれば，Twitter 閲覧頻度は 0 より負得点を選ぶ傾向と，ポータルニュース閲覧頻度は 0 よりも正得点を選びやすくなる傾向と関連する。ニュースアプリ閲覧頻度はとくに有意な関連を示さない。

　以上の知見をふまえると，初発の問いに次のように答えることができるだろう。第一に，若年層にはたしかに分極化とも中庸化とも見える局面があるのだが，その根本には政治関心の低さがある。その意味では，分極化と中庸化とを可能態として含み込んだ未分化な状態にあるというべきであろう。第二に，しかし，政治関心の高低とは別に情報との接触様式は若者の政治意識・政治的態度をある方向

に動かすことがある。そのような可能性はマスメディアよりはインターネット上での情報接触においてこそ見られる。第三に、したがって、現状では中立的に見える若者たちも、ネット利用のあり方によっていずれかの方向で明確な立場をとるようになる可能性はつねにある。第四に、政治関心が低いままで推移しつづける必然性はなく、どこかで上昇に転じることもありえる。ネット上の要因と政治関心の高まりとが重なり合った場合、若者たちのあいだに明確な意見の対立が生じる可能性は否定できないだろう。

　最後にこの知見の含意を考えてみる。若者が政治に無関心であるという（いくぶんかの非難を込めた）語りは、1970年代以来の長い歴史をもっているが、近年そのような無関心を主題化する際の主要な枠組のひとつは「主権者教育」であろう。投票年齢の引き下げもあって、若者を積極的に政治に参加する市民へと育成する必要性はいっそう強く感じられているように思われる。これに対して、本章で確認してきたことから次のようなことがいえるだろう。

　第一に、学校教育をとおした政治関心の向上とは別に、メディア利用をとおしてある種の政治的社会化が進行する可能性がある、ということだ。教師はこの過程に介入することは基本的にはできない。

　第二に、若者が政治に対して無関心であることがそれほど悪いことなのか、という問題をあらためて考えてみる必要があるだろう。たとえば、高橋征仁は、国際社会調査プログラム（ISSP）のデータを用いて、若者の政治関心のあり方を検討した（高橋 2014）。その結果、日本にかぎらず多くの国で政治関心についての年齢効果が見られた。つまり、若年層の政治関心が低く、加齢につれて関心が高まっていくという傾斜関係である。傾斜の傾きは国によって異なるが、大きな傾向としてはジニ係数や殺人率が低く、秩序が比較的安定している国において傾斜が急であることが確認される。つまり安定した国では若者の政治関心は年長者のそれと比較してより低くなる傾向があるということだ。そのような社会では政治関心はおもに中高年が担うものとなっており、若者とのあいだに一種の分業がなりたっているともいえる。高橋はこれを「齢間分業」（年齢層のあいだになりたっている分業）と呼ぶ。このような分業を緩めることは、たんに若者の参加を活性化

14　高橋はこのような傾向が生じる理由として次のように述べる。「社会が安定化するほど、結婚相手を得るための活動（配偶戦略）や将来の生活基盤を築くための活動（扶養戦略）に若者がより多くの投資を行うために、齢間分業が生じると考えられる」（高橋 2014:33）。こ

させるという以上に，現在の政治参加のあり方を全体として変えることになる。若者の政治関心を高めようとする人びとは，そのような全体的な変化に対してどの程度の見通しをもっているだろうか。

　第三に，若者の政治関心を高めることは，意見の分極化をすすめる可能性を含んでいる。意見の対立を意味のある「熟議」にもたらすためにはそれなりの準備が必要であると思われるが，それについて十分に考えられているだろうか。先に触れたメディア利用による政治的社会化とあいまって，コントロールの難しい対立が生じる可能性もあるという点に注意が必要だろう。

　の推測が妥当であるなら，今後，若年層が再び政治関心を高める可能性はそれほど小さいものでもないということになりそうである。

コラム 2

「嫌韓嫌中」意識と Twitter での発信行動

発信の有無と頻度の違いに着目して

齋藤 僚介

1 問題の所在——過大視されやすいネット上の排外主義

　「ネット右翼」という存在が一般に広く知られはじめたのは，2000 年代なかばごろからである（たとえば社会学的研究の嚆矢としては，北田 2005）。ネット右翼は，当初は匿名掲示板「2 ちゃんねる」（後に「5 ちゃんねる」と改称）をおもな「巣窟」としていたが，SNS の普及とともに Twitter などにも活動の場を広げていった。[1]

　その結果として大きく社会問題となったのが，韓国（人）や中国（人）をおもなターゲットとした排外主義言説であり，そして，在日コリアンに対するヘイトスピーチであった（たとえば，安田 2012 を参照）。それをうけて 2016 年にはヘイトスピーチ解消法が成立・施行されたが，[2] 今もなおネット上での排外的・差別的な書きこみが問題となるケースには事欠かない状況にある。[3]

　一方，これまでの調査研究では，いわゆる「嫌韓嫌中」意識や保守的政治志向，ネット上での政治的な意見発信によって操作的に定義された「ネット右翼」の比率は，全体の 1% 強程度とも推計されている（永吉 2019; 辻 2017）。それゆえ，彼らの存在を過大視したり，世論の代弁者であるかのように錯覚して恐れる必要はない（古谷 2017）と主張されることもある。

　［付記］　本コラムは，JSPS 科研費 19J20186 の助成を受けたものである。

1　実際，Twitter では排外主義的な言説が相当数存在することが確認されている（たとえば，高 2015 など）。

2　ヘイトスピーチ解消法の成立過程については，橋内（2018）を参照。

3　たとえば，曺（2018）は 2016 年の熊本地震におけるコリアンや中国人の「外国人犯罪」の「デマ」を分析し，コリアと犯罪を関連させるツイートやコリアや中国と「反日」を関連させるツイートが一定数見られることを明らかにしている。

この指摘自体は重要なものである。しかし，ネット右翼の人数は少ないとしてもネット空間における影響力は大きいとする論者もいる（津田 2020: 168）。それでは，排外主義的な言説やその発信者は，日本のネット上ではどのくらい過大視される可能性があるのだろうか？　これについては，先行研究でもあまり十分な知見が提出されていない。

　たとえば瀧川裕貴と永吉希久子の研究では，政治的な関心の高い Twitter ユーザには極端に排外主義的な者が 10% 程度にのぼることを明らかにしている（Takikawa and Nagayoshi 2017）。先述の「ネット右翼」の推計率 1% 強と比べるなら，Twitter 上ではそれが 10 倍多く見える可能性が考えられることになろう。また，政治的にアクティブな日本の Twitter ユーザにおいて，右派や左派は中間的なイデオロギーの保有者よりも活発に活動している傾向がみられるという（Lyu 2019）。したがって，排外主義者は平均的ユーザよりさらに多くの書きこみを行う可能性が考えられ，その点でも過大視の度合いはさらに増幅されるだろうと予測される。

　こうした過大視の可能性をさらに追究するために，本コラムでは，ひとまず Twitter での発信行動に焦点を絞り，日本社会における排外意識の典型のひとつともいえる「嫌韓嫌中」意識との関連を分析する。

　Twitter に着目するのは，高史明が言及するように，それが最もポピュラーな SNS のひとつであると同時に，ほかの多くのサイトとも連携しやすく，「インターネット上の言説のいわば結節点」（高 2015: 27）としての性格をもつからである。先行研究では，もっぱら「2 ちゃんねる」やそのまとめサイトと排外主義などの関連が確認されてきたが（たとえば，藤田 2011; 高 2015 など），Twitter はそれらへの接触をうながす導線にもなりうる（高 2015: 187）。また，「ネット右翼」に関する先行研究でも，SNS とネット右翼やオンライン排外主義者が関連すること（永吉 2019）や，ネット右翼と Twitter の利用頻度との関連はほかの SNS（Facebook，LINE など）より強いことが指摘されている（辻 2017: 216）。一方，Twitter 利用と近隣諸国（ロシア・中国・韓国・北朝鮮など）への好感情とのあいだの正の関連を指摘する研究（稲増 2018）もある。

　以下で行う分析にあたっては，「嫌韓嫌中」意識が，そもそも Twitter での書きこみ（発信）をする・しないに関連しているか（ここではそれを発信行動の「有無効果」と呼ぶことにしたい）と，書きこみ頻度の多い・少ないに関連しているか（「頻度効果」とする）を区別して検討する。

これらを区別して分析することは，排外的・差別的言説の抑制策を考えるうえでも，一定程度の実践的意義をもつように思われる。たとえば，Twitter で発信行動を行うアクティブユーザのうち，①極端な排外主義者は 1 % しかいないが，平均的なユーザの 10 倍の頻度で書き込みをする場合と，②排外主義者が 10 % にのぼるが，平均的なユーザと同じ頻度でしか書き込みをしない場合を，仮に想定してみよう。すなわち，①有無効果は低いが頻度効果の高いケース，②有無効果は高いが頻度効果の低いケースである。

　ここで，排外主義的ユーザの書きこみ頻度を平均並みに抑制する（たとえば短時間で連続ツイートできないようにする）ような規制策を考えると，[4] ①の場合は，Twitter 上に書き込まれる差別的言説の総量を減らせるだろうが，②の場合は，そもそも排外主義者の書き込み頻度は平均的な水準と変わらないのだから，総量の削減にはつながらないだろう。このように，有無効果と頻度効果の違いを明らかにすることは，どのような対策が実効的かにも関係してくるのである。

2　用いるデータ・変数と分析方法

　以下では，「2019 年全国調査」のデータを分析に用いる（調査の詳細については序章を参照）。日本におけるインターネットと排外主義などに関する計量調査研究には，非確率標本を用いたものが多いが，[5] この調査はランダムサンプリングにもとづくため，より信頼性の高い推定結果を得ることができる。なお，分析にあたっては，最終的な多変量解析に用いる変数でリストワイズした 1030 ケースを対象とする。

　従属変数は，Twitter 上での発信行動である。具体的な質問形式としては「ツイッターに書きこむ・投稿する」頻度について，「1 日に 6 回以上」から「まったくしない」の 6 件法で選択回答を求めた。多変量解析を行う際には，それぞれの回答カテゴリを 5 から 0 点にリコードして投入する。

　Twitter 発信行動の度数分布は，図 1 の左側に示したとおりである。ここから

---

[4]　実際，Twitter でヘイト行為や差別発言を行うと，一定時間内は閲覧専用モードにする措置をとることが可能になっている（Twitter inc. 2021 を参照）。
[5]　ランダムサンプリングデータを用いた研究としては，対外感情（稲増 2018）や反韓反中態度（藤田 2016）とインターネット利用の関係を検討した研究がある。ただし，稲増（2018）の分析モデルは本コラムとは従属変数と独立変数が逆であり，藤田（2016）は発信ではなく読むことや見ることとの関連に着目した研究である。

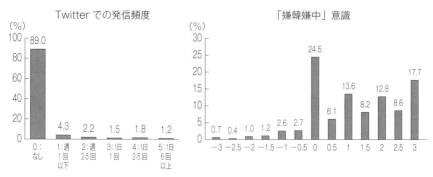

図1 Twitterでの発信頻度と「嫌韓嫌中」意識の度数分布

わかるように，約89%の人びとは，Twitterで情報発信をしていない。また，発信するユーザのなかでも，「週に2〜5回」「週に1回以下」という回答が多く（発信行動者のうち約59.3%を占める），1日1回以上発信している人は，全体の4.5%程度にすぎない。

独立変数とするのは「嫌韓嫌中」意識であり，6カ国に対する好感度（好きか嫌いか）を7件法でたずねた設問のうち，「中国」と「韓国」に対する回答値を単純加算して尺度変数を構成した（クロンバックの $\alpha = 0.78$）。両国ともに嫌いな場合の最大値は3，好きな場合の最小値は−3であり，その度数分布は図1の右側のようになる。「好き」でも「嫌い」でもない中間値0が最も多いが，全体的な分布形は正の値，つまり「嫌い」の側に偏っていることが読み取れるだろう。これにくわえて統制変数には，年齢，性別，学歴，雇用形態，暮らし向き，可処分時間（平日），可処分時間（休日）を投入した[6]。

分析モデルには，次の2つを設定した[7]。ひとつは，Twitterでの情報発信の

6 性別は女性を1とするダミー変数として用いた。学歴に関しては，「最後に通った学校」を中学，高校と回答した人を1，短大・高専・専門学校を2，大学，大学院を3とし，それぞれをダミー変数として投入した（参照カテゴリは1）。雇用形態については，正社員・正職員を1，パート・アルバイト・臨時・契約・嘱託，派遣社員・請負社員を2，自営業主・自由業者，家族従業者，会社の経営者・役員を3，専業主婦・主夫，学生，定年・年金生活者，無職，その他を4とし，それぞれダミー変数として投入した（参照カテゴリは1）。暮らし向きは，「余裕がある」〜「苦しい」の5件法で選択回答を求めた。可処分時間は「ふだん1日に，ご自宅でどれくらい自由に使える時間がありますか」という質問に，平日と休日に分けて数値記入方式で回答を求めた。

7 本稿の従属変数は順序尺度とみなすべきであると考えたため，二項ロジットモデルと順序ロジットモデルを用いたが，従属変数を連続変数とみなせば，二段階モデル（Belotti et al.

表1　二項ロジットモデルと順序ロジットモデルの分析結果

	二項ロジット〈Model-a〉		順序ロジット〈Model-b〉	
	B	SE	B	SE
性別（ref. 男性）				
女　性	−0.194	0.268	−0.177	0.358
年　齢	−0.098**	0.010	0.012	0.021
学歴（ref. 中学・高校）				
短大・高専・専門学校	0.346	0.303	0.181	0.514
大学・大学院	0.582*	0.277	0.115	0.465
雇用形態（ref. 正社員・正職員）				
臨時・契約・派遣など	0.259	0.338	1.102*	0.554
自営業・経営者など	0.047	0.477	0.636	1.020
その他	0.493	0.315	0.596	0.505
暮らし向き	0.021	0.141	0.208	0.207
可処分時間（平日）	0.061	0.054	−0.072	0.068
可処分時間（休日）	0.044	0.031	0.129*	0.055
「嫌韓嫌中」意識	0.005	0.096	0.358*	0.150
切　片	0.922	0.627		
閾値1			2.047	1.315
閾値2			3.007*	1.354
閾値3			3.677**	1.396
閾値4			4.931**	1.432
サンプル数	1030		113	
疑似決定係数	0.25		0.06	

（注）　**$p<.01$, *$p<.05$ の有意性を示す。B はそれぞれの偏回帰係数，SE 内はロバスト標準誤差を示す。

「有無」を従属変数とした二項ロジットモデルである（「まったくしない」を0，「週1回以下」から「1日6回以上」を1にリコード，$N=1030$）。これを以下では〈Model-a〉と表記する。もうひとつは「週1回以下」から「1日6回以上」と回答したサンプル（$N=113$）に対象を限定して，その回答値を従属変数とした順序ロジ

2015 など），カウントデータとみなせばハードル・モデル（Long and Freese 2014 など）なども候補として考えられる。どちらのモデルでも1段階目を二項ロジットモデルとし，2段階目にOLS，対数リンク関数を用い，従属変数に正規分布やガンマ分布を仮定したモデル，そして切断ポアソン回帰，切断負の二項回帰を用いたモデルなどでも分析したが，結果は大きく変わらなかった。なお，分析にはStata17.1を用いた。

ットモデルであり，これを
〈Model-b〉とする。

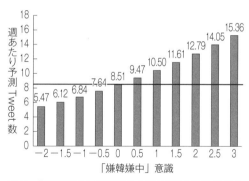

図2 「嫌韓嫌中」意識をもとに予測される週あた
り Tweet 数

3 「嫌韓嫌中」意識は Twitter での発信の有無／頻度に関連するか

表1は，Twitter での情報発信の有無（左側の Model-a），発信頻度（右側の Model-b）についての分析結果をまとめたものである。

まず，Model-a の結果を確認しよう。「嫌韓嫌中」意識の係数値はかなり小さく，有意ではない（$p = .956$）。したがって，「嫌韓嫌中」意識をもつほど，Twitter での発信につながりやすいとはいえず，発信行動の有無効果は認められない。

一方，Model-b の頻度効果に関する分析結果をみると，「嫌韓嫌中」意識は正の有意な係数値を示している（*coef.* $= .358$, $p = .017$）[8]。すなわち，「嫌韓嫌中」意識をもつほど，Twitter での発信頻度が多くなることを意味している。

それでは，「嫌韓嫌中」意識が強まると，Tweet 数はどれくらい増えるのだろうか。これを推計するために，まず Model-b をもとに発信頻度の予測確率[9]を算出し，次に「週1回以下」を週あたり1の Tweet 数，「週2〜5回」を3.5，「1日1回」を7，「1日2〜5回」を24.5，「1日6回以上」を42に換算して，先の予測確率と掛け合わせた。そこから予測される Tweet 数を図示したものが，図2である（「嫌韓嫌中」意識が−3，−2.5の人は発信自体を行っていないため図示していない）。

これによれば，「嫌韓嫌中」意識が0の場合，つまり好きでも嫌いでもない中立層はおおよそ週に8.5回ほど Tweet するのに対して，3の極端な「嫌韓嫌中」層は，週に15.4回ほど Tweet すると推定される。つまり，極端な「嫌韓嫌中」層は1日2回以上 Tweet し，その数は「嫌韓嫌中」意識が0の中立層と比べて約1.8倍にのぼると考えられるのである。

---

8 PC ネット利用時間，MB ネット利用時間（変数加工についての詳細は第9章を参照のこと）を統制しても5%水準で有意な正の効果を示した。

9 「嫌韓嫌中」意識以外の変数は観測値に固定したうえで，予測値を算出した。

4 なぜネットで排外主義的言説は多くみえるのか

　本コラムでは，Twitter での発信行動の有無効果と頻度効果を区別して，「嫌韓嫌中」意識との関連を検討した。分析からは，有無効果は示されず，頻度効果のみ認められた。すなわち，「嫌韓嫌中」意識が強いほど，Twitter で発信する人の数が増えるわけではないが，書きこみの頻度・回数は多くなるという結果である。したがって，Twitter 上で「ネット右翼」のような排外主義的な言説が目につくのは，そうしたユーザの数が多いというよりむしろ，限られた一部が高頻度で発信することによる面が大きい（そのため Twitter 上で「ネット右翼」的な存在そのものが多くみえる）ものと考えられる[10]。

　また，「嫌韓嫌中」意識が 0 の中立層と比べると，極端な「嫌韓嫌中」意識をもつ層は 1.8 倍程度 Tweet する回数が多いと推計された。図 2 の「嫌韓嫌中」意識が 0 の場合における週あたりの Tweet 数 8.514 を基準として，意識スコアが正の値をとる層でその基準よりも多くなる差分の Tweet 回数を「嫌韓嫌中」言説であると想定してみよう。つまり，「嫌韓嫌中」意識が強まるにともなって増える分の Tweet は「嫌韓嫌中」的な内容を含んでいると，ひとまず仮定してみるということである。この場合，Tweet 全体のうち 22.2% が「嫌韓嫌中」的なものと推計される[11]。したがって，極端な「嫌韓嫌中」層の Tweet 頻度・回数を平均的なユーザ並みに抑制するような対応策にも，いくらかなりと排外主義的なネット言説の総量を減らす実効力を見込みうるだろうと思われる。

　ただし以上の推計では，bot による書きこみの生成や拡散は考慮に入っていない。「ネット右翼」が bot を用いてコピー Tweet を発信している可能性を示唆した研究（シェーファーほか 2019）もある。そのような可能性を考慮に含めれば，本コラムで検討してきた「人」の発信行動から推定されるよりもずっと多くの排外主義的言説が Twitter にはあふれているとも考えられるだろう。

　ネット上の排外主義的・差別的な言説に関する先行研究の知見とも考え合わせ

10　類似した指摘としては，たとえば，Lyu (2019)，津田 (2020) などがある。

11　P_{ij} を予測確率（i は Tweet 頻度〔$i = 1, 2, 3, 4, 5$〕を示す添字，j は「嫌韓嫌中」意識〔$j = -2, -1.5, \cdots, 3$〕を示す添字），W_i を Tweet 頻度と週あたりの換算値（$W_1 = 1, W_2 = 3.5, W_3 = 7, W_4 = 24.5, W_5 = 42$），$F_j$ を Tweet する人のなかでの「嫌韓嫌中」意識の度数とする。$T_{ij} = P_{ij}W_i$ とおくと，$\sum_i T_{ij}$ が「嫌韓嫌中」意識 j の人の週あたり Tweet 回数を示している。このとき，$\dfrac{\sum_{j=0}^{3} \sum_i (F_j T_{ij} - F_j T_{i0})}{\sum_j \sum_i F_j T_{ij}}$ を全体 Tweet に占める「嫌韓嫌中」Tweet の割合とした。

るならば（曺 2018; Lyu 2019; シェーファーほか 2019; 高 2015; Takikawa and Nagayoshi 2017 など），発信者はごく一部に限られるとしても，言説の量・規模としてはけっして小さくはないと思われる。古谷経衡のいうようにそれらを「世論」として「過大評価」する必要はないかもしれないが（古谷 2017），少なくとも差別や排外主義といった問題に関して「ネット右翼」的な存在が実は少ないことをもって，「過小評価」しないほうがよいだろう。Twitter 社は現在，差別やヘイトスピーチに対する規制策を講じているが，さらに対策を進めることが求められる。

　本コラムでの分析には限界もいくつかある。第一に，Twitter 発信者に該当するサンプル数が 113 ケースと少ないことである。そのため，たとえば韓国や中国に好意的な層（「嫌韓嫌中」意識が－3 や－2.5 の層）では Twitter への書きこみを「まったくしない」という回答のみになっており，より詳細な分析は困難である。それに対して，非確率標本のウェブ調査ではあるが，より大規模なサンプルデータを用いた分析では，（本コラムで論じてきた「嫌韓嫌中」意識とも重なる面をもつ）ある種のナショナリズム意識の類型に，政治的情報発信の有無効果に相当する効果がみられるという結果（齋藤 2021）も提示されており，分析の幅を広げ，精緻化するためにも，大規模なランダムサンプリングデータの確保がのぞまれる。第二に Twitter での書きこみ内容を直接把握できていない点である。これについては，たとえば瀧川と永吉（Takikawa and Nagayoshi 2017）のような発信内容にも踏み込んだ研究設計が必要だろう。

　これらを今後の課題として，ネット社会における排外主義や差別の解消に向けた研究を，さらに進めていきたい。

第7章

SNS は他者への一般的信頼を損なうか

パネル調査データによる検討

三浦 麻子

1 一般的信頼・社会関係資本・インターネット

本章では，インターネット利用，とくに SNS におけるコミュニケーションが一般的信頼に与える影響について検討する。

一般的信頼

一般的信頼とは，自分と特定の関係にない他者一般の人間性のデフォルト推定値である（山岸 1999）。デフォルト推定値とは，ある対象について推定するにあたって，その推定のもととなる情報がない場合に，とりあえずこうだろうと考える値のことである。私たちが日々生きるなかで出会うのは，誰しも知っている，つまり信頼できる人物かどうかをある程度推測できるだけの情報を持っている人びとだけではない。私たちが，信頼できるかどうかを推定しうる情報を持ち合わせない他者に新しく出会う際に「信頼ゼロ」，つまりまったく信頼せずにいるかというと，おそらくそういうケースは稀だろう。私たちが「人間とは一般にこれだけ信頼できるだろう」という標準的な期待値（前提）を持っていて，それにもとづいて新しく出会う他者とのかかわり合いを始める，とする考え方，あるいはその期待値が一般的信頼である。

この一般的信頼は個人によって異なる。たとえば「人を見たら泥棒と思え」という信条を持つ人の一般的信頼は低い。また，日々の他者とのコミュニケーションを経て更新されていくものでもある。たとえばよく知らないクラスメートにノートを貸したら返してくれなかった，というような経験は，一般的信頼を下げる

表 7.1　一般的信頼尺度

ほとんどの人は基本的に正直である
私は人を信頼するほうである
ほとんどの人は基本的に善良で親切である
ほとんどの人は他人を信頼している
ほとんどの人は信頼できる

（出所）　山岸（1999）。

方向に働くだろう。

　こうした個人の一般的信頼を測定する尺度を開発し，その対人的・社会的機能について数多くの実証的研究を行ったのが日本の社会心理学者山岸俊男をはじめとするグループである（たとえば，山岸〔1998〕）。彼らは，表 7.1 のような項目（研究によって多少の異同があるので，典型的な 5 項目を掲げた）に対する回答の平均値を一般的信頼の指標とした。そして，信頼ゲームや囚人のジレンマゲームなど，ゲーム場面を用いた実証的研究によって，一般的信頼の高さには，周囲の人びとが信頼に値するかをより敏感かつ正確に見抜けたり，他者からの協力行動を促進させたりするなど，多くの社会的なメリットがあることを明らかにした。

　一般的信頼の社会的メリットに関しては，アメリカの政治学者ロバート・パットナムらによる社会関係資本（Social capital）に関する論考でも言及されている。社会関係資本は「人々の協調的行動を活発にすることにより社会の効率性を改善できる，信頼，規範，ネットワークといった社会組織の特徴」と定義されており（Putnam 2000＝2006），社会のなかで人びとが活動する際に，たとえば 2 人の活動が 1＋1 以上の成果を得ることを可能にするような原資のことである。人びとのあいだの水平的で活発かつ自発的な協力や協同，組織化を通じた活動のなかで育まれ，結果として，集団としても個人としてもその活動のアウトプットを増加させるような促進要因全般を指す包括的な概念だが，先の定義にもあるとおり，中核として 3 つの要因——社会的ネットワーキング（コミュニティ活動などを経て獲得される周囲の人びととのつながり），一般的互酬性の規範（「情けは人のためならず」ということわざにあるような，ふだん人を助けていれば，自分が困っているときは誰かが助けてくれるように世の中はできている，という考え方），そして一般的信頼があるとされる。人びとの関係性のなかで社会関係資本が育まれた社会では，能動的な社会参加や政治参加が進み，精神的健康が向上し，またさまざまな取引コストが低減することが指摘されている。逆に，社会関係資本が脆弱な状態は，喫煙と匹敵するほどに死亡率への影響が大きいともいう。このように，一般的信頼をはじめとする社会関係資本は，公共財としての性格を持ち，そこに投資した個人のみ

を利するのではなく，また投資しなかった個人による消費を排除するものでもなく，コミュニティあるいは社会を構成するメンバー全体を利するものとして機能する。

さらにパットナムは，"Making Democracy Work（民主主義を機能させる）"と題した著書において，イタリアの北部・南部の州政治の比較研究を行い，市民的政治文化の伝統に支えられた地域では，一般的信頼を含む社会関係資本の豊かさによって，政策・制度の民主主義的パフォーマンスも高いことを論じている（Putnam 1993 = 2001）。これは，一般的信頼が本書全体の問題関心とつながるポイントでもある。

インターネット利用と一般的信頼

では，インターネット利用と一般的信頼の関係について考えてみよう。インターネットがコミュニケーションの重要なツールとなった現代社会では「新しい人に出会う機会」は対面ばかりではなくなった。むしろ，コミュニケーションが空間や時間といった物理的制約を受けないインターネットでは，そうした機会が桁違いに増える。機会が増えるとトラブルも増える。対人コミュニケーションのすれ違いによるもの以外にも，オンラインサービスを利用する際の個人情報提供，ネットショッピングやネットオークションなどのオンライン上の金銭のやりとりが一般的になることで，メディアで報道されるように詐欺や情報流出なども増加している。インターネット上の他者，あるいはインターネット上のサービスや情報などあらゆるものに対してどの程度の信頼をおくかは，インターネット利用のあり方に大きな影響を及ぼす。また逆に，インターネット上で多くの他者と出会い，かかわる経験が，信頼の期待値に影響を及ぼすことも考えられる。

本章では，一般的信頼が日常的な他者とのコミュニケーション，とくに水平的で活発かつ自発的な活動のなかで育まれることを念頭において，種々のスタイルがあるインターネット利用のなかでも，現在の日本でインターネット・コミュニケーションの主要な手段であり，多様な人びとがコミュニティを形成する土壌ともなっているSNSに注目する。SNSは，その名が示すとおり「人びとの間の社会的なつながりを作るサービス（Social Networking Service）」で，ウェブ上で社会的ネットワークを構築可能にする。2005年前後に相次いで開始されたTwitterやFacebookがよく使われている。そこでは基本的には知り合い同士の双方向のつ

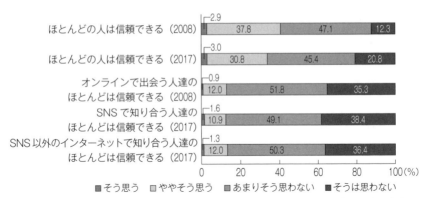

図7.1 総務省調査（2008年度／2017年度）による一般的信頼とネット上の信頼

ながりが核にある。その一方で，たとえばTwitterでは友だちの友だちが皆友だちというわけではないように，一方向的なつながりも許容される。したがって，意識的であるかどうかによらず，SNSを利用することは，メールなどによる基本的に閉ざされた関係でなりたつコミュニケーションとは異なる様態を経験することにつながり，それだけで社会的ネットワークを大きく広げる可能性がある。となれば，そこから一般的信頼，あるいは一般的互酬性の規範といった社会関係資本の醸成を期待することもできよう（Ellison and Vitak 2015; Hampton et al. 2011）。

　しかし，ことはそう簡単ではない。インターネット上で出会う他者に対する一般的信頼は，そうではない「一般的な」（つまりネット上という限定をつけない）一般的信頼と比較して著しく低いという結果がくり返し示されているからである。総務省情報通信経済室（2018）の『ICTによるインクルージョンの実現に関する調査研究報告書』によると，2008年度と2017年度に実施したウェブ調査において「オフラインやオンラインで知り合う人の信頼度」は，図7.1のような回答分布を示している。ネット上で出会う他者に対する信頼（以下，ネット上の信頼）に2時点の違いがほとんどなく「一般的な」一般的信頼よりもかなり低いことが見てとれる。つまり，SNSの登場と普及をはじめとして，インターネット上のコミュニケーション環境は大きく変化しているにもかかわらず，そこで出会う他者への信頼の期待値は変化していない。

　実際，インターネット利用が社会関係資本に及ぼす影響について，とくに普及初期の研究ではむしろネガティブな見解が示されることが多かった。前述のパッ

トナムはテレビ視聴が社会関係資本の減衰につながるとして警告を発したが（Put-nam 1995），インターネットの影響も同様に負のものとしてみなされることが多かった。インターネットを介した他者とのコミュニケーションの増加は対面のコミュニケーションを減らし，また，そこで展開されるコミュニケーションには表情や声のトーンなどの非言語的手がかりが欠如しているがゆえに意思疎通が阻害されて，結果的にネガティブな心理的・社会的帰結をもたらすという見方で，アメリカの社会心理学者ロバート・クラウトらの「インターネット・パラドックス」研究がその典型である（Kraut et al. 1998）。意図しないレベルの社会的ネットワークの広がりがもたらす負の側面として個人情報の流出や詐欺被害があるならば，自らがそれに直面した利用者はネット上の信頼を「一般的な」一般的信頼とは区別して扱い，低く見積もるようになるだろうし，メディア報道などを通じてそれを仄聞する利用者たちも同様の傾向を示すことになるだろう。

　それではネット上の信頼は「一般的な」一般的信頼とはまったく別物なのだろうか。SNS 利用はネット上の信頼を高めることはなく，また「一般的な」一般的信頼の醸成にもまったく寄与しないのだろうか。日本におけるインターネット利用と一般的信頼の関連を検討した先行研究に，小林・池田（2005）がある。彼らは，2002 年に山梨県で実施された，確率サンプル（無作為抽出によるサンプル）を対象とする調査のデータを分析している。この調査でも「一般的な」一般的信頼（「ほとんどの人は信頼できる」と「自分は信頼できる人と信頼できない人を見分ける自信がある」の 2 項目）とネット上の信頼（「インターネット上で出会う人たちのほとんどは信頼できる」と「インターネット上で出会う人たちについて，信頼できる人とできない人を見分ける自信がある」の 2 項目）に対する回答の乖離は，総務省調査と同様の傾向を示しているが，ネット上の信頼がより低い。しかし，変数間の関連を検討したところ，ネット上の信頼は「一般的な」一般的信頼と正の関連があること，またオンラインコミュニティ（当時はまだ SNS がないので，掲示板やメーリングリスト）への参加など集合的なインターネット利用とも正の関連をもつ一方で，パソコンや携帯電話によるメール利用は関連をもたないことが示されている。このことをして彼らは，一般的信頼はオフラインからオンラインへと汎化するものであり，集合的なインターネット利用には「一般的な」一般的信頼を統制してもなお，ネット上の一般的信頼を醸成する効果があると考察している。

分析の目的

　これらの先行研究の結果をふまえると，ネット上の信頼は利用者の増加やコミュニケーションツールの変遷にもかかわらず一貫して「一般的な」一般的信頼と比較すると低い水準にあるが，両者は正の関連を持つこと，また，SNS 利用は少なくともネット上の信頼を高める機能を果たすことが考えられる。本章では，これをウェブ調査のパネルデータを用いた分析によって検証する。

2 質問項目の詳細とその位置づけ

対象者と実施時期

　本調査はパネル調査として実施された。パネル調査とは，同じ対象者（これをパネルという）に対して一定期間に何度かくり返して調査への回答を求める方法で，単発で回答者を固定しない調査と比較して，時間経過にともなう変化や因果関係を分析するのに適している。2 回にわたる調査の実施時期や方法に関する詳細は序章を参照してほしい。

　なお，本ウェブ調査のデータは未成年から 65 歳までの幅広い年代の登録モニターの協力を得ているが，ネット利用者に限られており，また，無作為抽出を経ていない非確率サンプルである。そのため，得られた結果の解釈には必ずその留保がつく。結果の一般化のためには，ウェブを介さない調査によって，かつ，無作為抽出による確率サンプルから得たデータにもとづく再現性の検証も必要である（参照：日本学術会議社会学委員会 Web 調査の課題に関する検討分科会 2020）。

分析に用いた質問項目

　本ウェブ調査は情報行動と社会意識について幅広い観点から数多くの質問項目で問うものであるが，本章で分析に用いた質問項目はそのごく一部である。概要を表7.2 にまとめる。すべての質問項目を第 1 回調査（2017 年）と第 2 回調査（2018 年）の両方で問うている。

　以下に，それぞれの詳細について，原則として調査票中で登場する順に示す。[1]

1　多様な項目を数多く含む調査では，前におかれた質問が後の質問の回答に影響を与えるキ

表 7.2　分析に用いた質問項目の概要

従属変数	一般的信頼，ネット上の信頼
独立変数	SNS 利用
統制変数	性別，年齢，婚姻状況，学歴，職業，暮らし向き，ネット利用時間（PC・スマートフォン／携帯）

人口統計的変数　調査冒頭で，性別（男性・女性），年齢，婚姻状況（未婚・既婚・死別）を問うた。これらは統制変数である。統制変数とは，主たる関心とはならないが，従属変数に影響を及ぼすことが想定される変数である。本章の目的は，SNS 利用が一般的信頼やネット上の信頼に及ぼす影響を推定することだが，他者への信頼に影響を及ぼす変数はほかにも（無数に）想定可能であり，それらによって起きる他者への信頼の変動部分を取りのぞくためには，主たる独立変数とともにモデルに含める必要がある。社会調査では，回答者の人口統計的変数を統制変数とすることが多く，本章もそれにならった。後述する変数間の関連を検討する分析の際は，性別は男性を 0，女性を 1，婚姻状況は未婚を 1，それ以外を 0 とする 2 値変数とし，年齢は回答値をそのまま使用した。

さらに，主観的な経済状況に関する「あなたの家の暮らし向きは，いかがですか？」という質問を「苦しい」（1 とする）から「余裕がある」（5 とする）までの 5 件法で問うた。客観的な経済状況の指標となりうる世帯年収についても問うたが「答えたくない」という回答が少なからずあったため，その代替の統制変数とした[2]。

また調査の最後半で，学歴（「通ったことのある学校」の多肢選択）と職業（単一選

ャリーオーバー効果によるバイアスがデータに含まれるリスクがよく指摘される。本ウェブ調査では，呈示順序のランダマイズなど積極的な対処は行っていないが，人口統計的変数が調査の冒頭と最後半に配されたほかは，本章の関心とする質問項目は前半で問われており，本章の関心ではない政治的態度や愛国心，排外意識などセンシティブな内容を含む社会意識はその後に問われているので，深刻なバイアスは生じていないと考えられる。

[2]　世帯年収はとくにセンシティブな質問であるため選択肢に「答えたくない」を含めたところ，いずれの調査時点でも 20% 弱がこれを選択していた。これは欠損データに依存する欠損（Missing Not At Random: MNAR）に該当する可能性が高いと考えられる。つまり，回答者の世帯年収の値に依存して「答えたくない」という回答＝欠損が生じたということである。MNAR の場合，欠損値を含むデータを使わないリストワイズ削除も，ほかの変数のデータを用いて推定したなんらかの値を代入することも，欠損に対する適切な対処とはならないことが知られている。そのため，ここでは世帯年収を統制変数としてモデルに含めることはしなかった。

択）を問うた。後述する重回帰分析の際は，学歴は「大学」を選択したかどうか（つまり大卒を1，それ以外を0），職業は「フルタイム（正規の社員・職員）」（以下フルタイム正規）を選択したかどうか（つまりフルタイム正規を1，それ以外を0）の2値とした。

ネット利用時間　平日と休日のそれぞれで，1日あたりどの程度インターネットを利用するかを「まったく利用しない」から「8時間以上」までの10件法で問うた。これも統制変数である。「パソコン」（以降PC）と「スマートフォンや携帯電話」（以下MB）のそれぞれで「仕事・学業での利用を除いて，プライベート・余暇での利用時間」を回答するように求めた。分析の際は，辻（2019）にならい，回答選択肢の中央値（「まったく利用しない」は0時間，「8時間以上」は10時間）をとり，平日利用時間×5：休日利用時間×2に重みづけして平均した1日あたりの平均ネット利用時間を算出し，これに1を加えて自然対数をとった値を使用した。ネット利用が排外意識に及ぼす影響を分析した辻・北村（2018）において，PCネット利用とMBネット利用で効果が異なることが示唆されていることをふまえて，両者をまとめることはしなかった。なお，たんに平日と休日の回答の合計値を使用した場合でも，分析結果はほとんど同じであったことを付記しておく。

SNS利用　日本人が多く利用しているSNSとしてTwitterとFacebookを選定し，それぞれを見る・読む頻度と書きこむ・投稿する頻度について「利用していない」（2017年）あるいは「まったくしない」（2018年）から「1日に10回以上」までの7件法で問うた。これが主たる独立変数である。分析の際は「利用していない」あるいは「まったくしない」を0，「1日に10回以上」を7として，4項目の平均値を使用した。つまり，見る・読むという受動的な利用と，書きこむ・投稿するという能動的な利用をとくに区別しなかった。なお，受動的な利用と能動的な利用は，TwitterでもFacebookでも，あるいはどの調査機会でも，正の相関が0.70程度と高く，受動的な利用のほうが高頻度であった。[3]

3　より具体的なSNS利用状況を把握するために，政治や社会の問題について，SNS（およびブログや動画サイトなど）で自分の意見や考えを書きこんだりコメントしたりした経験の有無についても7項目で問うた。しかし，非常に経験者が少なく，どの項目でも「ある」と答えた回答者の比率は10%未満だった。そのため，一般的な傾向を推定することを目的とする本章の分析モデルにこの変数を組み込むことは適切でないと判断した。

「一般的な」一般的信頼 ごく一般的な場面における，自分と特定の関係にない他者一般の人間性のデフォルト推定値をたずねるために「人づきあいについて，あなたはどのように思いますか？」として，山岸 (1998) の一般的信頼尺度を参考にして作成した「世の中の多くの人は基本的に正直である」「世の中の多くの人は信頼できる」「世の中の多くの人は他人を信頼している」の3項目について，「そう思う」から「そう思わない」までの5件法で回答を求めた。山岸 (1998) では，信頼を付与するか否かを問われる対象は「ほとんどの人」とされていたが，後述の「ネット上の信頼」と対比的な判断を求めるために，本調査では「世の中の多くの人」とした。分析の際は「そう思わない」を1，「そう思う」を5として，3項目の平均値を使用した。尺度項目の内的一貫性の高さを示す信頼性係数は $\alpha s > 0.85$ と十分高かった。以降，特筆の必要がない文脈ではこれをたんに「一般的信頼」とする。

ネット上の信頼 前述の一般的信頼と同様に，ただしネット上に限定して，自分と特定の関係にない他者一般の人間性のデフォルト評価値をたずねるために「では，インターネット上での人づきあいについて，あなたはどのように思いますか？」として「ネット上の多くの人は基本的に正直である」「ネット上の多くの人は信頼できる」「ネット上の多くの人は他人を信頼している」の3項目について「そう思う」から「そう思わない」までの5件法で回答を求めた。一般的信頼とネット上の信頼は，この順で連続して問うている。分析の際は「そう思わない」を1，「そう思う」を5として，3項目の平均値を使用した。信頼性係数は $\alpha s > 0.84$ と十分高かった。

3　SNS 利用はネット上の信頼を高める機能をもつのか

分析に用いる変数の記述統計量

　分析には HAD17.002（清水 2016）を用いた。**表7.3** に各変数の平均と標準偏差あるいは比率，**表7.4** に変数間相関を示す。

　一般的信頼とネット上の信頼について，第1節で言及した総務省の調査とほぼ同じ質問項目「世の中の多くの人／ネット上の多くの人は信頼できる」に対する回答の度数分布を**図7.2** に示す。本ウェブ調査では「どちらともいえない」とい

表 7.3　分析に用いる変数の平均あるいは比率

変　数	第 1 回調査 (n=4168)	第 2 回調査 (n=2834)
一般的信頼	2.90 (0.83)	3.01 (0.85)
ネット上の信頼	2.46 (0.83)	2.67 (0.86)
SNS 利用	0.99 (1.21)	0.83 (1.13)
性別（女性）	50.0%	49.5%
年　齢	40.46 (14.04)	44.58 (12.70)
婚姻状況（未婚）	49.0%	42.7%
学歴（大卒以上）	52.7%	53.7%
職業（フルタイム正規）	37.8%	42.1%
暮らし向き	3.18 (1.06)	3.16 (1.05)
PC ネット利用時間	1.07 (0.63)	1.09 (0.60)
MB ネット利用時間	0.61 (0.57)	0.33 (0.50)

（注）　カッコ内は標準偏差を表す。

表 7.4　分析に用いる変数の相関（左下対角：第 1 回調査，右上対角：第 2 回調査）

	1	2	3	4	5	6	7
1：一般的信頼	1	0.57	0.10	0.15	−0.27	−0.06	−0.04
2：ネット上信頼	0.59	1	0.25	−0.04	−0.21	0.00	0.06
3：SNS 利用	0.06	0.21	1	−0.28	−0.09	0.07	0.30
4：年　齢	0.20	0.03	−0.33	1	−0.01	0.17	−0.41
5：暮らし向き	−0.21	−0.17	−0.10	0.04	1	0.12	0.01
6：PC ネット利用時間	−0.02	0.02	0.02	0.25	0.11	1	−0.13
7：MB ネット利用時間	−0.10	0.00	0.34	−0.48	−0.01	−0.19	1

う選択肢が含まれているので単純比較はできないが，ほぼ同様の傾向を示していることが見てとれる。当然ながら，平均で見ても，両者に経年による大きな変動はなく，いずれも一般的信頼のほうがやや高い。両者の差分（ネット上の信頼から一般的信頼を引いた）変数の度数分布は図 7.3 に示すとおりで，これについても経年による大きな変動はない。6 割程度（第 1 回調査 57.5%，第 2 回調査 60.2%）は一般的信頼のほうが高く，3 割程度（同 30.2%，29.5%）は両者が同等，ネット上の信頼のほうが高い回答者はごく少数であった。また，一般的信頼とネット上の信頼は中程度の正の相関を有していた。

　SNS 利用は，経年により不活発な方向に変動していた。まったく利用していない回答者（第 1 回調査 40.9%，第 2 回調査 45.3%）をのぞくと，それぞれ平均は 1.68 と 1.51 で，利用者にかぎっても同様に不活発になっていた。SNS 利用との

関連が強い変数は年齢とMBネット利用時間で，年齢が若いほど，またMBネット利用に時間を長く割いているほど，SNS利用に積極的である。

統制変数のうち人口統計的変数は，年齢や婚姻状況，職業に少なからぬ差が見られる。これらの変数に，1年の間隔を置くことによる（大きな）変動が生じることは考えにくいので，回答者の脱落による（ところが大きい）と考えられる。次項でその可能性を検証する。

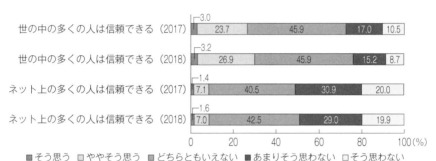

図7.2 「世の中の多くの人／ネット上の多くの人は信頼できる」度数分布

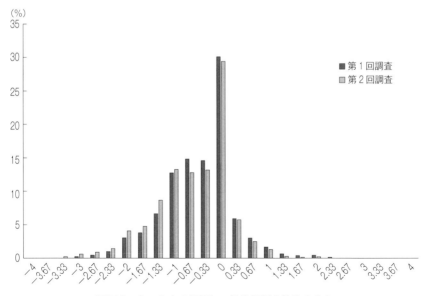

図7.3 ネット上の信頼と一般的信頼の差分の分布

表 7.5　第 2 回調査の回答者と脱落者の第 1 回調査における差異

変　数	回答者 (n=2834)	脱落者 (n=1334)	備　考
一般的信頼	平均 2.95	平均 2.80	差は有意 (d=0.18)
ネット上の信頼	平均 2.47	平均 2.43	差は非有意
SNS 利用	平均 0.86	平均 1.28	差は有意 (d=0.35)
SNS 利用 (利用者のみ)	平均 1.59	平均 1.82	差は有意 (d=0.20)
性　別	男性 50.5%	男性 48.9%	比率の差は非有意
年　齢	平均 43.6 歳	平均 33.8 歳	差は有意 (d=0.74)
婚姻状況	未婚 43.5%	未婚 60.6%	比率の差は有意
学　歴	大卒 53.5%	大卒 51.2%	比率の差は非有意
職　業	フルタイム正規 42.0%	フルタイム正規 28.9%	比率の差は有意
暮らし向き	平均 3.20	平均 3.13	差は非有意
PC ネット利用時間	平均 1.13	平均 0.93	差は有意 (d=0.32)
MB ネット利用時間	平均 0.51	平均 0.83	差は有意 (d=0.59)

回答者脱落の影響

　同じ対象者に間隔を置いて調査協力を求めるパネル調査では，回答者の脱落が不可避である。本調査では，第 1 回調査データで分析対象とした回答者は 4168 名だったが，そのうち第 2 回調査に回答し，分析対象となったのは 2834 名 (68.0%) であった。ちなみに，第 3 回調査では 2035 名 (48.8%) まで脱落した。

　ここでは，回答者が脱落したことがデータにどのような影響を与えているかを知るために，第 2 回調査に回答したサンプルと脱落したサンプルで，分析に使用した変数の第 1 回調査での回答に差があるかどうかを検討する。

　表 7.5 に示すとおり，回答者と脱落者とで平均値や比率の差で有意な差があるかどうかは変数による。ただし統計的検定における有意確率はサンプルサイズが大きくなると小さくなる（つまり「有意な差」が検出されやすくなる）ので，とくに平均値の差についてはサンプルサイズに依存しない実質的な効果の大きさを効果量 d にもとづいて検討する。

　一般的信頼とネット上の信頼は，前者は差が 0.1% 水準で有意だが効果量はごく小さいので実質的にはそれほど大きな差ではなく，ネット上の信頼には有意差がない。一方，両者を規定する独立変数としてモデルに含める変数のうち，主たる関心の対象となる SNS 利用には有意差があり，そもそも利用していない回答者を含めても含めなくても（後者の効果量は小さいが）脱落者のほうが活発である。また，統制変数のなかで最も顕著な差があるのは年齢で，回答者と脱落者ではほぼ

10 歳程度異なり，前者のほうが高年齢であることがわかる。このことと婚姻状況（脱落者の未婚率が高い），職業（脱落者のフルタイム正規率が低い），PC ネット利用時間（脱落者が低い），MB ネット利用時間（脱落者が高い）の有意差とは強い関連を持つと考えてよいだろう。一方で，性別，学歴，暮らし向きの差は有意ではなかった。

　つまり，第 2 回調査データの分析結果を解釈する際は，元来この調査のデータが必然的に持つ前述の問題点（非確率サンプルであることと，ウェブ調査会社モニターを対象にしているというセレクションバイアスを含むこと）にくわえて，さらに若年層や SNS を活発に利用している層が多く脱落していることにも留意する必要がある。

同一調査時点における変数間の関連の検討

　次に，第 1 回調査と第 2 回調査の各時点において，一般的信頼あるいはネット上の信頼と SNS 利用がどのような関連を持つかを検討するために，重回帰分析を行った。このモデルは固定効果モデル（Fixed-effects model）と呼ばれるもので，各時点の従属変数の値を各時点の独立変数の値で回帰する。つまり，いくつかの統制変数の影響を統制したうえで SNS 利用と一般的信頼あるいはネット上の信頼がともに変化する関係（共変関係）であるかどうかを示すものであり，因果関係を同定する（どちらが原因でどちらが結果かを特定できる）ものではない。結果を表 7.6 と表 7.7 にまとめた。数値は標準偏回帰係数で，各独立変数の影響の強さを相対的に比較することができる。

　どちらの時点においても，回答者が SNS をよく利用しているかどうかは，一般的信頼とは有意な関連を持っていなかったが，ネット上の信頼とは正の有意な関連があった。一方で，前述の相関係数が示すとおり，ネット上の信頼と一般的信頼には正の関連がある。つまり，小林・池田（2005）と同様に，ネット上の信頼と SNS 利用には，一般的信頼の影響を統制してもなお，有意な共変関係が見いだされたことになる。

　統制変数との関連で特徴的なのは，一般的信頼の高さは年齢の高さと関連を持つのに対して，ネット上の信頼は第 1 回調査では有意な関連がなく，第 2 回調査では年齢の低さと関連していたこと，PC ネット利用時間は一般的信頼とは負の，ネット上の信頼とは正の関連を持っていたことである。

表 7.6　同一調査時点における変数間の関連の検討（従属変数：一般的信頼）

独立変数	第 1 回調査 (n=4168)	第 2 回調査 (n=2834)
SNS 利用	.01	.01
ネット上の信頼	.57**	.55**
性別（女性 1，男性 0）	.04**	.04*
年　齢	.17**	.17**
婚姻状況（未婚 1，それ以外 0）	−.05**	−.02
学歴（大卒以上 1，それ以外 0）	.05**	.06**
職業（フルタイム正規 1，それ以外 0）	−.01	−.05*
暮らし向き	−.11**	−.14**
PC ネット利用時間	−.06**	−.07**
MB ネット利用時間	−.03	−.02
Adjusted R^2	.41**	.38**

（注）　数値は標準偏回帰係数 β，**p<.01，*p<.05，VIF_s<2.1

表 7.7　同一調査時点における変数間の関連の検討（従属変数：ネット上の信頼）

独立変数	第 1 回調査 (n=4168)	第 2 回調査 (n=2834)
SNS 利用	.15**	.16**
一般的信頼	.59**	.55**
性別（女性 1，男性 0）	−.04**	−.03*
年　齢	−.03	−.09**
婚姻状況（未婚 1，それ以外 0）	−.05**	−.01
学歴（大卒以上 1，それ以外 0）	−.06**	−.05**
職業（フルタイム正規 1，それ以外 0）	.05**	.08**
暮らし向き	−.04**	−.05**
PC ネット利用時間	.03*	.05**
MB ネット利用時間	−.01	.01
Adjusted R^2	.39**	.38**

（注）　数値は標準偏回帰係数 β，**p<.01，*p<.05，VIF_s<2.1

2 時点の時間的な影響関係を加味した検討

　次に，2 時点の時間的な影響関係を加味した検討を行った。固定効果モデルでは各時点での変数間の共変関係を検討したが，2 時点のデータを同時にモデルに含めることによって，因果関係を同定することができる。ここではとくに，前述の分析結果をふまえて，SNS 利用がネット上の信頼に及ぼす影響について検討し，さらに，ネット上の信頼を介して一般的信頼に及ぼす間接効果に注目する。

　2 時点にわたって取得されたデータを用いた因果関係の分析にはさまざまなバ

リエーションが考えられる。ここではごく単純なモデルでそのうち2つを説明する。

　まず，交差遅延効果モデル（Cross-lagged effects model）は，複数時点にわたるパネルデータを用いて2つの変数が双方向に影響を及ぼし合う可能性をモデルに取り込んだうえで，因果関係を分析する統計手法であり，最も簡便な2時点のモデルは図7.4のように表現できる。標準偏回帰係数 β_1 と β_3 は，同じ変数 X と Y のあいだの第1時点から第2時点への因果関係を示すもので，当然強いものであることが想定できる。ここではさらに，第1時点の X が第2時点の Y に影響し（β_2），前の時点の Y が次の時点の X に影響する（β_4）という因果関係も想定している。β_2 と β_4 を比較して $\beta_4 < \beta_2$ という結果が得られれば，X がより重要な先行する原因で，Y がその結果であると考えることができる。時間の前後関係を明示的に組み込んだモデルである。

　次に，同時効果モデル（Synchronous effects model）は，図7.5のように表現されるモデルである。X 同士，Y 同士の時間的な影響関係については交差遅延効果モデルと同じ想定をしているのに対して，X と Y の影響関係については同じ第2時点内で想定している（遅延効果を含まない）点が異なる。この場合もやはり，係数 β_2 と係数 β_4 を比較して $\beta_4 < \beta_2$ という結果が得られれば，X が先行する原因で，Y が結果であると考えることができる。つまり，同時効果モデルは交差遅延効果モデルよりも時間的に近い影響関係を想定するものであるといえる。

　本章の分析では，一般的信頼は個人差もあるが直近の状況によって更新されうるものであり，1年という調査間隔は交差遅延効果を想定するには長すぎると考えて「第1回調査時の SNS 利用の活発さが第2回（1年後）のネット上の信頼に影響する」あるいは「第1回調査時のネット上の信頼が第2回調査時の SNS 利用の活発さに影響する」という交差遅延モデルではなく，より時間的に近い影響関係を想定する同時効果モデルを採用するのが妥当であると判断した。さらに，固定効果モデルによる分析でネット上の信頼と共変関係があることが示された一般的信頼もモデルに組み込んで検討する。つまり，ネット上の信頼は SNS 利用と一般的信頼の両方に相互の影響関係を想定したが，一般的信頼と SNS 利用の間には相互の影響関係を想定しなかった。

　前述したように，第1回調査から第2回調査にかけて，32.0％の脱落が生じている。そして，第2回調査の回答者と脱落者の比較から，脱落したのは若年層で

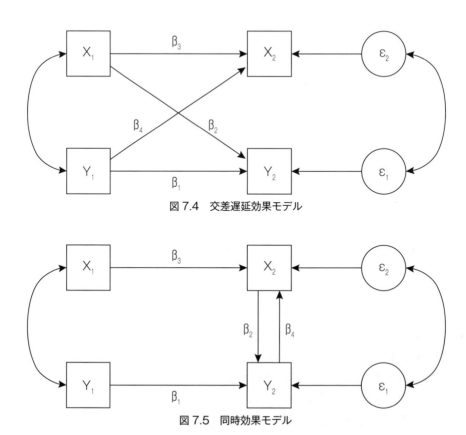

図 7.4 交差遅延効果モデル

図 7.5 同時効果モデル

あることがわかっている。そこで，この欠損パターンは観測データ（つまり年齢）に依存した欠損 Missing At Random（MAR）に該当すると考え，完全情報最尤法（Full Information Maximum Likelihood method：FIML）による推定を行うことにした。この方法を用いることで，第 2 回調査の脱落者による第 1 回調査への回答データを無駄にすることなく，偏りの小さい推定を行うことができる。

　分析結果を図 7.6 に示す。適合度は CFA = .998, RMSEA = .032（95％CI = [.023, .062]）と良好であった。β はいずれも有意であるが，SNS 利用とネット上の信頼の影響関係については SNS 利用からネット上の信頼への β が，ネット上の信頼と一般的信頼の影響関係については一般的信頼からネット上の信頼への β が，いずれも有意に強いことが示された。つまり，小林・池田（2005）が指摘した「一般的信頼のオフラインからオンラインへの汎化」がここでも生じていること

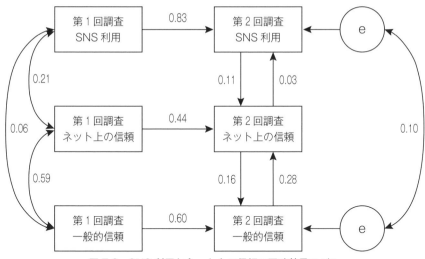

図 7.6　SNS 利用とネット上の信頼の同時効果モデル

　が示唆された。また，SNS 利用からネット上の信頼を介して一般的信頼にいた
る間接効果は 0.02 とごく小さな値であるが 0 とは有意に異なることが示された。
なお，第 2 回調査で SNS をまったく利用していない回答者を分析対象から除外
し，SNS 利用者のみで同じモデルを検討した場合でも，ほとんど同様の結果が
得られた。

一般的信頼の社会的帰結

　本章冒頭でパットナムを引用して一般的信頼の高さがもたらすポジティブな社
会的帰結について述べたが，本ウェブ調査に含まれる社会的態度変数との関連を
検討することでその可能性を検証してみる。定住を希望して来日する外国人に対
する態度を測定する 8 項目（5 件法）を因子分析にもとづいて「受容的態度」（「全
体としては日本の経済に役立っている」「新しい考えや文化をもたらし，日本の社会を良く
している」「日本人と同じ権利を持つべきだ」「日本人と同じように，義務教育を受けられ
る方がよい」の 4 項目）と「排斥的態度」（「犯罪発生率が高くなる」「日本人から仕事を
奪っている」「日本文化は徐々に損なわれてきている」「不法滞在している場合は，日本政
府はもっと厳しく取り締まるべきだ」の 4 項目）に分けて，「そう思わない」を 1，
「そう思う」を 5 として平均値を求め，一般的信頼との相関係数を求めた。「受容

的態度」との相関は第 1 回調査が 0.28，第 2 回調査が 0.32 といずれも有意な正の値である一方で，「排斥的態度」とは−0.03，0.03 と無相関であった。なお「受容的態度」と「排斥的態度」の負の相関はごく弱かった（それぞれ相関係数は−0.04，−0.13）。つまり，外国人への排斥的態度の弱さは一般的信頼と関連しないが，受容を促進させる可能性は示唆された。

4 民主主義にとっての含意と課題

　インターネット利用者を対象とするウェブ調査によるパネルデータにもとづく分析の結果，SNS 利用の活発さは，少なくとも利用頻度という単一指標の平均値ベースで見るかぎり，ネット上の信頼を高める効果を持ち，それを介してネット上の信頼と正の関連を持つ「一般的な」一般的信頼を醸成する効果をごくわずかではあるが持つことが示唆された。これは，1 時点とはいえ確率サンプリングにもとづく調査データを分析した小林・池田（2005）と整合する結果である。また，総務省情報通信経済室（2018）の調査でも，2008 年から 2017 年にかけて「一般的な」一般的信頼とネット上の信頼の傾向にほとんど変化がないことも考え合わせると，本章で得られた分析結果は，不可避のセレクションバイアスを含み，さらにパネル調査による脱落を経た非確率サンプルに限定的なものではなく，一定の一般化可能性を有するものだと考えられる。
　本章で得られた「SNS 利用が他者への一般信頼を高める可能性がある」という知見は，今後の社会や民主主義にとってどのような含意と課題を示しているのだろうか。民主主義はそもそも多様な属性をもつ人びとによって信頼が醸成されるための基盤でもある。SNS を利用することで多様な人びととの接触機会が増えることは，その基盤を厚くさせ，民主主義社会をより豊かにすることが基本的には期待できるといえるだろう。しかし，アメリカの政治学者エリック・アスレイナーは，信頼によって社会のなかで協力が生まれ，市民団体への参加のような具体的行動を経由することによってではなく直接的に，よりよい政府やより寛容な心，より高い経済成長率などにつながると主張している（Uslaner 2003 = 2004）。本章の分析結果を見ても，ネット上の信頼が SNS 利用を促す効果はその逆の効果と比べるとごく弱い。つまり，SNS 利用が信頼を醸成し，またその信頼を基

盤として SNS 利用が活発となり，といったポジティブなサイクルが期待できる
わけではない。個人においてそのサイクルが確立されるためには，SNS を賢く
使う，つまり，信頼を裏切らないような場を自らの努力によってつくり出し，維
持する必要がある。その手がかりを提供できる社会こそが，より豊かな民主主義
社会なのではないだろうか。

第8章

ネットは人を異なる意見に不寛容にするか

河井 大介

1 インターネット利用と分極化

　インターネット利用によって政治的な意見が分極化するという議論において，極性化すると同時に異なる意見の人との議論を拒否することがしばしば問題視される。インターネットの利用が世論を分断するというのである。人びとはインターネットで自分の意見に近い情報を選択的に接触し，さらにフィルタリング技術によって自分の意見に近い情報が自動的に提示される。それによって人びとは自分の意見が正しいと，より強く思い込むようになる。結果として，政治的な意見が極端になり，極性化が生じる。しかし，極性化のみでは分断しているというには不十分である。仮に，意見が極性化したとしても，異なる意見を聞き，議論がなされるのであれば，それは健全な民主主義といえよう。インターネット利用が民主主義を不健全にするのは，意見が極性化するかどうかよりも，むしろ意見の異なる他者の意見を聞くことができなくなる，つまり異なる意見に対して不寛容になることではないだろうか。

　インターネットと分極化についての議論は日本においてもある程度の蓄積がある。辻・北村（2018）では，インターネット利用と排外主義的な意見の分極化について議論している。異なる他者に対する不寛容性という意味では，これは分断化についての議論ともいえよう。しかし田中・浜屋（2018）など，多くの研究ではインターネット利用と保守対革新といったイデオロギー的な極性化を議論する

ことによって，分断化するか否かを議論している。田中・浜屋（2018）ではインターネット利用とイデオロギー的な分極化に関連が認められなかった。だからといって，インターネットが社会を分断していないと決論づけることはいささか危険である。

　本章では，インターネットを中心としたメディアの利用と異なる意見に対する寛容性の関連について検討を行うことにより「インターネットが社会を分断するのか？」という大きな問いを検討する材料を提供したい。

2 寛容性とインターネット利用

　寛容を意味する英語「tolerance」は，もともとラテン語の忍耐を意味する「tolerantia」からきている。宗教的には神から与えられる苦痛に耐えることを指しており，17，8世紀のロックやヴォルテールの寛容論では，キリスト教の範囲内ではあるが，多様な宗派を認めるという意味での信仰の自由を寛容とし，無謬ならざる人の行いに耐えるという意味で寛容性が説かれている。つまり，正しい自己とそれとは異なる他者を想定し，誤謬たる他者に対して耐えることを寛容としている。彼らの寛容論はいわば宗教的寛容性といえよう。宗教的寛容性以外にも，社会的迷惑行為に対する寛容性についての研究（吉田ほか 1999；小舩・辻 2006 など）や，対人葛藤解決における寛容性についての研究（高田・大渕 2009；山口 2018 など）がみられる。

　そしてアメリカの GSS（総合的社会調査：General Social Survey）などでも用いられる政治的寛容性（political tolerance）がある。政治的寛容性は「自分と異なる意見をもつ人びとに対しても，彼らの思想や言論に関する市民的自由を認めていこうとすること」（Mutz 2002）とされる。しかし政治的寛容性は，人種差別主義者，共産主義者，軍国主義者といった具体的な対象に対して，そういった人が演説や講義をすることへの賛否により測定されるものが主流である（Wilson 1991；総合的社会調査など）。この具体的な対象としてあげられる集団は，極端な，かつ民主主義の立場から見た場合には異端な集団であるといえよう。そういった意味では，

1　アメリカの総合的社会調査（GSS）。

ロックやヴォルテールに端を発する宗教的寛容性の議論の系譜に位置づく。つまり通常なら「許容できない相手」に対して「寛容である」程度を検討しているのである。

　これに対して，池田・小林（2007）では，D. マッツ（Mutz 2006）を批判するかたちで，政治的寛容性と社会的寛容性（social tolerance）を区別すべきであることを指摘している。つまり政治的意見の多様性だけではなく，社会的な多様性への接触が，多様性に対する社会的寛容性をもたらし，さらに政治的寛容性へと一般化する。グローバリゼーションが急速に進展し，私たちの日常生活においても，異なる文化的・歴史的背景を持つ他者を受け入れていく，つまり寛容であることが求められる。そういった意味で「許容すべき相手」に対して「寛容であるか」を議論しているのである。

　このような社会的寛容性とインターネットの利用との関連については，小林（2010）が詳しい。小林は，携帯メールの利用が，ダイアドの同質性を高め，もしくは異質性を低めることで，間接的に社会的寛容性を下げることを示している。一方でPC メールの利用が，対人コミュニケーションの異質性を高めることを媒介し，社会的寛容性を高めることを示している。ただし，池田・小林（2007）や小林（2010）の研究では社会的寛容性について，具体的な対象を想起させ，その人たちと意見が異なった場合にどう考えるかを測定している。それは，家族，上司や先輩，親しい同僚，親しい友人といったような現実での人間関係である。これは池田・小林（2007）や小林（2010）の研究が社会関係資本の議論に根差しているためであろう。

　本章では，政治的寛容性ではなく社会的寛容性を扱うが，それは必ずしも現実の人間関係にもとづく社会関係資本に根差したものではない。つまり寛容である対象を家族や職場関係，友人関係に限定して考えない。なぜならインターネット上では，現実の人間関係の相手から政策や政治的な意見を見聞きするだけでなく，面識のない相手から見聞きすることも多いと考えられるためである。そういった相手と，自分自身の意見が異なる場合に寛容であるかという視点を本章での寛容性としてとらえ，異なる意見に対する寛容性とする。

　また，小林の研究以降，インターネットの利用環境は大きく変化している点も忘れてはならない。Twitter や Facebook などの SNS，ニュースアプリなどの普及，コミュニケーションツールがメールから LINE に代わるなど，利用環境は劇的に

変化した。そういった情報環境の変化をふまえると，異なる意見に対する寛容性とインターネット利用の関係をふたたび検討する価値がある。

3 全国調査データから見たインターネット利用と不寛容の関連

　本節では，まず寛容性の特徴を確認したうえで，インターネット利用と寛容性との関連について探索的に検討する。データは 2019 年全国調査（詳細は序章を参照。以下，全国調査データ）を用いる。

異なる意見への寛容性とその特徴
　異なる意見に対する寛容性として，小舩・辻（2006）をもとに，以下の 4 項目について「あてはまる」から「あてはまらない」の 5 件法で質問した。
　　①　自分と意見や価値観が違う人とも気にせずにつきあう
　　②　まわりの人たちの中に，自分と意見や考えの違う人がいてもかまわない
　　③　自分と考えの違う人の意見はあまり聞きたくない（逆転項目）
　　④　いろいろな意見や価値観を持った人がいるのは健全なことだと思う
　この 4 項目について，逆転項目を除き「あてはまる」（5 とする）から「あてはまらない」（1 とする）とし，クロンバックの α を求めた。クロンバックの α は 0.69 であり，単純加算して「異なる意見への寛容性」として分析に用いることとする。寛容性の平均は 15.34（$SD = 2.684$）で，どちらかといえば寛容よりの人が多い[2]。
　基本属性と寛容性の関連は表 8.1 のとおりである。男性と女性のあいだに有意な差は見られなかったが，年齢層では，29 歳以下が高年齢層と比べて寛容である傾向がみられ，高年齢層のほうが不寛容であるといえる。学歴については，高学歴ほど寛容である傾向がみられた。
　さらに寛容性の特徴を確認するために，生活の満足度[3]，暮らし向き[4]，階層意識[5]

2　論理上，最小値が 5，最大値が 20 である。
3　生活の満足度は「満足」から「不満」までの 5 件法で確認した。
4　暮らし向きは「余裕がある」から「苦しい」までの 5 件法で確認したが，「余裕がある」が 15 人と少なかったため，「やや余裕がある」と合わせて「余裕がある・やや余裕がある」

表 8.1　基本属性と寛容性の関連

		N	寛容性	SD	検定
	全　体	1,074	15.34	2.684	
性別	女　性	547	15.41	2.549	$\chi^2(1)=0.5634$
	男　性	527	15.27	2.818	$p=.4529$
年齢層	29 歳以下	128	15.96 a	2.730	
	30-39 歳	195	15.17 b	2.724	$F(4,1069)=3.95$
	40-49 歳	256	15.65 ab	2.697	$p=.0034$
	50-59 歳	243	15.16 b	2.734	
	60-69 歳	252	15.02 b	2.500	
学歴	中　学	61	14.57 c	3.025	
	高　校	421	15.01 bc	2.608	$F(4,1069)=7.52$
	短大・高専・専門学校	277	15.54 ab	2.597	$p<.0001$
	大学・大学院	304	15.81 a	2.703	

(注)　寛容性横の記号（a，b，c）は，Tukey の多重範囲検定の結果，同記号間で $p<.05$ で有意な差がないことを示す。たとえば，a と ab には，いずれも a を含むため，$p<.05$ で有意な差がない。

表 8.2　寛容性と生活意識との関連

		N	寛容性	SD	分散分析
生活満足度	満　足	92	16.07 a	3.088	
	どちらかといえば満足	486	15.77 ab	2.433	$F(4,1069)=11.31$
	どちらともいえない	278	14.59 c	2.556	$p<.0001$
	どちらかといえば不満	155	15.03 bc	2.770	
	不　満	60	15.13 bc	3.357	
暮らし向き	余裕がある・やや余裕がある	162	16.28 a	2.476	
	ふつう	568	15.28 b	2.595	$F(4,1069)=8.99$
	やや苦しい	246	15.02 b	2.783	$p<.0001$
	苦しい	95	14.89 b	2.944	
階層意識	上・中の上	258	15.83 a	2.739	
	中の下	516	15.26 ab	2.576	$F(4,1069)=4.23$
	下の上	225	15.12 ab	2.682	$p=.0055$
	下の下	65	14.88 b	3.054	

(注)　寛容性横の記号（a，b，c）は，Tukey の多重範囲検定の結果，同記号間で $p<.05$ で有意な差がないことを示す。

として 4 段階で比較した。

5　階層意識については「上」「中の上」「中の下」「下の上」「下の下」の 5 件法で質問したが「上」が 10 人と少なかったため，「中の上」と合わせて「上・中の上」として 4 段階で比較した。

との関連について分析を行った。それぞれのカテゴリごとの寛容性の高さを比較した結果が表8.2である。生活の満足度では「満足」であるほど，暮らし向きでは「余裕がある・やや余裕がある」であるほど，階層意識では「上・中の上」であるほど，寛容性が高い傾向がみられた。つまり生活に満足で余裕があり，ほかの人よりも社会階層が高いと感じているほど寛容であるといえそうである。

異なる意見への寛容性と政治的な意見

　では，政治的な争点に対して極端な意見を持っている人は，そもそも不寛容なのであろうか。そしてそれはいずれの極においても不寛容なのであろうか。つまり単純に極端な意見を持っている人が不寛容であるならば，ほかの意見に耳を貸さない状況であるといえよう。そしてそれがいずれの極においても不寛容であるならば，議論の余地はない。

　まず，排外意識と異なる意見への寛容性の関連を確認する。日本において，排外意識は分極化や極性化についての議論でよく用いられ，辻・北村（2018）でも扱われている。排外意識を「日本に定住しようと思って日本に来る外国人」についての5項目に対して「そう思う」から「そう思わない」の5件法で確認した。[6]それを数値が大きくなるほど排外意識が高くなるように必要に応じて反転させ，単純加算したものを「排外意識」とした。[7]これを，排外意識のとくに強い，どちらかといえば強い，どちらかといえば弱い，とくに弱いの4つのグループに分け，[8]寛容性を比較した。その結果（表8.3），排外意識が強いほど寛容性が低い傾向がみられた（$F(31062) = 17.00, p < .0001$）。さらに排外意識と寛容性の相関を確認したところ，Pearsonの相関係数で-0.2327（$p < .0001, N = 1066$）と弱い負の相関を示した。つまり排外意識の強い人ほど寛容性が低いといえよう。この結果は，当然であろう。ここでの排外意識は，すでに第2節で議論したように寛容性と方向性

6　「そうした外国人が増えれば，犯罪発生率が高くなる」「そうした外国人は，全体としては日本の経済に役立っている」（逆転項目），「そうした外国人は，日本人から仕事を奪っている」「そうした外国人は，新しい考えや文化をもたらし，日本の社会を良くしている」（逆転項目），「そうした外国人によって，日本文化は徐々に損なわれてきている」の5項目。

7　5項目について，逆転項目をのぞき「そう思う」を5から「そう思わない」を1とし，クロンバックのαを求めた結果0.67であったため，単純加算した。

8　排外意識は5〜25の値をとることになるが，分布ではなく単純に5〜9をとくに弱い（$n = 77$），10〜14をどちらかといえば弱い（$n = 560$），15〜19をどちらかといえば強い（$n = 401$），20〜をとくに強い（$n = 28$）として分類した。

表 8.3　排外意識と寛容性の関連

	排 外 意 識			
	とくに強い	どちらかといえば強い	どちらかといえば弱い	とくに弱い
N	28	401	560	77
寛 容 性	14.00 c	14.86 bc	15.54 b	16.90 a

（注）　寛容性の数値の横の記号（a，b，c）は，Tukey の多重範囲検定の結果，同記号間で $p < .05$ で有意な差がないことを示す。

表 8.4　政策への賛否と寛容性の関連

	夫婦別姓		同 性 婚		外国人労働者受入拡大	
	n	寛 容 性	n	寛 容 性	n	寛 容 性
反　対	85	15.01 b	79	15.44 b	84	15.17 b
やや反対	92	15.23 b	54	14.74 b	199	15.33 b
どちらともいえない	390	14.99 b	330	14.88 b	471	15.39 b
やや賛成	225	15.62 ab	299	15.48 b	170	15.60 ab
賛　成	180	**16.38 a**	205	**16.47 a**	36	**16.61 a**
F 値		9.89***		13.13***		2.3†

（注）　寛容性横の記号（a，b，c）は，Tukey の多重範囲検定の結果，同記号間で $p < .05$ で有意な差がないことを示す。F 値欄の記号は，分散分析の結果，$***p < .001$，$**p < .01$，$*p < .05$，$†p < .10$ で有意であることを示す。太字は，寛容性がもっとも高いものを示す。

は異なるが同質であり，異なる意見に対する寛容性と負の相関がみられたのである。

　では，具体的な政策への賛否ではどうだろうか。具体的な政策のなかにも，寛容であるべきだろうといった規範にもとづくものが存在する。ここでは夫婦別姓，同性婚，外国人労働者受入拡大の3つの政策についての賛否と寛容性の関連を見てみよう。いずれも制限されていることに対して，その制限を撤廃する政策といえる。

　分析の結果（表8.4）は，いずれも「賛成」の人の寛容性が高い。つまり寛容であるべきだろうという争点[9]については，とくに賛成している人が寛容なのであ

9　寛容であるべきだろうという争点でないものとして，原発再稼働，経済成長よりも財政赤字削減を優先，米軍基地辺野古移設などについても賛否を確認している。しかし，原発再稼働や米軍基地辺野古移設については，賛成と寛容性には関連がみられず，経済成長よりも財政赤字削減を優先する政策については，寛容性は，反対で高く，どちらともいえないで低か

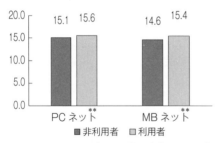

図8.1 PC・MB ネット利用有無による寛容性の差異

(注) 各メディア右肩の記号は，利用者と非利用者でのマン・ホイットニーの U 検定の結果，**：$p<.01$，*：$p<.05$ で有意な差があることを示す。

って，そうでない人が特別不寛容であるというわけではなさそうだ。[10]

寛容性とインターネット利用の関連

寛容性とインターネットの利用とはどのように関連するのであろうか。

パソコン・タブレットでのインターネット（以下，PC ネット），スマートフォン・携帯電話でのインターネット（MB ネット）[11] について，利用の有無による異なる意見に対する寛容性の高さを比較した。分析の結果は図8.1 に示したとおりである。PC ネット，MB ネットではいずれも高群（利用者）が低群（非利用者）よりも寛容性が高く，利用者のほうが寛容であるといえよう。

2 つ前の項でみたように寛容性は若者ほど高く，また PC ネットや MB ネットは若い人ほど利用している。では，年齢の効果を統制しても図8.1 で見られた傾向，つまりネットを利用する人のほうが寛容であるといえるのであろうか。そこで寛容性を目的変数，統制変数を年齢と性別，テレビ視聴（高群ダミー）[12]，新聞閲

った。これらの政治的争点については，少なくとも極端に賛成，もしくは反対の人が異なる意見に耳を貸さないといった分断状態にあるというわけではなさそうである。

10　統計的に有意なわけではないが，夫婦別姓と同性婚については「どちらともいえない」人たちが不寛容に見える。このどちらともいえない人には，さまざまな意見を吟味したうえで「どちらともいえない」という積極的理由の人と，そもそも関心がないため「どちらともいえない」という無関心な人がいることが考えられる。そういった意味で寛容が無関心であるわけではない。

11　PC ネット，MB ネットは，それぞれ平日と休日に分け「まったく利用しない」を 0，「30分未満」を 0.25，「30分～1 時間未満」を 0.75，「1～1 時間 30 分未満」を 1.25，「1 時間 30分～2 時間未満」を 1.75，「2～3 時間未満」を 2.5，「3～4 時間未満」を 3.5，「4～5 時間未満」を 4.5，「5～8 時間未満」を 6.5，「8 時間以上」を 9 として，（平日×5＋休日×2）÷7 とし 1 日当たりの利用時間を求めた。PC ネットはまったく利用しない人が 42.5％ であったため，利用者を高群，非利用者を低群とした。また MB ネットは利用者が多いが PC ネットとの対比のために同様に利用者を高群，非利用者を低群とした。PC ネット：低群＝非利用者（$n=437$），高群＝利用者（$n=617$）。MB ネット：低群＝非利用者（$n=120$），高群＝利用者（$n=951$）。

12　テレビ視聴は，平日と休日に分け「まったく見ない」を 0，「30分未満」を 0.25，「30分～1 時間未満」を 0.75，「1～2 時間」を 1.5，「2～3 時間未満」を 2.5，「3～4 時間未満」を

読（高群ダミー[13]）とし，説明変数をPC
ネット利用者ダミー，MBネット利用
者ダミーとした重回帰分析を行った
（表8.5）。分析の結果，PCネットでは
5%水準で有意な正の係数が得られ，
10%水準ではあるがMBネットで正
の係数が得られた。つまりPCネット，
MBネットを使う人ほど寛容性が高い
結果となった。

　では，具体的にどのようなネット利
用と寛容性に関連があるのであろうか。
ここではネット右翼や炎上といったイ

表8.5　寛容性を目的変数とした重回帰分
　　　　析の結果（$N=1051$）

	標準化 偏回帰係数
男性ダミー	−0.0437
年　齢	−0.0395
テレビ視聴（高群ダミー）	−0.0579[†]
新聞閲読（高群ダミー）	−0.0221
PCネット（利用者ダミー）	0.0740[*]
MBネット（利用者ダミー）	0.0584[†]
F値	4.15[*]
調整済み R^2	0.0177

（注）　[*]$p<.05.$　[†]$p<.10.$　VIFs<1.44

ンターネット上での論争と関連が深いといわれるTwitterと5ちゃんねる，これ
に加えて代表的なSNSであるFacebookについて確認する。Twitter（以下TW）閲
覧，Facebook（以下FB）閲覧について，「まったくしない」「週に1回以下」「週
に2〜5回」「1日に1回くらい」「1日に2〜5回」「1日に6回以上」の6件法で
確認した。「まったくしない」人の比率がTW閲覧で67.7%，FB閲覧で73.4%
であったため，それぞれ行っているか否かの2群に分けて寛容性を比較した。ま
た，5ちゃんねるの利用についても「ほぼ毎日」「週に数回」「月に数回」「それ
以下」「まったく見ない・読まない」の5件法で確認した。5ちゃんねるの非利
用者が81.4%であったため，「まったく見ない・読まない」と「少しでも見る・
読む」の2群に分けて寛容性を比較した（表8.6）。Kruskal-Wallis検定の結果，
TW閲覧[15]（0.1%水準），FB閲覧[16]（1%水準），5ちゃんねる（1%水準）のいずれも

3.5，「4〜5時間未満」を4.5，「5時間以上」を6として，（平日×5＋休日×2）÷7とし1日
　　当たりの視聴時間を求めた。テレビ視聴時間は中央値（2.50）以下を低群，中央値を超える
　　ものを高群に分割した。低群≦中央値（$n=608$），高群＞中央値（$n=463$）。
13　新聞閲読は，「ほぼ毎日（1日に平均5分以上）」「ほぼ毎日（1日に平均5分未満）」「週
　　に数回」「週に1回くらい」「週に1回未満」「まったく読まない」の6件法で確認した。こ
　　こでは習慣的に新聞を読んでいるであろう「ほぼ毎日（1日に平均5分以上）」「ほぼ毎日
　　（1日に平均5分未満）」を高群，それ未満を低群に分割した。低群＜ほぼ毎日（$n=672$），
　　高群≧ほぼ毎日（$n=399$）。
14　表8.6では，便宜上「まったく見ない・読まない」を「まったくしない」，「少しでも見
　　る・読む」を「少しでも利用する」と，TW，FBと合わせている。
15　TW投稿は，まったくしない（$n=936$）で15.28，少しでも利用する（$n=116$）で15.78

表 8.6　SNS 利用と寛容性の関連

	TW 閲覧		FB 閲覧		5 ちゃんねる	
	N	寛容性	N	寛容性	N	寛容性
まったくしない	727	15.12	790	15.22	877	15.23
少しでも利用する	329	**15.84**	265	**15.70**	187	**15.95**
χ^2 値	16.45	<.0001	7.11	0.0077	10.27	0.0014

(注)　χ^2 値は，Kruskal-Wallis 検定の結果。太字は，寛容性が有意に高いほうを示す。

表 8.7　ネットニュース接触と寛容性の関連

	ポータルニュース		ニュースアプリ		SNS のシェア	
	N	寛容性	N	寛容性	N	寛容性
まったくない	265	14.54 b	400	14.98 b	676	15.09 a
あまりない	119	15.24 a	179	15.13 b	194	15.62 ab
ときどきある	286	15.45 a	249	15.39 b	146	15.86 ab
よくある	394	**15.86** a	236	**16.11** a	46	**16.48** b
F 値	13.28	<.0001	9.46	<.0001	7.36	<.0001

(注)　寛容性横の記号（a，b，c）は，Tukey の多重範囲検定の結果，同記号間で $p<.05$ で有意な差がないことを示す。太字は，寛容性がもっとも高いものを示す。

利用する人のほうが寛容であった。

　つまり TW，FB，5 ちゃんねるのいずれの利用者も，非利用者よりも寛容である。TW や 5 ちゃんねるは，しばしば「炎上」し注目されたり，ネット右翼との関連が指摘されたりするが，むしろ利用者の寛容性が高いという結果は興味深い。

　ネットでのニュース接触経路について，ポータルニュース[17]，ニュースアプリ[18]，SNS のシェア[19]についても寛容性との関連を確認した結果（表8.7），いずれのニュース接触経路においても，よく接触する人ほど寛容であった。

　このように見てみると，一般的にネット利用が世論を分極化するとしても，同

であり，χ^2 値 $=3.42$（$p=0.0646$）で，10% 水準で差が見られた。

16　FB 投稿は，まったくしない（$n=947$）で 15.31，少しでも利用する（$n=104$）で 15.62 であり，χ^2 値 $=1.75$（$p=0.1861$）と，10% 水準でも有意な差は見られなかった。

17　どの程度「ポータルサイトやニュースサイトで見る・読む」かという質問に対して，「まったくない」から「よくある」の 4 件法で確認した。

18　どの程度「ニュースアプリで見る・読む」かという質問に対して，「まったくない」から「よくある」の 4 件法で確認した。

19　どの程度「知り合いや友達がソーシャルメディアで紹介したニュースを見る・読む」かという質問に対して，「まったくない」から「よくある」の 4 件法で確認した。

時に寛容性が涵養されるのであれば，それは分断ということではない。むしろ，ネット利用によって，自分自身の意見をはっきりともつと同時に，それと異なる意見をもつ人との対話が促されるのであれば，それは健全な民主主義といえそうである。しかしこれらの分析では，インターネットの利用が人を寛容にしているのか，寛容な人がインターネットを利用しているのか明確ではない。

4 ネット利用は人を不寛容にするのか

　ここまで全国調査データでインターネットの利用と寛容性の関連について検討してきた。その結果，ネット利用と寛容性は正の関連があることが示された。これまでの分析のみではネットの利用が寛容性を高める，つまり社会を分断する方向とは逆方向であると決論づけることはできない。ここには，「不寛容」であるがゆえに他者の意見を見聞きしない，ネットを利用しないという可能性が残る。そのためネット利用が寛容性を高める方向に作用するのかを検討する必要がある。このような因果関係は，今回の全国調査データのような一時点のみのデータでは不十分である。同一の調査協力者に対して，複数回調査を行う縦断調査で得られたデータを用い，どのように変化したのか検討する必要がある。そこで，本節では，2018年・2019年ウェブ調査から，いずれにも回答した調査対象者（パネルサンプル）のデータを用いて，少なくともネット利用が寛容性を高める方向に作用するのかを検討する。

方法とデータ

　パネルデータでの因果関係の検討方法はいくつか存在するが，本節では固定効果モデルとランダム効果モデルを用いて検証する。固定効果モデルとランダム効果モデルを用いたパネルデータの分析は，三輪（2013）が具体的な分析方法まで含めて詳しい。固定効果モデルでは，個体間の差異ではなく，個体内の変動，つまり2つの時点間での変化のみに着目する。それによって固定効果（独立変数を統制した従属変数の個体差）をモデルに含むことができる。仮に観測されない変数の影響があったとしても，分析上考慮する必要はない。しかし固定効果モデルでは，一般的に安定しているといわれる変数や性別・学歴などの変化しない変数の

効果を検討することができない。そこでランダム効果モデルといわれる分析を行うことがある。ランダム効果モデルでは，個体固有の効果がランダムに分布し，ほかの変数と相関がないという仮定をおくことにより，変動しない変数を分析に含むことができる。しかしこの仮定があるため必ずしもランダム効果モデルが最善とはいえない。そこで固定効果モデルとランダム効果モデルのどちらが適切かということを Hausman 検定により確認する。Hausman 検定が有意な場合，固定効果モデルで検討した係数に対して，ランダム効果モデルで検討した係数に偏りがあることを示し，ランダム効果モデルは適切ではない。

ウェブ調査のパネルデータでは，全国調査データと質問項目がすべて一致しているわけではない。全国調査はウェブ調査の 2018 年調査（以下，T1）と 2019 年調査（以下，T2）のあいだに実施しており，T1 での結果をふまえて全国調査の項目を検討している。そのため寛容性についても質問項目の数が異なる。具体的に寛容性に関する項目は以下の 3 つを用いている。

① 自分と意見や価値観が違う人とも気にせずにつきあう
② 自分と考えの違う人の意見はあまり聞きたくない（逆転項目）
③ いろいろな意見や価値観を持った人がいるのは健全なことだと思う

パネル調査であるため T1 と T2 それぞれでクロンバックの α を求めた結果，T1 で 0.5477，T2 で 0.5043 と若干低いが，全国調査データと同様に単純加算して異なる意見への寛容性として用いる。

メディア利用の寛容性への効果

本項では，固定効果モデル・ランダム効果モデルを用いて，寛容性とメディア利用との関連を検討する。PC ネット利用時間，MB ネット利用時間にくわえて[20]，統制変数として，テレビ視聴時間[21]，新聞閲読頻度[22]を検討する。

---

20 PC ネット利用時間，MB ネット利用時間は，それぞれ平日と休日に分け「まったく利用しない」を 0，「30 分未満」を 0.25，「30 分〜1 時間未満」を 0.75，「1〜1 時間 30 分未満」を 1.25，「1 時間 30 分〜2 時間未満」を 1.75，「2〜3 時間未満」を 2.5，「3〜4 時間未満」を 3.5，「4〜5 時間未満」を 4.5，「5〜8 時間未満」を 6.5，「8 時間以上」を 9 として，（平日×5＋休日×2）÷7 とし 1 日当たりの利用時間を求めた。それを対数変換したものを分析に用いる。

21 テレビ視聴時間は「まったく見ない」を 0，「1 日に 30 分未満」を 0.25，「1 日に 30 分〜1 時間未満」を 0.75，「1 日に 1〜2 時間未満」を 1.5，「1 日に 2〜3 時間未満」を 2.5，「1 日に 3〜4 時間未満」を 3.5，「1 日に 4〜5 時間未満」を 4.5，「1 日に 5 時間以上」を 6 として，

表 8.8　メディア利用の寛容性への影響

	固定効果モデル		ランダム効果モデル	
	B	SE	B	SE
年　齢	−0.0662***	0.0172	0.0114***	0.0028
男性ダミー	omitted		−0.3515***	0.0677
テレビ視聴時間	0.0579*	0.0267	0.0339*	0.0149
新聞閲読頻度	−0.0155	0.0172	0.0485***	0.0104
PC ネット利用時間（対数）	0.0297	0.0299	0.0332†	0.0200
MB ネット利用時間（対数）	0.0429†	0.0259	0.0381*	0.0166
定　数	12.7079***	0.7909	9.3373***	0.1744
F 値・Wald χ^2	4.69***		94.62***	
R^2	within	0.0082	within	0.0001
	between	0.0114	between	0.0348
	overall	0.0088	overall	0.0280

（注）　***$p<.001$，**$p<.01$，*$p<.05$，†$p<.10$

　従属変数を寛容性とし，年齢，男性ダミー，テレビ視聴時間，新聞閲読頻度，PC ネット利用時間，MB ネット利用時間を説明変数として，固定効果モデルとランダム効果モデルを検討した結果が表 8.8 である。まず，どちらのモデルが適切であるかを確認する。Hausman 検定の結果，$\chi^2(5) = 41.98$，$p<.000$ で有意であり，固定効果モデルを採用する。固定効果モデルの結果を確認すると，テレビ視聴時間で 5% 水準で有意な正の係数が得られたが，PC ネット利用時間，MB ネット利用時間ではいずれも有意な係数は得られなかった。つまり，テレビ視聴時間が長いほど寛容であるという方向性は示せたが，新聞閲読頻度や PC ネット利用時間，MB ネット利用時間が寛容性に影響を与えることは示せなかった。

ネット利用の寛容性への効果

　本項では，固定効果モデル・ランダム効果モデルを用いて，寛容性と具体的なネット利用との関連を検討する。ネット利用として前節で検討した，TW 閲覧頻

　視聴時間とした。
22　新聞の閲読については「ほぼ毎日（1 日に平均 20 分以上）」「ほぼ毎日（1 日に平均 10〜19 分）」「ほぼ毎日（1 日に平均 5〜9 分）」「ほぼ毎日（1 日に平均 5 分未満）」「週に数回」「週に 1 回くらい」「週に 1 回未満」「まったく読まない」の 8 件法で確認した。これをそのまま順序尺度として分析に用いる。

表8.9　ネット利用の寛容性への影響

	固定効果モデル		ランダム効果モデル	
	B	SE	B	SE
年　齢	−0.0619***	0.0174	0.0140***	0.0028
男性ダミー	omitted		−0.3550***	0.0674
テレビ視聴時間	0.0536*	0.0266	0.0292*	0.0148
新聞閲読頻度	−0.0204	0.0172	0.0384***	0.0105
TW 閲覧頻度	0.0716*	0.0284	0.0074	0.0170
FB 閲覧頻度	−0.0317	0.0374	0.0811***	0.0220
５ちゃんねる閲覧頻度	0.0989*	0.0397	0.0107	0.0261
TW まとめ閲覧頻度	0.0331	0.0307	0.0795**	0.0251
定　数	12.4752***	0.7978	9.2372***	0.1584
F 値・Wald χ^2	4.66***		128.27***	
R^2	within	0.0129	within	0.0011
	between	0.0105	between	0.0444
	overall	0.0077	overall	0.0361

（注）　***$p<.001$，**$p<.01$，*$p<.05$，†$p<.10$

度，FB 閲覧頻度[23]，５ちゃんねる閲覧頻度に加えて，TW まとめ閲覧頻度[24]を検討する。

　従属変数を寛容性とし，年齢，男性ダミー，テレビ視聴時間，新聞閲読頻度，TW 閲覧頻度，FB 閲覧頻度，５ちゃんねる閲覧頻度，TW まとめ閲覧頻度を説明変数として，固定効果モデルとランダム効果モデルを検討した結果が表8.9である。どちらのモデルが適切であるかを確認する Hausman 検定の結果，$\chi^2(5) = 59.59$，$p<.000$ で有意であり，固定効果モデルを採用する。固定効果モデルの結果を確認すると，５ちゃんねる閲覧頻度と TW 閲覧頻度，テレビ視聴時間で，5% 水準で有意な正の係数が得られた。つまり，TW 閲覧や５ちゃんねるの閲覧が，寛容性を高める方向を示している。TW 閲覧と５ちゃんねるの閲覧は，全国調査データでも正の関連がみられている。

23　TW 閲覧と FB 閲覧は，それぞれ「まったくしない」「週に１回以下」「週に２〜５回」「週に１回くらい」「１日に２〜５回」「１日に６〜９回」「１日に10回以上」の７件法で確認し，「まったくしない」を1，「１日に10回以上」を7とした順序尺度として用いる。
24　５ちゃんねる閲覧と TW まとめ閲覧は，それぞれ「ほぼ毎日」「週に数回」「月に数回」「それ以下」「まったくない」の５件法で確認し，「まったくない」を1，ほぼ毎日を5とした順序尺度として用いる。

5 分極化はしても，分断ではない

　インターネットは社会を分断するか。第3節の全国調査データを用いた分析では，ネット利用と寛容性は正の関連を示した。そこには，不寛容なので意見の異なる人の意見を見たくないためネットを利用しない，もしくは寛容なので多様な意見が見られるネットをよく利用するといった，寛容性がネット利用に影響を与える可能性がある。しかし，逆に，ネットを利用することにより多様な意見に触れ，意見の異なる他者に対して寛容になるという，ネット利用が寛容性に影響を与える可能性もある。

　さらに第4節のウェブ調査のパネルデータを用いた分析では，Twitter の閲覧や5ちゃんねるの利用が，人びとを寛容にするという方向性を示した。つまり，インターネットは人びとを分極化するかもしれないが，それと同時に異なる意見に対して寛容にすることを示した。

　しかし，これまで Twitter や5ちゃんねるは，いわゆる炎上する場所とみなされ，またネット右翼の巣窟のようにいわれてきている。そういったサービスをよく見るほどなぜ寛容になるのであろうか。寛容にならなければそのような場所でやっていけないということであろうか。もしくはもともと不寛容な人たちの集まりにふれながら，利用しているあいだに寛容になっていくのであろうか。少なくとも後者に関しては，全国調査のデータから，Twitter や5ちゃんねるを見る人はそうでない人よりも寛容であった。また Twitter や5ちゃんねる上でみられる炎上やネット右翼は，それらを見る人というよりもそれらに投稿する人の特徴であろう。しかしながら Twitter に1日に何度も投稿する人の比率は全国調査データでは3%，ウェブ調査のパネルデータでも T1 で 6.5%，T2 で 6.8% と少ないため検討できていない。これは今後の課題だろう。

　いずれにしても，インターネットの利用が社会を分断するのか，という意味で，本章ではそのひとつの反証を示したことになるであろう[25]。すくなくとも，利用することによって意見の異なる他者に耳を傾けなくなるということはなく，逆に耳を傾けるようになる。しかし分析結果の R^2 値にも表れているように，インター

25　ここでは，分極化を否定したのではなく，仮に分極化したとしても意見が異なる人との対話や議論の可能性を示した。

ネットの利用は，異なる意見に対する寛容性に，そこまで大きな影響力をもたない。そこには育った環境や受けてきた教育の内容などさまざまなものが影響しているのだろう。本章はインターネットの利用が寛容性とどう関連するのかという視点であったため，この点は今後の課題である。

　また，本章では，寛容性が低くなった場合，インターネットを利用しなくなるという方向の関連の可能性について詳細には検討していない。結論だけ記すと寛容性が低くなった場合に，5ちゃんねるやTwitterを見ないようになる。そういった意味で不寛容な人は他人の意見を「見ていない」。寛容な人と不寛容な人のメディア利用量の「差分」がランダムであるのか，自分と異なる意見を見ていないのか，と考えると，自分と異なる意見を見ていない可能性がある。いわゆる選択的回避の状態である。本章の分析では「どれだけ見ているか」という頻度を用いており，具体的に「何を見ているか」を検討しているわけではない。そのため見ている内容についても，今後検討する必要がある。しかし，インターネットが世論を分極化するとしても，そこには対話や議論の可能性が残り，社会を分断するとはいいがたい。

第9章

ネットは世論を分極化するか

政権支持と改憲賛否を中心に検証する

辻　大介

1　政治的分極化をめぐる論争

分極化という問題の浮上

　全世界がコロナ禍に見まわれた 2020 年，日本では安倍政権が首相の持病悪化を理由に，アメリカではトランプ政権が大統領選挙の敗北により，それぞれ終わりを迎えることとなった。いずれの政権も，右派（保守）と左派（リベラル）の激しい対立・分断の顕在化が，大きく共通するひとつの特徴であったといえよう。

　近年，アメリカでは政治家のみならず一般有権者においても政治意識の左右両極への分化が強まったといわれ，また第 1 章でもみたように，その一因としてインターネットの影響が疑われてもいる。もっとも，はたして実際に現在のネット環境が政治意識の分極化をうながしているのかについては，研究者のあいだでも見解の一致をみておらず，さらに日本の場合には実証研究そのものが大きく不足している。

　そこで本章では，日本の有権者を対象とした 2019 年全国調査のデータをもとに，ネット利用が政治的意見・態度を分極化するように作用しているかを分析する。そのために，まず本節では，政治的分極化をめぐるアメリカでの学術論争を簡単にふり返り，つづいて次節では，そのなかでネット利用がどのように分極化問題に関連づけられるようになったのか，先行研究の要点をおさえておきたい。

　そもそもアメリカで一般市民層の政治的分極化が問題視されはじめたのは，インターネットの普及以前にさかのぼる（Campbell 2016: 43）。そのきっかけとなったのが，1991 年に出版された社会学者 J. D. ハンターの『文化戦争』*Culture Wars*

だ。そこで彼は中絶や銃規制，政教分離，同性愛等々の争点について，賛否がはっきり2つの党派で分かれることを論じている（Hunter 1991）。これに対してP.ディマジオらは，過去20年間にわたる調査データを分析し，共和党・民主党それぞれの支持者には分極化の形跡が認められるものの，有権者全体にわたって分極化が進んだ証拠は乏しいと反論している（DiMaggio et al. 1996）。

　しかし，こうした批判はジャーナリストたちにはあまり顧みられることもなく，もっぱら「分極化したアメリカ」像が受け継がれていくのだが，2005年に政治学者のM.フィオリナがふたたび一石を投じる（Fiorina 2005）。『文化戦争？』Culture War? という挑発的なタイトルを冠した著書において，彼はディマジオらと同じく，分断されているのは政治的党派層であって市民全体にわたるものではないと主張したのである。それに対しては，さらに実証的見地からの再批判も投げかけられ，政治的分極化の実態・真偽をめぐる活発な論争がくり広げられていくこととなる。

論争の2つの要点

　その論争の詳細に立ち入る余裕はないが，ここではポイントを2つだけ取りだしておこう。

　第一に，対立する論者間にも一定の共通認識が見いだせることである。たとえば政治学者のA.アブラモウィッツとK.サンダースは，フィオリナに反駁（はんばく）して，有権者全体として分極化が進んでいると主張する。しかし，その際に提示されている調査データからは，政治に関心や知識をもつ層のほうが顕著に分極化していることもまた明白に見てとれる（Abramowitz and Saunders 2008: 544-5）。つまり，分極化は人びとのあいだで一様に進むのではなく，党派性（フィオリナ）なり，政治関心・知識（アブラモウィッツら）なり，何かしらの要因によって濃淡の差が生じることを示唆している点では，両者とも見解が一致しているのである。

　第二に，こうした論争のなかから，政策争点へのイデオロギー的態度よりむしろ，党派的な対立感情に目を向けて，分極化をとらえ直そうとする動きが現れたことだ。社会心理学者S.アイエンガーらは2012年の論文でその観点を明確に打

1　なお，一般市民の分極化（mass polarization）よりも前から，政治家などの政治的エリート層の分極化（elite polarization）を指摘した研究が，1980年代なかばにはあらわれている（Poole and Rosenthal 1984; Nice 1984など）。

ちだし，各種の調査データを用いながら，共和党・民主党の支持者それぞれのあいだで，相手政党・党員への好感度（感情温度）が下がり続けていること，また，党派的感情温度と政策争点へのイデオロギー的態度との関連は弱く，独立性が高いことなどを明らかにしている（Iyengar et al. 2012）。

　もっとも，この研究に対しては，自分の政治志向に反する政党・党員を嫌悪しているのか，そもそも政党（に属する人物であること）に象徴される党派性の強さを嫌悪しているのかが弁別されていないという批判もあり（Klar et al. 2018），アイエンガーらもその批判の一部を認めている（Iyengar et al. 2019）。

　しかしながら，政策争点ベース（issue-based）と感情ベース（affection-based）の分極化を，理論的・実証的に区別しうるという観点そのものは否定されていない。この観点は，とりわけ本章の問題関心にとっては重要である。争点ベースの分極化と感情ベースの分極化では，ネット利用の及ぼす影響が異なる可能性も考えられるからだ。あらかじめ述べておくと，第5節・第6節ではこの区別にもとづいた分析を行う。

2 ネットと政治的分極化

情報の選択的接触と分極化

　アメリカで分極化論争が活発化した2000年代後半は，情報環境の変化が分極化に及ぼす影響という，また新たな論点が現れた時期でもあった。

　ここでいう情報環境の変化には，もちろんインターネットの広汎な普及が含まれるが，同時にまた，ケーブルテレビをはじめとする多チャンネル化した放送メディアにも，少なからぬ研究関心が向けられていた（Garrett 2006; Mutz 2006 など）。アメリカでは2005年には，ケーブル回線または衛星回線によるテレビ放送の受信世帯率が85％を超え，平均して約100チャンネルが視聴可能になっており（Prior 2007: 2），個々人の好みや興味関心（先有傾向〔predisposition〕）にフィットした情報へのアクセスがより容易な環境を提供していたからである。

　こうした視聴可能なチャンネル選択肢の増大は，ネットと同様に，個々人の好みや興味関心に応じた情報への選択的接触を容易にする。政治学者 M. プライアは，そのことが人びとの政治意識・行動におよぼす影響を，2つの段階に分けて

論じている（Prior 2007）。

　1つめは，政治に対する知識や参与度の差を拡大する効果である。自らの興味に応じた選択的接触の容易な情報環境のもとでは，政治への関心の高い者は政治関連のニュースや言論により多くアクセスするようになる。逆に，政治関心の低い者は，むしろエンターテインメントへの傾斜を強め政治情報から遠ざかる。かつてのように，つけっぱなしのテレビ視聴や習慣的な新聞講読から，なかば受動的に政治のことを知るような機会が薄れるためだ。プライアの分析によれば，実際に，エンターテインメントを好む層ほど，ネットやケーブルテレビの利用は政治知識の減少につながっており，投票参加行動も低下させるという結果が導かれている（ibid.: 113–23）。[2]

　情報の選択的接触の容易さがもたらす2つめの影響は，上記のような過程をとおして政治関心の低い層の投票参加が減ることにより，政治関心の高い層の意向が選挙結果や政治動向に反映されやすくなることだ。政治関心が高いほど，保守（共和党）か／リベラル（民主党）かの選好もより明確に分化するため，その懸隔が表立つようになり，あたかも政治的分極化が進んだかのように錯覚されることになる。プライアはこの点では，実態として大きく分極化が進んだわけではないというフィオリナ寄りの立場をとる。しかし一方で，有権者全体が多少なりとも実質的に分極化しつつあることも認めており，選択性の高い情報環境の広まりがそのことに影響している可能性は排除できないと，慎重な留保をつけてもいる（ibid.: 247）。

　これに対して，政治関心の低い層への影響についてはプライアと見方を共有しつつも，高関心層に対する分極化効果をより積極的に想定したのが，本書の第1章でも紹介されたW. L. ベネットとアイエンガーによる「新時代の最小効果　a new era of minimal effects」説である（Bennett and Iyengar 2008）。その理路は，およそ次のようにまとめられる。

　2　社会心理学者の稲増一憲は，本書第7章の筆者でもある三浦麻子との共同研究において，日本の大学生を対象としたウェブ調査を行い，娯楽志向と結びついたニュースアプリやTwitterの利用が政治知識・国際知識の差を拡大する効果をもつことを明らかにしている（稲増・三浦 2016）。ただし一方で，ポータルサイトや「2ちゃんねる」まとめサイトなどには，差を縮小する効果が認められている。また小林哲郎らのフィールド実験でも，娯楽志向のポータルニュースサイト利用であっても意図せぬ政治知識の習得につながる可能性を示唆する結果が得られている（Kobayashi et al. 2020）。

すでにふれたように，政治関心の高い層はイデオロギー選好がより明確で，党派性が強い。一方，マスメディアの報道は，ボリュームの大きい中庸層・穏健層を主要ターゲットとするため，理念上のみならず，市場原理上も「中立」を志向せざるをえない。しかし保守にせよリベラルにせよ，党派性の強い層にとっては，それがむしろ対立党派への偏向と映る。そのため，彼ら彼女らはマスメディアを敵対的に認知し，そのニュースに接することを避け，自分と同じ向きの党派性を強く打ちだしたケーブルテレビチャンネルやインターネットサイトに好んで接するようになる。このようにして，選択的接触の容易な情報環境は，保守／リベラルそれぞれの先有傾向を強化し，分極化させていく，というのである。

選択的接触論への批判

　この「最小効果」説に対しては批判もある。R. L. ホルバートら (Holbert et al. 2010) は，プライアやベネットらのように，エンターテインメントへの接触を政治的情報の回避と同一視する見方に対して，アニメや娯楽系ソフトニュースでも政治的なトピックがしばしば扱われることなどを指摘した先行研究を引いて反論している。また，ネット上でもイデオロギー選好に反した情報接触が生じていることを示した先行研究もあり，選択性の高い環境が自分と同じ方向性をもつ政治情報ばかりへの接触をもたらすかどうかについては，多分に議論の余地があるとする。

　くわえてホルバートらは，精緻化見込みモデル (Petty and Cacioppo 1986) の観点から，近年の情報環境の変化が，情報の選択的接触・回避を介さずに，分極化をうながす可能性を示唆している。この理論モデルによれば，政治的イシューに高い関心（動機づけ）と理解（認知能力）をもつ者ほど，政治関連の情報をより詳細に処理し，自らの政治的信念を精緻で強固なものにしていくと考えられる。ネットに代表される多様で細分化された情報環境からは，従来よりも多くの詳細な情報を容易に引きだすことができる。そのため，政治関心・知識の高い層は自らの信念を強化しやすい。また，自分とは反対側の意見に接したとしても，精緻化された強固な信念体系は影響を受けにくい。選択的接触・回避を経ずに分極化が生じる可能性を，ホルバートらはおおよそこのように説明する。

　ベネットらとホルバートらの論争はいまだ決着をみておらず，ここではこれ以上深入りしないが，その後の実証研究では，ネットで自分のイデオロギー選好と

反対の意見に接することが、むしろ先有傾向を強化し（バックファイア効果）、分極化をうながすことを示唆したものもあらわれている（Bail et al. 2018）。つまり、情報の選択的接触（および回避）によらずに分極化が生じることは、理論的にも実証的にも十分想定しうるのである。しかし残念ながら、今なお大半の研究において、この選択的接触によらない分極化の可能性は等閑視されてしまっている。

　次節では、ここまでレビューしてきた先行諸研究の重要ポイントと照らしつつ、日本での先行研究に批判的検討を加え、それをとおして、調査データによる分極化の検証に必要な分析枠組・方法を導いていく。

3 「ネットは社会を分断しない」？

日本の先行研究とその問題点

　日本の場合、調査データにもとづいて、ネット利用の分極化効果を検証した先行研究は、管見のかぎりでは 1 点しかない。『ネットは社会を分断しない』と題して公刊された、計量経済学者の田中辰雄と浜屋敏による研究がそれである（田中・浜屋 2019）。彼らはいくつかのウェブ調査を行い、そこからおもに 3 つの論拠を引きだしつつ、書名のとおり、ネットによる政治的分極化を否定する結論を導いている。

　しかしながら、その調査設計・分析枠組は数多くの（そのうちいくつかは致命的な）問題点を含んでおり、結論の妥当性と信頼性もおよそ疑問視せざるをえない。彼らが提示する 3 つの論拠にそって、順にその問題点を指摘していこう。

　1 つめの論拠は、ネットでの選択的接触に関する 2019 年のウェブ調査の結果である。それによれば、「ツイッターとフェイスブックで接する論客の 4 割程度は自分と反対意見の人」だという（ibid.: 142–3）。ブログ・ネット雑誌についても同様だったことから、全体的にネットでの選択的接触傾向は弱いと田中らは評価する。しかし裏を返せば、自分のイデオロギー選好と同じ論客に接する比率のほうが相対的には高く（単純計算で 6 割）、どの程度の比率であれば「弱い」といえるのか、その基準は明確にされない。また、イデオロギー傾向の強いユーザほど、

　3　ひとつの相対的比較基準として「テレビ・新聞では、クロス接触率が 0% の人、すなわち

反対側の論客やブログに接する「クロス接触率」が低下する（選択的接触が強まる）にもかかわらず，それよりも「クロス接触率は 0.2 程度で下げ止まっている」ことが強調され，「接する論客のうち 2 割が自分と反対意見の人というのは，かなり高い数値」だろうとみなされる（ibid.: 167）。

　こうした恣意的な解釈・評価以上に問題なのは，同書全体をつうじて，選択的接触が分極化の必要条件であるかのように議論が展開されることだ。前節でみたように，選択的接触を介さずに分極化が生じる可能性は，理論的にも実証的にも確認されている。にもかかわらず，それらの先行研究の系譜はまったく顧みられないのである。

　2 つめの論拠とされるのは，若年層よりも中高年層のほうが政治的に分極化していることである。田中らは，2017 年に実施した 10 万人規模のウェブ調査において，10 の政治争点に対する賛否をたずね，その回答をもとに保守／リベラルの分極化の指標となる尺度変数を作成し，その分極度の値が中高年ほど高くなることを示す。そして，「これはネット原因説と矛盾する」「なぜならネットを最も使っているのは若年層だからである」と主張する（ibid.: 93）。

　同様の知見はアメリカの実証研究でも得られているが（Boxell et al. 2017），しかし，若年層と中高年層を，単純にネットをよく利用するか否かに結びつけて比較するこの論法は，注意すべき第三の要因を無視することで成り立っている。政治関心という要因である。

政治関心という第三の要因の重要性

　一般的に，政治への関心は加齢につれて増加する。実際，日本でもアメリカでも，国政選挙の投票率はここ数十年にわたって一貫して高年層ほど高い[4]。また，前節までの先行研究レビューでみたように，政治関心・知識の高低は分極化の強弱をもたらす有力な要因でもあった。

完全にリベラル系のみ，あるいは保守系のみのメディアを見ている人が 32％ もいる」（田中・浜屋 2019: 171）ことがあげられてはいるが，一方で「テレビ・新聞の場合，クロス接触率が逆にかなり高い人がいる」（ibid.: 173）ことも認めている。田中らはクロス接触率の極端に低い者の割合を，選択的接触の強弱の基準と考えているようにも読めるが，少なくともそれを基準とするのが適当かどうかはそれ自体，論証を要するだろう。

4　たとえば『Innovation Nippon 2016 研究報告書　米国大統領選挙に見る「IT と選挙」のイノベーション』（国際大学 GLOCOM，2017 年 1 月）pp.3–4, 7 を参照〔http://www.innovation-nippon.jp/reports/2016IN_Report_IT_and_Election.pdf：2020 年 9 月 24 日閲覧〕。

したがって，政治関心の高い中高年層が若年層より分極化しているのは，なかば当然の結果なのだ。仮にネット利用が分極化効果を有していたとしても，政治関心という要因がもたらす以上の強大な効果でなければ，若年層の分極度が中高年層を上回ることはない。ダイエットのために運動したとしても，摂取する以上のカロリーを消費しなければ体重は減らないが，だからといって，運動が減量効果をもつことと「矛盾する」わけではない。それと同じことである。

　3つめの論拠は，先の10万人調査の回答者に対して半年後に行われた追跡調査の結果から導かれる。田中らは，その半年間にFacebook・Twitter・ブログを利用しはじめた者と利用しないままだった者を「差の差分析（difference-in-difference）」という手法で比較分析し，ソーシャルメディアの利用開始によって分極度が高まる形跡は全般的にみられなかったこと，部分的にはむしろ「穏健化」する傾向が認められたことを明らかにしている。

　これは本来なら，ネット利用の分極化効果を否定する最も強力な根拠となりえたはずだが，しかし残念ながら，ここでの分析枠組もまた重大な欠陥をいくつもかかえている。

　すでにみたとおり，アメリカでの先行研究は，ケーブルテレビも含めて細分化・多様化した情報環境の総体が，政治的分極化をうながすと想定していた。日本の場合，ケーブルテレビまで注視する必要は薄いにせよ，ソーシャルメディアのみに分析を集中させる意味はない。むしろネット総体の利用時間・頻度が分極化をうながすかを，まず検証すべきだろう。

　また，差の差分析で検証できるのは利用開始の影響のみで，継続利用や利用の増減がおよぼす影響はわからない。さらには，「パラレルトレンドの仮定」という差の差分析に必須な前提要件を満たそうとして，政治関心から利用を開始した者を分析から除外するという，きわめて問題ある操作を加えている（op.cit.: 120-3）。これもすでにみたとおり，先行研究では，ネットの分極化効果を受けやすいのは政治関心の高い層と考えられている。田中らはその検証すべき当の対象を，逆に分析から外してしまっているのである。

5　そもそも非利用者12,682ケースに対し，Facebook／Twitter／ブログの利用開始者はそれぞれ378／742／2,374ケースとかなり少ない。つまり，それだけ特殊な層と考えられ，非利用者とのあいだにパラレルトレンドを仮定するには無理がある。

4 分極化の統計解析方法

分極度指標の問題点

田中らが分極度を測るために用いている指標変数にも，きわめて深刻な難点がある。先に紹介したように，彼らは憲法改正などの 10 の政治争点について賛否をたずね，それらの回答値を合算して，保守的だと正の，リベラルだと負の値になる尺度変数を，まず構成する。次に，それを絶対値に変換することで，保守にせよリベラルにせよ度合いが極端なほど値が高くなる変数（すなわち分極度の指標変数）を作りだすのである。

これは海外の先行研究でもしばしば用いられてきた手法であり（Brannon et al. 2007; Lee 2016; Boxell et al. 2017 など），一見うまいやり方に思えるものの，実際には多分に誤った解釈・結論を導く可能性をもつ。数理的には少なからず複雑な問題になるため，図 9.1 にわかりやすい例を示そう。分布形 [a] 〜 [d] は，それぞれ仮に 100 人を調査して，保守の極を + 2，リベラルの極を − 2，中間を 0 となるようにイデオロギー傾向を測った結果だとする。

この図でいえば，分布形 [a] が [b] に変化した場合が，分極化にあたる。これらについて先の指標値を計算すると，[a] は 1.00，[b] は 1.12 になり，このケースではたしかに分極度が上がっている。しかし，保守寄りの 1 方向のみに偏った [c] の場合（つまり分極化したわけではないケース）でも，指標値は [b] と同じく 1.12 になる。また，[d] も明らかに保守寄りに偏っているが，その指標値は 0.98 と [a] よりも低く，若干ながらも「中庸化」（もしくは「穏健化」）したことになってしまう。

このように，田中らの依拠している分極度指標からは，明らかに誤った解釈・結論が導かれかねないのである。辻・北村（2018）によれば，実際の調査データをこの指標をもとに分析した際にも，分極化とはみなせない分布形の変化を誤って解釈してしまうようなケースが存在することが明らかにされている。

こうした問題が生じるのは，ひとつには，絶対値変換によって正の向きと負の向きが区別されなくなることによる。つまり，分極化のような正と負の両方向への変化なのか，いずれか一方向への変化なのかが，この指標値では弁別できないのだ。また，そもそも正規分布のような左右対称で制約条件の多い分布形であっても，それを表現するには平均と分散の 2 つの変数値を要する。図 9.1 の [b]

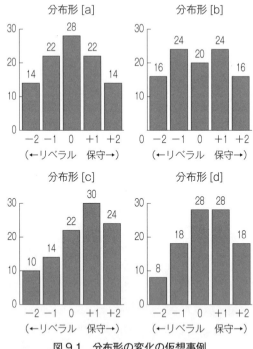

図9.1　分布形の変化の仮想事例

や［c］［d］のような正規分布をなさない分布形を区別して表現するには，さらに多くの情報（変数値）が必要となる。こうした情報の多くが1つの指標値に縮約されることで失われ，誤った解釈・結論を招くのである[6]。

それにもかかわらず，このミスリーディングな分極度指標が先行研究において用いられてきたのは，一般に調査データの解析によく利用される重回帰分析などの技法が，従属変数の平均値（1次積率）の変化しか推定できないことによるものと思われる。こうした伝統的な分析手法で，分布形（分散等の2次以上の積率）の変化をとらえようとすると，なんらかのかたちでそれを平均値に変換する必要に迫られる。そのための苦肉の策が，絶対値変換による分極度指標であったのだ。

一般化順序プロビットモデル

近年は，分位点回帰分析のように，分布形の変化をより直接的に推定できる解

6　ほかにも，分極度指標には，絶対値変換する際の基準値0をどう設定するかという問題がある。図9.1の分布形［c］を例にとるなら，イデオロギー傾向尺度の中点の値0をそのまま用いる以外に，分布の平均値0.44や中央値1を基準値0に読み替えることが考えられる。いずれが適切かは一意に決定できないが，仮に中央値1を基準値0として（つまりイデオロギー傾向尺度の値を−3〜+1に読み替えて）絶対値変換した場合，［c］の分極度は1.04になり，［a］は1.28となる。一方，本文中でみたとおり，イデオロギー傾向尺度の中点0をそのまま基準値とした場合の分極度は，［c］が1.12，［a］が1.00である。このように基準値の設定次第によって，分極度の高低（［a］＞［c］か，［a］＜［c］か）が逆転してしまう点でも，この指標は信頼性・頑健性を欠く。

析法も発展しており（分極化の検証への応用例としては，辻・北村［2018］を参照），問題含みの分極度指標をあえて用いる必要性は薄い。そこで次節以降で行う分極化の検証にあたっては，そうした解析法のひとつ，一般化順序プロビットモデルによる回帰分析を用いることにしたい。この技法の要点をかいつまんで説明しておこう。

　順序尺度を従属変数とした回帰分析では，通常，独立変数の及ぼす効果について「平行性の仮定」をおく。図9.1でいえば，いずれの値カテゴリ（−2〜＋2）に対しても，独立変数が同じ向きに同程度の変化を及ぼすと仮定するということだ。この制約を緩め，値カテゴリによって効果の正負の向きと程度が異なることを許容するのが，一般化順序プロビットモデルである。

　たとえば，独立変数が従属変数を図9.1の［a］から［b］へと分極化させる場合，−2と−1以上で値カテゴリを分割すると，より値の低い前者（−2カテゴリ）の頻度が増えることになる。すなわち，独立変数はこの分割点では負の係数値をとる。また，＋1以下と＋2の分割点では，より値の高い後者（＋2カテゴリ）の頻度が増えるので，独立変数は正の係数値をとる。それに対して，独立変数が従属変数を［a］から［c］へと変化させる（一方向的に変化させる）場合には，いずれの分割点においてもより高い値カテゴリの頻度が増えるため，どちらも正の係数値となる。このようにして，分極度指標では弁別できなかった分布形の変化を推定しうるわけだ。

5　ネットは政権支持を分極化するか

　では，いよいよ2019年全国調査のデータを用いて検証作業にとりかかることにしよう。このデータには，ネットの非利用者も含まれる点，無作為抽出による確率標本である点において，田中・浜屋（2019）のようなウェブ調査に限られたデータよりも統計的信頼性ははるかに高い。

7　ちなみに，分位点回帰は従属変数の尺度間隔が相当細かくなくてはならず，社会調査データのように多くても5〜7件法程度で回答を求める設問変数にはほぼ適用不可能である。それに対して，一般化順序プロビット（もしくはロジット）モデルでは，5件法程度の順序変数についても，実質的に同等の分析結果を得ることができる。

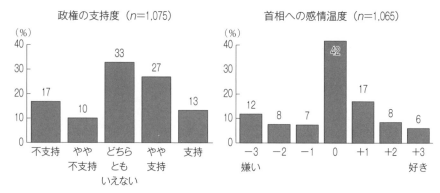

政権の支持度（n=1,075）　　　　　首相への感情温度（n=1,065）

図 9.2　安倍政権の支持度と首相への感情温度の相対頻度分布

安倍政権への支持度の分析

　本節ではまず，安倍政権の支持に関する分析を行う。2012 年の第二次安倍内閣の発足以来，支持率はおおむね高い水準を保ちつづけてきた。しかし，不支持が支持を上回った 2015 年の安全保障関連法案（いわゆる「解釈改憲」問題）や 2017 年のテロ等準備罪法案の成立時にみられたように，首相の強硬な右派的スタンスに対する左派の反発も大きく，各種の報道メディアおよび言論界は，親安倍派と反安倍派に二分される状況を呈していた。したがって，ネット利用が政治的分極化をうながすとすれば，政権の支持－不支持という局面に端的にあらわれるだろうと考えられるからだ。

　分析には先述のとおり一般化順序プロビットモデルを用い，安倍政権について「支持する」から「支持しない」の 5 件法でたずねた設問を従属変数とする。その回答の相対頻度分布を，次節で分析に用いる安倍首相についての感情温度と合わせて（最も好きを「＋3」，最も嫌いを「－3」として 7 件法で回答），図 9.2 に示しておく。ひとつ特徴的なのは，支持／好きの向きには頻度が漸減していくのに対し，不支持／嫌いは分布が極の側に偏ることだ。こうした否定的態度の成極化が安倍政権（首相）特有のものかはわからないが，印象論的には左派系のメディアや知識人の批判の激しさと符合するところがあろう。

　独立変数には，プライベート・余暇における 1 日あたりのパソコン・タブレットでのネット利用時間（以下，PC ネット利用時間），スマートフォン・携帯電話でのネット利用時間（MB ネット利用時間）の対数変換値，および 1 日あたりのテレ

表9.1　安倍政権の支持度に関する一般化順序プロビット分析の結果

カットポイント	(#1) 不支持 ／ やや不支持	(#2) やや不支持 ／ 中　間	(#3) 中　間 ／ やや支持	(#4) やや支持 ／ 支　持
PCネット利用時間（対数）	−0.093*	−0.057	0.001	0.141**
MBネット利用時間（対数）	0.025	0.025	0.025	0.025
テレビ視聴時間（対数）	0.012	0.012	0.012	0.012
新聞閲読頻度	−0.064	−0.064	−0.064	−0.064
男性ダミー	0.107**	0.107**	0.107**	0.107**
年　齢	−0.040	−0.069	0.040	0.117†
教育年数	−0.080†	−0.027	0.106*	0.028
暮らし向き	0.157***	0.157***	0.157***	0.157***
政治関心・理解	−0.148**	−0.108*	0.193***	0.288***
〔定数項〕	0.995***	0.629***	−0.257***	−1.212***

Nagelkerke R^2=0.164, −2LL=2952.01***, VIFs<2.04, n=1029

（注）　***p<.001, **p<.01, *p<.05, †p<.10

ビ視聴時間，新聞閲読頻度を用いる[8]。あわせて統制変数として，性別（男性ダミー），年齢，教育年数（学歴），暮らし向き[9]，そしてアメリカの先行研究において政治的分極化の重要な交絡要因と考えられてきた政治関心・理解を投入した[10]。

8　PC／MBネット利用時間は，平日1日と休日1日に分けて「まったく利用しない」から「8時間以上」の10件法で設問し，回答カテゴリの中央値（「まったく利用しない」は0時間，「8時間以上」は10時間に換算）を代入して，週の利用時間総計を求め，7で除した。テレビ視聴時間（平日／休日1日あたりを「まったく見ない」から「5時間以上」の8件法で設問）も同様の計算を加え，新聞閲読頻度は「まったく読まない」から「ほぼ毎日（1日に平均5分以上）」の6件法での順序回答値をそのまま用いた。

9　暮らし向きについては「余裕がある」から「苦しい」の5件法で設問した。別途，世帯年収についてもたずねているが，無回答が9.5%と多いため，欠損値が1.2%にとどまる暮らし向きを投入することとした。なお，世帯年収を投入した場合も，以下の分析ではおおむね同等の結果が得られることを確認している。

10　政治関心・理解については，「ふだんから政治に対して関心がある」「今の政治問題について，私は人並みに理解していると思う」「政治のことは複雑すぎて，自分にはよくわからない〔逆転項目〕」の3小問について，「そう思う」から「そう思わない」の5件法による回答値を標準化後に単純加算して尺度変数を構成した（クロンバックのα=.77）。なお，関連先行研究において政治関心と政治理解（もしくは内的政治的有効性感覚 internal political efficacy）は別箇の概念・変数として扱われることもあるが，それらは政治的洗練性（political sophistication）の一指標もしくは関連要因に位置づけられ（山﨑 2012；山﨑・荒井 2011），ここでの分析関心にとってとりたてて区別する必要もないため，単一の尺度変数とした。

表9.1が，安倍政権の支持度を従属変数とした分析の結果である。なお，より倹約性の高いモデルとするため，係数値に有意差が認められなかった変数には平行性を仮定する「部分比例オッズモデル」（Peterson and Harrell 1990; O'Connell 2006: 49–54）を採用し，また，独立変数は標準化したものを投入することにより効果量の大小を比較できるようにした[11]。

　そこに示されるように，PCネット利用時間には「やや不支持」を「不支持」に，「やや支持」を「支持」に傾ける効果（すなわち分極化効果）が，有意に認められる。「どちらともいえない」という中庸層を分極化させていない点も，第2節で見た先行研究から理論的に予想されるとおりである。また，こうした先有傾向の程度による効果の相違は，田中・浜屋（2019）の用いた分極度指標ではそもそも検証不可能であり，一般化順序プロビットモデルの方法論的優位を示すものであることを付記しておきたい。

　一方，MBネット利用時間には有意な効果がみられない。このように，パソコンとモバイルデバイス（スマートフォン）でのネット利用に効果の相違が生じる理由としては，後者の利用が娯楽や社交に偏る傾向にあることが考えられる。たとえばMBネット利用時間は，「エンタメ」系ネットニュースの接触頻度とは$r=0.41$，LINEでのメッセージ送信頻度とは$r=0.46$の高い正の相関を示すのに対し，PCネット利用時間はそれぞれ$r=0.15/0.09$にすぎない。ここではこれ以上追究できないが，今後の検討を要する点だろう。

　テレビ視聴時間と新聞閲読頻度はいずれも有意な効果をもっていない。これも先行研究から理論的に予想されるとおり，ネットよりも相対的に選択性の低い（あるいは政治情報の精緻化見込みの薄い）マスメディアは分極化効果が弱いことを示唆している。

　社会属性変数では，男性のほうが，また，暮らし向きがよいほど，政権を支持する一様な効果がみられるが，これら以上に係数値が大きいのが政治関心・理解であり，PCネット利用時間の効果量も上回っている。ここからも，政治的分極化を検証するにあたっては，田中・浜屋（2019）の軽視していたこの交絡要因の統制が不可欠であることがあらためて確認できよう。

11　ただし，従属変数は標準化していないため，いわゆる「標準化係数」とは異なることに注意されたい。分析はStata 16.1によりgologit2コマンドを用いて行った（Williams 2006）。有意性の検定はロバスト標準誤差による。

また，詳細な分析結果は割愛するが，PC ネット利用時間と政治関心・理解の交互作用項を追加投入すると，有意な正の係数値が得られる。つまり，政治関心・理解が高い層ほど，PC ネット利用の分極化効果が強まるということであり，これも第 2 節でみたベネットとアイエンガー，あるいはホルバートらの所説から，理論的に導かれるところと合致している。

因果の向きの確認

　さて，表 9.1 に示される PC ネット利用の政権支持に対する分極化効果は，必ずしもそのままの因果関係を意味するものとはみなせない。支持 – 不支持が極端な者ほど，ネットをよく利用するという逆向きの因果の可能性も考えられるからだ。いわゆる内生性（endogeneity）の問題である。

　これに対処するため，可処分時間（ふだん一日で自由に使える時間）とネットショッピング頻度を操作変数（IV: Instrumental Variable）とした因果推論を行っておきたい。[12] ただし，一般化順序プロビットモデルに操作変数法を適用しうる統計解析パッケージ（アルゴリズム）は開発されていないため，便宜的に，表 9.1 の各カットポイントごとに標本を分けた IV2 項プロビット分析[13]をくり返すこととした。

　結果は本章末尾の付表 9.a のとおりだが，当該独立変数（PC ネット利用時間）をそのまま投入した左半分の 2 項プロビットでは，なかば当然ながら表 9.1 とよく似た係数値が得られている。しかし，右半分の IV2 項プロビットでは符号の正負を含めて係数値が大きく変わり，有意性も消えている。

12　操作変数法の詳細は，森田（2014）などの統計的因果推論の入門書を参照。要点のみ略述すると，操作変数は，内生性の疑われる独立変数には影響を及ぼすが，従属変数には直接影響しないことを必要条件とする。ここでの場合，自由に使える可処分時間が長いほど，また，よくネットショッピングをするほど，ネット利用時間は長くなるだろうが，暇なことやネットショッピングが政権支持を変化させる直接の原因になるとはおよそ考えられない。にもかかわらず，これらの操作変数と従属変数が（見かけ上の）相関をもつとすれば，操作変数（たとえば可処分時間）→独立変数（ネット利用）→従属変数（政権支持）という因果連関を介して生じたことになる。他方，政権支持の極端さがネット利用をうながすという逆向きの因果の場合には，操作変数→独立変数←従属変数となり，操作変数の影響は従属変数に及ばないため，見かけ上の相関も生じない。このような相関（共分散）情報に生じる違いを利用して，因果の向きを推定するのである（辻 2019）。

13　なお，分析には W. ニューイ（Newey 1987）の有効 2 段階推定量（efficient two-step estimator）を用いた。ここで用いた操作変数（可処分時間の対数変換値とネットショッピング頻度）の強さについては，F 統計量が十分基準を満たすことを確認している（Paxton et al. 2011: 76–78）。

このように分析結果が変わってしまうのは，操作変数による推定が元の独立変数の有していた共変動情報の一部しか利用しえないことに起因するものであり（森田 2014: 233），元の独立変数が外生的であれば（内生性の問題が生じていなければ），それをそのまま投入した分析結果のほうが適切とみなしうる。そこで，当該独立変数の外生性を帰無仮説としたワルド検定を行ったが（Rivers and Vuong 1988），いずれのカットポイントの分析についても有意ではなく，外生性・・・・は棄却されなかった。

したがって，IV 推定の結果自体においては有意性が確認できなかったという留保つきながらも，ひとまず表9.1 の分析結果は，PC ネット利用が政権支持を分極化させる因果効果を示唆しているとみてよいだろう。

6 イデオロギーの分極化と党派感情の分極化

こうした政権支持の分極化については，第 1 節でふれたように，政策争点ベース^(イデオロギー)のものである可能性と感情ベースのものである可能性が考えられる。後者は比較的最近になって注目されはじめた論点のため，それに関するネットの影響を検証した先行研究は少ないが，たとえば Y. レルケスらは，アメリカの州・郡レベルでのブロードバンド回線の普及度データを用いて，その普及が党派的感情の分極化を高めたことを明らかにしている（Lelkes et al. 2017）。

日本において，ネット利用は，政策争点ベースと感情ベースいずれの分極化につながりやすいのだろうか？　最後にこのことを検証しておきたい。

政策争点ベースの分極化

政策争点ベース^(イデオロギー)の分極化については，憲法改正への賛否を従属変数とする。本調査直前の 2019 年参議院選挙でも，安倍首相は自民党総裁として改憲を公約に打ちだしており，政権下で長らく最も重要な論争点となってきたものであるから^(14)だ。また，一般に計量政治学研究では，いわゆる「左右」のイデオロギーを構成

14　ここで分析に用いる 2019 年全国調査データにおいても，安倍政権の支持度と憲法改正賛否（D.K. 回答「わからない」は欠損値化）は $r = 0.48$ と，「経済成長よりも財政赤字を減らす政策を優先」$r = -0.14$ や「夫婦別姓を認めるように民法を改正」$r = -0.13$ などよりも顕

する次元・因子として，欧米諸国では経済的争点が重視されるのに対し，日本では安全保障関連の争点（実質的に改憲問題を含む）の比重が大きいことが知られている（遠藤・ジョウ 2019: 45；中北・大和田 2020: 269–71）。また，谷口（2020: 55-8）が有権者調査データから項目反応理論にもとづいて構成した左右イデオロギー尺度においても，

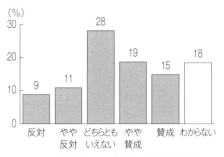

図 9.3　憲法改正の賛否の相対頻度分布

最大の識別力を示しているのは憲法改正への賛否であり，ここでの検証に最もふさわしい政策争点といえるだろう。

　本調査における賛否の分布を，図 9.3 に示しておく。回答選択肢には「わからない」を含めており，この選択率が無視できない値（18%）にのぼるため，分析にあたってはこれをどう扱うかがまず問題となる。態度保留者として「どちらともいえない」と合併することも考えられるが，これらのカテゴリ間では PC ネット利用時間やその他いくつかの統制変数に有意な差（連関）が認められたので，「わからない」と回答したケースは分析から除外することとした。

　表 9.2 が，前節と同様の一般化順序プロビットモデルを用いた分析結果である。PC ネット利用時間は（また MB ネット利用時間も）有意ではなく，政権支持度を従属変数としたときのような分極化効果は認められない。統制変数では，男性のほうが賛成に一様に傾き，政治関心・理解が賛否を分極化させる点は，政権支持の分析結果と似ているが，新聞閲読頻度に有意な効果が見られる（よく読むほど改憲に反対）点は異なっている。なお，「わからない」を「どちらともいえない」との合併カテゴリとして分析した場合も，これら有意な関連傾向は変わらなかった。

　また，分析結果の詳細は割愛するが，「夫婦別姓を認めるように民法を改正」「原子力発電の再稼働」「経済成長よりも財政赤字を減らす政策を優先」など，右派と左派で賛否の分かれる争点を従属変数とした場合も，PC ネット利用時間・MB ネット利用時間ともに分極化効果は認められなかった。PC ネット利用についてのみ係数値を抜粋しておくと，「夫婦別姓」については $b = 0.023$ で非有意，

著に高い相関値を示している。

表9.2 憲法改正の賛否に関する一般化順序プロビット分析の結果

カットポイント	(#1) 反対 / やや反対	(#2) やや反対 / 中間	(#3) 中間 / やや賛成	(#4) やや賛成 / 賛成
PCネット利用時間(対数)	0.007	0.007	0.007	0.007
MBネット利用時間(対数)	0.053	0.053	0.053	0.053
テレビ視聴時間(対数)	−0.020	−0.020	−0.020	−0.020
新聞閲読頻度	−0.152***	−0.152***	−0.152***	−0.152***
男性ダミー	0.173***	0.173***	0.173***	0.173***
年齢	0.040	0.040	0.040	0.040
教育年数	0.025	−0.070	0.052	0.084
暮らし向き	0.008	0.008	0.008	0.008
政治関心・理解	−0.201**	−0.061	0.176***	0.297***
〔定数項〕	1.271***	0.699***	−0.225***	−0.980***

Nagelkerke R^2=0.133, $-2LL$=2451.66***, VIFs<1.92, n=837
(注) ***p<.001, **p<.01

「原発再稼働」については b=0.102 の一様な正の効果（p<0.01），「財政赤字削減を優先」については b=−0.113 の一様な負の効果（p<0.01）である。

　概括すれば，ネット利用は，争点によっては賛否を右寄りに傾ける効果をもつが，左右に分極化することはないといえるだろう。[15]

感情ベースの分極化

　つづいて，感情ベースの分極化の検証に移ろう。これについては，安倍首相に対する感情温度（好悪）を従属変数にとる。政党や政治家への感情温度は，しばしば支持度の代理変数として用いられ，本調査データにおいても r=0.80 の高い相関を示す。そのため，基本的には政権支持度を従属変数にした場合と類似した分析結果になることが予想されるが，仮にネット利用が（政策争点よりも）感情ベ

15　また，安倍政権の支持度を従属変数とした分析に，統制変数として憲法改正への賛否を投入した場合にも，前節の表9.1に見られたPCネット利用時間の分極化効果を示す各係数値は大きく変わらない（不支持／やや不支持のカットポイントでの係数値は−0.123で p=0.02の有意性，やや支持／支持のカットポイントでは0.102で p=0.06の有意傾向）。このことからも，ネット利用による政権支持の分極化が政策争点ベースのものではないことが示唆される。

表9.3 安倍首相への感情温度に関する一般化順序プロビット分析の結果

カットポイント	(#1) 嫌い ／ やや嫌い	(#2) やや嫌い ／ 中間	(#3) 中間 ／ やや好き	(#4) やや好き ／ 好き
PC ネット利用時間（対数）	−0.184**	−0.087*	0.056	0.150**
MB ネット利用時間（対数）	0.089	0.003	−0.105†	−0.036
テレビ視聴時間（対数）	0.006	0.006	0.006	0.006
新聞閲読頻度	0.038	−0.058	0.006	−0.118*
男性ダミー	0.103**	0.103**	0.103**	0.103**
年 齢	−0.230**	−0.184**	−0.044	0.112†
教育年数	−0.129*	−0.030	0.056	0.056
暮らし向き	0.123***	0.123***	0.123***	0.123***
政治関心・理解	−0.193***	−0.096*	0.206***	0.273***
〔定数項〕	1.269***	0.630***	−0.508***	−1.147***

Nagelkerke R^2=0.195, −2LL=2820.14***, VIFs<2.05, n=1020
（注） ***p<.001, **p<.01, *p<.05, †p<.10

ースで強く作用するものだとすれば，その分極化効果は支持度を従属変数とした
ときよりも顕著にあらわれるはずだ。

　表9.3 が，その分析結果である（なお，図9.2 で見たように，首相への感情温度は
分布形に偏りがあり，また，これまでの分析の従属変数と順序カテゴリ数をそろえて5件
尺度にするため，−2 と−1，+2 と+3 をそれぞれ合併して「やや嫌い」「好き」とした）。
そこに示されるとおり，PC ネット利用時間には有意な効果が認められ，表9.1[16]
の政権支持度に関する分析結果以上に明瞭な分極化傾向があらわれている。とり
わけ「不支持／やや不支持」のカットポイントでの係数値−0.09 に対して「嫌い
／やや嫌い」では−0.18 と，否定的態度の極における懸隔が大きい。ネット利用
によって分極化が生じるには，嫌悪感あるいは敵対感情がフックになるのかもし
れないが，ここではひとまずその可能性を注記しておくにとどめたい。

　まとめよう。パソコンでのネット利用は，安倍政権の支持−不支持を分極化し
ていた。しかしながら，それはイデオロギーではなく党派感情への作用を介した

16　前節での政権支持度に関する分析の場合と同様，ここでも操作変数法によって，PC ネッ
ト利用時間→首相への感情温度という向きの因果を確認した（推定結果の詳細は割愛）。

分極化であると思われる。このことは，ネット社会における分極化の問題を，「感情の政治学」（吉田 2014）としてとらえ直す必要があることを物語っている。

　終章では，本書各章の知見と議論をふり返りながら，そのようなとらえ直しが含意するところをあらためて論じることにしたい。

付表 9.a　安倍政権支持に関する 2 項プロビット／IV2 項プロビット分析の結果

カット ポイント	【2 項プロビット】(*n*=1029)				【IV2 項プロビット】(*n*=1013)			
	(#1) 不支持 ／ やや 不支持	(#2) やや 不支持 ／ 中　間	(#3) 中　間 ／ やや 支持	(#4) やや 支持 ／ 支　持	(#1) 不支持 ／ やや 不支持	(#2) やや 不支持 ／ 中　間	(#3) 中　間 ／ やや 支持	(#4) やや 支持 ／ 支　持
PC ネット利用 　時間（対数）	−0.086†	−0.037	−0.003	0.132**	0.259	0.058	0.220	0.180
MB ネット利用 　時間（対数）	0.083	0.044	0.017	0.014	0.016	0.029	−0.026	0.009
テレビ視聴 　時間（対数）	0.070	0.013	0.003	−0.055	0.085	0.017	0.006	−0.051
新聞閲読頻度	−0.040	−0.054	−0.065	−0.071	−0.010	−0.041	−0.049	−0.061
男性ダミー	0.045	0.056	0.135**	0.211***	0.010	0.048	0.112*	0.207***
年　齢	−0.050	−0.081	0.040	0.132†	−0.043	−0.085	0.048	0.138†
教育年数	−0.096†	−0.049	0.104*	0.013	−0.126*	−0.056	0.079	0.019
暮らし向き	0.165***	0.157***	0.158***	0.170**	0.158**	0.159***	0.153***	0.167**
政治関心・理解	−0.097†	−0.080	0.157***	0.237***	−0.131*	−0.087	0.135*	0.228***
（定数項）	0.997***	0.628***	−0.262***	−1.232***	1.015***	0.635***	−0.260***	−1.222***

（注）　***p<.001，**p<.01，*p<.05，$^\dagger p$<.10

終 章

ネット社会と民主主義のゆくえ

辻　大介

『日本の分断——私たちの民主主義の未来について』と題した著作を，政治評論家の三浦瑠麗は次のように結んでいる（三浦 2021: 199–200）。

　　民主主義が当たり前になった結果として，社会の分断に注目が集まり，与野党による価値観の二極化が批判されているが，それが内戦ではなくゲームにとどまる限りにおいて存在意義を見直すべきではないだろうか。

　　人びとに政治参加を促し，政治を活性化させようと思うのならば，あらためて健全な分断とは何かを考えなければならない。分断を厭うのではなく，分断の中身を見極め，そして将来における分断のあり方を考えることが必要なのである。

　政治的な意見や党派が鋭く対立すること自体は，たしかに「厭う」べきものではあるまい。社会全体が異論なき一枚岩となることが，実質的には独裁体制のもとでしかありえないことからもわかるように，むしろそれは民主主義が「健全」に機能するために必要なことでもあろう。

　しかしここでは，「価値観の二極化」があっさり「分断」と等置されてしまっている。こうした等式はしばしば無批判に設定されがちであり，実証的インターネット研究のなかにも，素朴に「分極化と分断はほとんど同じ意味で用いる」（田中・浜屋 2019: 26）向きがある。

　そこでこの終章では，民主主義社会の「分断」と呼ぶにふさわしい状況とは（あるいは三浦の表現に引き寄せていえば，民主主義の機能不全をもたらす「不健全な分

201

断」とは）どのようなものなのか，このことをあらためて論じておきたい。合わせて，ここまでの各章の知見がそのような「分断」にどう関連するか，現状の日本のネット社会における「分断」可能性はどう見積もられるかについても整理していく。

1　ネット社会における意見接触の「分断」線

隔離型熟議の両面性

　序章でも引用したように，C.サンスティーンはネット上で「考え方の似たもの同士がもっぱら隔離された場所で交流」するエコーチェンバー現象により「社会分裂と相互の誤解が起こりやすくなる」ことを問題にしていた（Sunstein 2001 = 2003: 8）。ただし，彼は一概にエコーチェンバーを否定視するわけではなく，近著においても次のようなかたちでその肯定的側面にふれている（Sunstein 2017: 87）。[1]

　　　たとえば女性の発案はしばしば影響力に乏しく，「男女の入り混じった集団では完全に押し殺される」こともある。文化的マイノリティは，文化的に入り混じった集団での意思決定に，不相応なほど小さな影響力しかもたない。何かしらの地位の上下関係が避けがたく存在することを考慮するなら，さまざまな集団の成員がたがいに発言し，自分の見解を磨きあげられるような隔離型の熟議を容認することには意義がある。オンラインコミュニケーションは，これを容易にする点でとりわけ有益なのだ。

　古くはA.トクヴィル（Tocqueville 1835 = 2005）やその影響を強く受けたJ. S. ミル（Mill〔1859〕1991 = 2012）の論じるように，民主政はややもすれば「多数派の専制」の弊に陥る。サンスティーンは，その専制に抗する力をネット上のエコーチェンバーのもとで形成される「隔離型の熟議（enclave deliberation）」に認めてい

1　なお，これ以降の Sunstein（2017）からの引用は，邦訳書を参照しつつ，原文から訳出し直した。

るわけだ。

　しかし同時に，そこには「深刻な危険もある」と彼はつづける。その例として
あげられている「ナチズムやヘイトグループ，テロリズム，諸種のカルトの台
頭」をみれば，これについては多言を要すまい。では，隔離型熟議の利点を生か
しつつ，危険を避けるにはどうすればよいのか。

　　適切に理解されるならば，隔離型の熟議を肯定する論拠とは，それによっ
　て社会における熟議──民主主義的なものであれ，別種の〔たとえば科学的
　な：引用者注〕ものであれ──の向上が見込めることにある。……しかし，
　そうした向上が起こるには，諸成員は対立する相手側と断絶してしまっては
　ならない。最低限でも，そのような断絶のいかなる試みも，長期にわたるも
　のであってはならない。
　　　　　　　　　　　　　　　　　　　　　　　　　　　　　（Sunstein 2017: 89）

今日の自由民主主義論に大きな影響を与えたミルもまた，次のように述べる。

　　意見の違いがありうる問題の場合，真理は，対立し衝突し合う二つの意見
　をあれこれ考え合わせることによってもたらされる。自然科学の分野でさえ，
　同一の事実について，つねにまた違った説明を加えることが可能なのである。
　……そこでなぜ相手の理論は正しくないかを説明する必要がでてくる。その
　説明がなされないかぎり，また，その説明が得心のいくものでないかぎり，
　われわれは自分の意見でも根拠がわかっていないのである。
　　　　　　　　　　　　　　　　　　　　　　（Mill〔1859〕1991＝2012: 90）

　これらの所論をふまえるなら，民主主義社会を害するような「分断」としてま
ずは，①対立する意見に接触し比較考量する機会が失われること，をあげること
ができるだろう。仮に相対立する意見を「あれこれ考え合わせる」ことなく多数
決に委ねてしまうとすれば，正当化の根拠を欠いたまま多数派意見の専制が生じ
ることになるからだ。

　それゆえ，情報の選択的接触（をもたらすエコーチェンバー現象）は，政治的分
極化につながるかどうかとは別個に，それ自体が問題含みなのである。では日本
社会におけるネット利用の現況は，こうした①の「分断」をうながす可能性を，

どれくらい有しているのだろうか。

民主主義デバイドの問題系

　第2章の北村の分析によれば，ネット利用の一部には，政権に支持的／批判的な意見への選択的接触・回避をうながす有意な効果が確認された。これはやはり懸念すべき傾向ではあるが，効果量はけっして大きなものではなく，また全般的にみて，支持的意見によく接するほど，批判的意見にもよく接する傾向にあった。これらのことから，少なくとも，急速に政治的意見接触の「分断」が進む可能性は薄いとみてよいだろう。

　第8章の河井の分析においても，自分と異なる意見を遠ざけるような不寛容さが，ネット利用によって強まることはなく，むしろTwitterや5ちゃんねるの利用には寛容性を高める効果が認められた。確率標本データによる結果ではないため，今後さらに検証を要するものの，これも①のような「分断」可能性には否定的な知見といえるだろう。

　さて，民主主義の機能不全につながりかねない「分断」は，このほかにもいくつかある。序章や第9章第2節でふれた政治的な関心・知識・参与の格差もそのひとつだ。興味深いことに，サンスティーンはこの「民主主義デバイド」（Norris 2001）にはほとんど関心を寄せない。それは，彼がリベラルな民主主義を基調としながらも，“#Republic”という原著名が物語るように，共和主義の観点を強く打ちだすことと，おそらくは関係している。

　共和主義は「倫理的，道義的に優れており，それに基づいて社会的事柄に関して的確な判断ができる人物こそが，政治的影響力を持ち，公益あるいは公共善を追求すべき」（待鳥 2015: 25）と考える。したがって，これを満たさないような者（そこにはそもそも公的な事柄や問題への関心・知識をもたない者も含まれよう）に対して，政治に参与する資格を積極的には認めない。もちろんサンスティーンの場合，だからといって政治に無関心・無教養な市民の排除を唱えるわけではないが，関心をもち知識を身につけようとすべきことは，明言するまでもない当然の市民的義務とみなしているように思われる。

　こうした共和主義的な見方には，たしかに一定の説得力があろう。政治に関心をもたず，参与しようともせず，そのことによって何か不利益を被ったとしても，それはまさに「自己責任」ではないか。あるいはまた，市民的徳性や政治的教養

を欠く大衆の参与によって民主政が衆愚政に陥るよりも，社会全体の「公共の福祉」に配慮できるエリートたちによる賢人政（エピストクラシー）のほうが，そこに参与しなかった人びとにとってすら，望ましい政治的意思決定をもたらしうるのではないか。

2　ネット社会における政治参与の「分断」線

自己責任論の隘路

　ミルもまたかつて，これに近い見解をとり，高等教育を受けた者などには複数票の投票権を与えることを主張していた（Mill 1861 = 1967: 283-4）。それに対して政治哲学者の D. エストランドは，次のような「人口統計学的異議（デモグラフィック）」を唱える。

> 　私たちの社会において，こうした学位をもつ成員は，特定の人種・階級・（かつては）ジェンダーへの偏りがあることが知られている。議論の便宜上，誰もが他者の利害を無視するよりは善意をもってふるまうものだとしよう。だとしても，自らの人種・階級・ジェンダーからバイアスを受けることは避けがたい。ある一部の集団に割増投票権を与えることは，そうしたバイアスの影響に拍車をかけることにしかならず，期待されるべき集団的意思決定の質を損なってしまう。
>
> （Estlund 2008: 215）

　この議論を敷衍するなら，政治関心や参与度の低さも同様に，社会的ヒエラルキー構造によって規定されている面があるのだから，一概に「自己責任」に帰するわけにはいくまい。表 10.1 は，2019 年全国調査データをもとに，政治関心と投票参加（同年の参議院選挙に投票したか否か）について分析したものだが，女性・若年層・低学歴層という社会的により弱い立場にある人口統計学的属性（デモグラフィック）がそれらの低調さに結びついていることがみ

表 10.1　政治関心と投票参加に関する順序／2 項プロビット回帰分析の結果

（係数値は標準化後 β）	政治関心 （n=1062）	投票参加 （n=1031）
男性ダミー	0.214***	0.072†
年　齢	0.305***	0.290***
教育年数	0.201***	0.180***
暮らし向き	0.044	0.062
Nagelkerke R^2=	0.166	0.095

（注）　VIFs<1.08（***p<.001，†p<.10 の有意性）

図 10.1　政治参与の「分断」に関するミクロ–マクロ・リンク

てとれよう。

　つまりそこには，②社会的弱者の声が政治に反映されにくく，強者の声は反映されやすいという「分断」の可能性（いわゆる過小／過大代表〔under- / over-representation〕の問題）が示されているのであり，それが生じる構造を，第1章で鈴木が用いたコールマン・ボートにならって図式化すれば，図 10.1 のようになろう。

　このマクロレベルでの政治における過小代表という状況が，ミクロレベルで社会的弱者の政治関心・参与意欲をさらに失わせていくとすれば，弱者の声はますます消音されることになる。[2] またサンスティーンの立脚するような，市民間の熟議をより直接的に政治に反映させようとする熟議民主主義においては，代議制（間接的）民主主義以上に，こうした声の格差が政治や政策への過小／過大反映に直結しかねない面もある。

強い声と弱い声のデジタルデバイド

　では，この②強い声と弱い声の「分断」に，インターネットはどう関係してくるのだろうか。第3章の小笠原の分析によれば，現在の日本社会においても人口統計学的属性に規定されたデジタルデバイドが存在しており，それが政治関心や政治的有効性感覚の差とも連関していた。このことからすれば，デジタル格差はネット社会における声の「分断」と結びつきやすい面をもつといえるだろう。

　この点で，第7章の三浦の分析が提示した，SNS利用が他者への一般的信頼

　2　詳細は割愛するが，2019 年全国調査データの分析結果から一例をあげると，男性・高学歴・富裕層ほど，競争主義的な経済格差の容認傾向が強い。彼ら社会的強者の声がより政策に反映されるとすれば，図 10.1 の過程をとおして弱者の声はますます消音される悪循環が実際に生じうるだろう。

を高めるという知見は，実はアンビバレントな含意をもつ。政治学者 E. アスレイナー（Uslaner 2002）が明らかにしているように，一般的信頼は種々の中間集団・自発的結社への市民参加をうながす効果をもち，「民主主義を機能させる」（Putnam 1993＝2001）ようにはたらく。われわれの 2019 年全国調査でも，一般的信頼と政治関心／投票参加は，弱いながらも有意な $r＝0.10／0.12$ の正の相関を示す。

　ネット（SNS）利用が他者一般への信頼を高めるのであれば，したがって市民の平均的な政治参与度が上がり，より「民主主義を機能させる」ことが基本的には期待される。なかでも若年層は，第 6 章で浅野も確認しているように，相対的に政治関心が低いわけだが，彼ら彼女らの活発なネット利用が政治関心をうながすならば，世代間の②過小／過大代表の「分断」は縮小していくかもしれない。

　他方で，マスメディアの低落にともなって，ネット利用の格差は，（一般的信頼やその他の媒介要因をとおして）今後さらに政治参与面の格差との結びつきを強めていくだろうと考えられる。とりわけ現状では，政治参与とネットでの政治的情報接触の双方に関連する学歴面での「民主主義デバイド」の拡大可能性が懸念される。

　そして，こうした②の「分断」線の上に（つまり政治参与度の高い層に）生じるのが，第 9 章で取り上げた，③政治的分極化であった。その検証結果によれば，ネット利用は，安倍政権支持および首相への感情温度（好悪）を二極分化するように作用していたのだった。

　しかしながら本章冒頭でも述べたように，分極化が進み，意見の対立が深まること自体をもって，民主主義にとって「不健全な分断」であるとは必ずしもいえない。対立意見にも耳を傾ける（＝選択的接触・回避をしない）ような寛容性さえあれば，むしろ望ましいことかもしれない。だがおそらく，それでもなお問題は残る。

　次節では，2019 年全国調査のデータから分析をひとつ補足したうえで，このことを論じてみたい。

3 ネット社会における感情対立の「分断」線

「分断」・不寛容・選択的接触

　表10.2 は，第9章で行った安倍政権の支持に関する一般化順序プロビット分析（表9.1）に，3つの独立変数を追加投入した結果である。追加したのは，安倍政権に肯定的な意見への接触頻度，否定的な意見への接触頻度，そして，自分と異なる意見への不寛容さだ[3]。

　まず追加変数の効果について確認しよう。当然のことながら，政権肯定的意見への接触は支持度を上げる正の係数値を，否定的意見接触は支持度を下げる負の係数値を，それぞれ有意に示している。一方，異なる意見への不寛容は，それ自体では（主効果としては）有意な効果をもたず，政権支持度を上げも下げもしない。

　しかし，政権に肯定的／否定的な意見接触との交互作用項に着目すると，それぞれ正／負の有意な効果が認められる。つまり，自分と違う意見に不寛容なほど，肯定的意見への接触が政権支持に結びつきやすく，否定的意見への接触が不支持に結びつきやすいということだ。これは実質的には，異なる意見に不寛容だと，肯定的／否定的意見いずれかに接触が偏りやすく，そうした選択的接触が政権の支持－不支持の分極化につながっていることを示唆している。

　ここからが本題である。ネット利用が，そうした不寛容や選択的接触を介して分極化をもたらしているのであれば，これらの変数を追加投入することによって，第9章（表9.1）でみられたPCネット利用時間の効果は消えているはずだ。しかし表10.2 に示されるとおり，カットポイント#1〈不支持－やや不支持〉では10%水準（$p=0.06$）の，#4〈やや支持－支持〉では5%水準（$p=0.03$）の有意な分極化効果が，依然として認められるのである。

　第2章で示されたとおり，たしかにネットは選択的接触をうながす面をもつ。だが，選択的接触を介した分極化効果は，あったとしても微々たるものにすぎず，

3　政権肯定的な意見接触については「安倍政権は選挙で支持を得て，民主主義にもとづいた政治を行っている」という意見を読んだ・聞いた頻度を，否定的意見接触については「安倍政権は批判的意見に耳を貸さず，民主主義に反している」という意見を読んだ・聞いた頻度を，それぞれ「よくある」から「まったくない」の4件法でたずねた回答値を用いた。異なる意見への不寛容については，「自分と考えの違う人の意見はあまり聞きたくない」という項目に「あてはまる」から「あてはまらない」の5件法でたずねた回答値を用いた。

表10.2　安倍政権の支持度に関する一般化順序プロビット分析の結果（追加変数投入後）

カットポイント	(#1) 不支持 ／ やや不支持	(#2) やや不支持 ／ 中　間	(#3) 中　間 ／ やや支持	(#4) やや支持 ／ 支　持
PC ネット利用時間（対数）	$-0.091^{\dagger}$	-0.022	-0.004	0.112^{*}
MB ネット利用時間（対数）	0.028	0.028	0.028	0.028
テレビ視聴時間（対数）	-0.014	-0.014	-0.014	-0.014
新聞閲読頻度	-0.080^{*}	-0.080^{*}	-0.080^{*}	-0.080^{*}
男性ダミー	0.108^{**}	0.108^{**}	0.108^{**}	0.108^{**}
年　齢	0.017	0.017	0.017	0.017
教育年数	-0.055	0.005	0.112^{**}	0.018
暮らし向き	0.150^{***}	0.150^{***}	0.150^{***}	0.150^{***}
政治関心・理解	-0.184^{**}	-0.118^{*}	0.148^{**}	0.271^{***}
政権肯定的な意見接触	0.333^{***}	0.333^{***}	0.333^{***}	0.333^{***}
政権否定的な意見接触	-0.296^{***}	-0.370^{***}	-0.121^{*}	-0.188^{**}
異なる意見への不寛容さ	0.035	0.035	0.035	0.035
〈交互作用項〉				
不寛容 × 肯定的接触	0.091^{*}	0.091^{*}	0.091^{*}	0.091^{*}
不寛容 × 否定的接触	-0.097^{*}	-0.097^{*}	-0.097^{*}	-0.097^{*}
〔定数項〕	1.050^{***}	0.660^{***}	-0.258^{***}	-1.251^{***}

Nagelkerke $R^2=0.243$, $-2LL=2809.71^{***}$, VIFs<2.06, $n=1011$

（注）　$^{***}p<.001$, $^{**}p<.01$, $^{*}p<.05$, $^{\dagger}p<.10$

ネット利用が政治的分極化につながるおもな回路は別にある。表10.2の分析結果は，そのことを示唆している。

　では，その別の回路とは何なのか。有力な候補と考えられるのが，第9章でも述べたように，「感情」を介した分極化である。

「分断」と「感情」

　マスメディアの報道は，まがりなりにも公正中立を建前とする。のみならず，放送の場合，日本では法的にも「政治的に公平」なこと，「事実をまげない」ことが求められる（放送法第4条）。それに対して，ネットはそうした制約を受けない。よくも悪くもきわめて自由な表現の場だ。そのため，たとえば「殺せ」「死ね」といった感情的な煽り文句もしばしば安易に用いられる。[4]

　こうしたネットの特性が政治的な対立軸に投影されるならば，感情ベースの分

極化が昂進されるだろうことは想像にかたくない。また，この感情を介した分極化の回路は，対立意見の回避よりむしろ，それに接触することによって開かれるのである。

社会心理学的な実験研究では，自分の考えとは反対向きの説得を受けると，かえってもともとの考えを強めるような逆効果をきたす場合があることが知られている（古典的なところでは Kelley and Volkart〔1952〕など）。自分の考えを否定されることが反発感情を生み，むしろ自らの意見に固執させかねない面をもつのは，日常的な経験・感覚からもうなずけるところだろう。

政治心理学者の D. レドラスクは，大統領予備選挙を模した実験研究を行い，自分の好きな候補者については否定的な情報に接してもむしろ好評価を強めること，それが投票結果にも影響することを明らかにしている（Redlawsk 2002）。また D. ウェステンらは，共和党員・民主党員を対象とした実験から，自分の支持する候補者の言動の矛盾を示す情報に接した場合は，矛盾を否定する「動機づけられた推論」が行われがちで，その際には情動反応と関連する脳領野が活性化していたことを報告している（Westen et al. 2006）。

こうした反対意見接触の逆効果は，現在のインターネット研究では「バックファイア効果」と呼ばれており，サンスティーンも近著ではそれにふれて「これまでのさまざまな研究によれば，人びとの情報接触のバランスがとれていれば中庸に向かうとはかぎらないこともまた，残念ながら確証されている」と，やや困惑ぎみに述べている（Sunstein 2017: 92）。[5]

感情ベースの分極化の危うさは，ひとつには，市民レベルでの政治党派的な反目が，交友や恋愛・結婚，商取引の相手の選択といった私的領域での「分断」にまでつながりかねないことにある（Iyengar et al. 2019: 136-9）。もうひとつは，対立意見に接したとしても，感情的に自らの考え・評価に固執し，十分に比較考量することがないのであれば，結果的にそれは，①の選択的接触によって生じる「分

4　なかば公人性を帯びるジャーナリストや知識人でも，ネット上のこうした発言事例には枚挙にいとまがない。たとえばフリーアナウンサーの長谷川豊は，2016年に「自業自得の人工透析患者なんて，全員実費負担にさせよ！　無理だと泣くならそのまま殺せ！」と題した投稿を自らのブログとニュースサイトに掲載。政治学者の白井聡は，2020年の安倍首相辞任表明を受けて「泣いちゃった」と述べた芸能人に対し，「醜態をさらすより，早く死んだほうがいいと思いますよ」と SNS で言及。いずれも批判を受けて削除している。

5　ちなみに改訂前の旧版（Sunstein 2001）には，このバックファイア効果（社会心理学の伝統的な名称では「ブーメラン効果」）について取り上げた箇所はない。

断」と変わるところがないのではないか，ということだ。換言するなら，①が相対立する声を受動的に耳に入れる（hear）回路の「分断」であるのに対して，③は声の響きに積極的に耳を傾ける（listen）回路の「分断」ということになろうか[6]。

4 「分断」のミクロ−マクロ・リンク再考

イデオロギーなき時代の「分断」

政治学者の村井良太は，新聞取材に答えて，安倍政権を次のようにふり返っている（『朝日新聞』2020年9月15日付朝刊）。

> 安倍氏も保守派の代表として登場しましたが，冷戦下のような明確な対立軸は見えづらかったのではないか。歴史修正主義的な立場を取れば「保守」であるかというと，そう単純でもなく，安倍氏には「敵と味方」をはっきり分ける姿勢が目に付きました。それは本人の個性であると同時に，時代に適応しようとしたのかもしれません。

ネットが触媒となってうながす感情ベースの分極化もまた，「冷戦下のような明確な対立軸」のない状況下で，安倍首相をめぐる「敵と味方」の対立軸にそって結晶していった。表10.2の分析結果は，そのことを物語っているように思われる。

ここでようやく，第1章で鈴木が提起した問題にも答えることができる。鈴木は社会学的観点から，ベネットとアイエンガー（Bennett and Iyengar 2008）の理論枠組に批判を加えつつ，次のように論じていた（p. 18）。

> ……人びとが社会の影響から切り離された状態で先有傾向に従って，特定の態度を強化していくとするなら，その方向性は社会全体で見たときにランダ

6　これとパラレルに，寛容性にも，①他者への不干渉を旨とする「市民的無関心（civil inattention）」に相似したゴフマン的な寛容性と，③他者の尊重を旨とする「人格崇拝（culte de la personnalité humaine）」にむしろ近いデュルケーム的な寛容性が区別できるかもしれない。

ムなものになるのではないだろうか。人びとが個人的に選択した行為が，社会全体で見たときにある二極に偏るのだとしたら……人びとが「共和党と民主党は対極にある」という社会的フレームを共有していなければ，そのような結果は生じないはずだ。……すなわち，党派的なメディアやインターネットに個人の先有傾向を強化する効果が認められたとしても……その効果だけを単純に合成しても，社会の分極化が生じるとはかぎらない。

　ネットに個々人の「先有傾向を強化する効果が認められ」ることは，すでに見たとおりだ。ただし，そこから生じる社会全体の分極化は，安倍首相への支持不支持（もしくは好悪）という対立軸に即したものであり，長らく日本における右派と左派のイデオロギー対立の中心的争点をなしてきた憲法改正についてすらネット利用による分極化は生じていないのであった。

　それは，ひとつには「冷戦下のような明確な」イデオロギー対立軸が失われたからだろう。鈴木の引いている吉川徹（2014: 221）も，調査データの分析から「かつての伝統－近代主義の地位に取って代わる，新たな社会意識の基軸が見いだせない」ことを示し，「特定の『○○主義』の軸上のスペクトルにだれもが自分自身を位置づける」という図式がなりたたなくなりつつあると指摘している。

　こうした脱イデオロギー化の趨勢は，もちろん計量政治学でも確認されており（竹中 2014）[7]，また，近年の若年層は日本維新の会を「革新」側に，共産党を「保守」側に位置づけるという調査結果（遠藤・ジョウ 2019: 69）などは，大きく注目を集めるところにもなった。

　くわえて，「自民一強」「安倍一強」といわれるような状況も，市民にとっては政治的対立軸がつかみにくいことの一因だろう。

　アメリカのような二大政党制では，共和党－民主党というわかりやすい政党間の対立軸があり，保守－リベラルというイデオロギー的対立軸と重なるため，そ

7　本書第4章でも脱イデオロギー化に関連する先行研究がレビューされているので参照されたい。また，日本だけでなく，ヨーロッパでも旧来の「階級闘争」型の左右イデオロギー（再配分政策や市場規制緩和など）では政党間対立を説明しきれなくなりつつあり（Kriesi et al. 2006），脱工業社会化や経済のグローバル化にともなう職種の多様化が左右イデオロギーの投票先選択との連関を薄れさせている（Hellwig 2008）。社会学者 A. ギデンズの唱える「第三の道」（Giddens 1998＝1999）も，こうした状況変化に応じた提言であった（今となってはどれほど適切に答えられているか，個人的には疑問符もつくが）。

れに沿って政治的分極化は（たとえ感情ベースのものであれ）収斂・結晶していく。実際，近年のアメリカでは，有権者における保守－リベラルの自己評価と諸政策争点への賛否との相関（一貫性）が高まっており（Campbell 2016: 91–115; Abramowitz and Saunders 2008），ひいては，自らを共和党派か民主党派かという「軸上のスペクトラム」に位置づけやすくなっている。

　このように，アメリカでは分極化の先に「受け皿」となる大政党が2つの極それぞれに存在するわけだが，日本では自民党が一方の極に位置するものの，他方の極は複数の野党に分散する。しかも，立憲民主党，共産党，日本維新の会では，それぞれにイデオロギー色も少なからず異なる。分極化が進んだとしても，自民党と反対の極には結集先・結晶先となる大きな「受け皿」がないわけだ。

　第4章の田辺の分析は，ネット利用に限定的ながらも自民党支持を固定化させる効果があることを見いだしている。ネット利用が政権支持を分極化させるという第9章の知見と考え合わせるなら，その一方の極が安倍自民党の「岩盤支持層」になるものと解釈できよう。しかし田辺も指摘するように，他方の極に「まとまりの対象となりうる政治的勢力・政党が存在しない」（p. 93）ために，アメリカのように目に見えやすい政党間対立・支持の「分極化」をなさないのである。その点で，社会学者の小熊英二（2020: 18）が日本の現状を評して，「左が欠けた分極化」と形容したのは，正鵠を射た表現といえよう。

ミクロな感情的極性化とマクロな政治的分極化

　以上に論じてきたことを，コールマン・ボートに落とし込むと，図10.2のようになるだろう。マクロレベルの政治的対立軸が散逸し不分明な状況のもとで，感情ベースの先有傾向の強化（極性化）が生じると，それは政治リーダー（この場

図 10.2　日本社会での政治的分極化に関するミクロ－マクロ・リンク

合は安倍首相）への好悪という実感しやすい軸に沿って結晶していく。このミクロレベルでの過程そのものは，鈴木の想定するような後期近代論における「再帰的」なものというよりも，むしろポスト近代論で指摘される「動物的」（東 2001）なものに近い。それゆえに，現在の日本の社会状況では，マクロな社会（学）的要因にあまり注意を払わないベネットらの理論図式（Bennett and Iyengar 2008）が，かえって有効な分析ツールとして機能するという，皮肉な事態が生じるわけだ。

　ミクロレベルでの感情的極性化という帰結は，マクロレベルでの政権支持－不支持の分極化を生じる。これが見かけ上は，たとえば保守－リベラルといったイデオロギー的な対立軸に回収されていく。第 6 章で浅野が示したように，安倍首相への好感度が相対的に若年層で高いのは政治関心の低さによるのだが，見かけ上は若者の保守化ととらえられてしまうことなども，同様のミクロ－マクロ・リンクで考えられよう。

　こうした全体像を見通せるがゆえに，鈴木の提起した社会学的観点はもちろん有意義なものである。また，ミクロレベルでの動機づけられた感情がマクロレベルでの政治的対立軸に位置づけられる際，その位置価を人びとがどう正当化していくかは，たしかに再帰的に選択されている可能性があるだろう。この点に関する実証的検討は今後の課題として引き受けなければならないが，一方で，再帰的近代化論の視座からは，感情という非再帰的な位相が死角におかれてしまいがちであることもまた否めまい。

　そうした傾きは，近代的な自由民主主義[リベラル・デモクラシー]の理念を徹底しようとする熟議民主主義論にもある。それに対する批判として，代表的なところでは M. ウォルツァー（Walzer 2004＝2006）や C. ムフ（Mouffe 2005＝2008）などの規範理論家たちが，感情や情動，情念（emotion, affection, passion）といった位相の再評価を（「理性」と「感情」の単純な二分法の見直しを含みつつ〔田村 2010〕）精力的に進めてきた。

　それらの議論が示すように，民主政における「感情」の位置価は，たとえば大衆のポピュリスト的心性などとして，一概に切り捨てられるべきものではない。しかし他方ではやはり，熟議を歪める危うさがあることも見据えておかなければ

8　ここでの「動機づけ（motivation）」と「正当化（justification）」の用語法は，認知科学の二重過程理論の社会学的応用を企図した S. ヴェイシーの論考に則している（Vaisey 2009）。これを援用した議論の展開は，機会をあらためて図りたい。なお，このヴェイシー論文については，大学院ゼミで齋藤僚介，尾藤央延の両氏から教えられた。記して感謝する。

なるまい。

安倍首相の「悲願」であった憲法改正は，任期中には果たされなかったが，たとえば近い将来，その国民投票が現実のものとなったとき，はたして私たちは，熟議をとおして望ましい政治的意思決定にいたることができるだろうか？

第5章で樋口が改憲賛否の理由をテキスト解析した結果によれば，右派系ネットサイトを利用する賛成派には，中国・韓国に対する敵対感情や不安感が特徴をなしていた。こうしたネガティブな感情が改憲論議を彩り，それを賛成派と反対派がたがいに相手側へと投影し合い，あるいは，政治家や党派層がそれを煽るならば，イギリスでのEU離脱国民投票で見られたような社会の「分断」が日本でも生じる可能性は，十分ありそうに思える。

くり返しになるが，ネットはあくまで政治的な化学反応を加速する「触媒」にすぎず，また本書で行ってきた分析の結果が示すように，その効果は必ずしも強大なものではない。それでも，たとえば2015年と2020年の大阪都構想の住民投票結果が，いずれも1％ポイント前後で賛否伯仲していたことに鑑みるなら，それを覆す程度の効果はあるだろう。

大阪都構想の初回住民投票時に，多彩な実証研究を行った計量政治学者の善教将大は，そこから得られた諸知見をもとに，「民主主義は，あるいは民主制を支える有権者の意思決定は信に足りうるものだ」と，次のように結論づけている（善教 2018: 226）。

> その最大の根拠は，住民投票において都構想が僅差ながらも否決されたという事実である。……有権者は決して愚かな存在ではない。有権者は自らの理性に基づき，判断を下せる自立的な「市民」である。本書が明らかにしたことは，煎じ詰めればこの1点に尽きる。

私たちもまた基本的な前提として，この善教の主張を共有する。だからこそ，現在の情報環境の構造転換期にあって，はたしてこの基本前提に亀裂が生じる可能性はないのか，あるとすればどこがどう腐蝕して「分断」されていくのか，多角

---

9 アイエンガーらは，2004年大統領選挙直後に行われた調査のデータ分析から，選挙キャンペーンのなかでもとくに「ネガティブ・キャンペーン」への接触頻度が，党派感情の極性化に関連することを見いだしている（Iyengar et al. 2012: 424-6）。

的かつ実証的に診断し，「健全」なネット社会と民主主義の未来へとつなげてい
くことが求められよう。

　本書がここまでに答えようとしてきた課題が，そのようなものであったことを
確認して，そろそろ筆を擱くことにしたい。

参考文献

序　章

Gilder, G., 1990, *Life After Television*, Whittle Direct Books. (＝1993, 森泉淳訳『テレビの消える日』講談社。)

Norris, P., 2001, *Digital Divide: Civic Engagement, Information Poverty, and the Internet Worldwide*, Cambridge University Press.

小熊英二, 2020,「『右傾化』ではなく『左が欠けた分極化』」小熊英二・樋口直人編『日本は「右傾化」したのか』慶應義塾大学出版会。

Putnam, R. D., 1993, *Making Democracy Work: Civic Traditions in Modern Italy*, Princeton University Press. (＝2001, 河田潤一訳『哲学する民主主義──伝統と改革の市民的構造』NTT 出版。)

佐藤俊樹, 2010,『社会は情報化の夢を見る』(ノイマンの夢・近代の欲望［新世紀版］) 河出書房新社。

Sunstein, C. R., 2001, *Republic.com*, Princeton University Press. (＝2003, 石川幸憲訳『インターネットは民主主義の敵か』毎日新聞社。)

辻大介, 2014,「デジタル・デバイドの現在──それは今なお問題であるのか」松田美佐・土橋臣吾・辻泉編『ケータイの 2000 年代──成熟するモバイル社会』東京大学出版会。

第 1 章

Adam, B., 1990, *Time and Social Theory*, Temple University Press. (＝1997, 伊藤誓・磯山甚一訳『時間と社会理論』法政大学出版局。)

東浩紀・大澤真幸, 2003,『自由を考える──9・11 以降の現代思想』日本放送出版協会。

Beck, U., A. Giddens and S. Lash,1994, *Reflexive Modernization: Politics, Tradition and Aesthetics in the Modern Social Order*, Stanford University Press. (＝1997, 松尾精文・小幡正敏・叶堂隆三訳『再帰的近代化──近現代における政治, 伝統, 美的原理』而立書房。)

Bennett, W. L. and J. B. Manheim, 2006, "The One-Step Flow of Communication," *The ANNALS of the American Academy of Political and Social Science*, 608 (1), 213–32.

Bennett, W. L. and S. Iyengar, 2008, "A New Era of Minimal Effects? The Changing Foundations of Political Communication," *Journal of Communication*, 58 (4): 707–31.

Bourdieu, P., 1979, *La Distinction: Critique Sociale du Jugement*, Minuit. (＝1990, 石井洋二郎訳『ディスタンクシオン──社会的判断力批判』1・2, 藤原書店。)

Coleman, J. S., 1990, *Foundations of Social Theory*, Harvard University Press. (＝2004・2006, 久慈利武監訳『社会理論の基礎』上・下, 青木書店。)

Gerbner, G., L. Gross, M. Morgan and N. Signorielli, 1986, "Living with Television: The Dynamics of the Cultivation Process," in J. Bryant and D. Zillman eds., *Perspectives on Media Effects*,

Lawrence Erlbaum Associates Inc., 17–40.

Giddens, A., 1984, *The Constitution of Society: Outline of the Theory of Structuration*, Polity Press.（＝2015, 門田健一訳『社会の構成』勁草書房。）

Giddens, A., 1990, *The Consequences of Modernity*, Stanford University Press.（＝1993, 松尾精文・小幡正敏訳『近代とはいかなる時代か？──モダニティの帰結』而立書房。）

Giddens, A., 1991, *Modernity and Self-Identity: Self and Society in the Late Modern Age*, Polity Press.（＝2005, 秋吉美都・安藤太郎・筒井淳也訳『モダニティと自己アイデンティティ──後期近代における自己と社会』ハーベスト社。）

Hochschild, A. R., 2016, *Strangers in Their Own Land: Anger and Mourning on the American Right*, New Press.（＝2018, 布施由紀子訳『壁の向こうの住人たち──アメリカの右派を覆う怒りと嘆き』岩波書店。）

Holbert, R. L., R. K. Garrett and L. S. Gleason, 2010, "A New Era of Minimal Effects? A Response to Bennett and Iyengar," *Journal of Communication*, 60（1）: 15–34.

茨木正治, 2014,「マス・メディアの『極化』現象の考察──研究動向と応用可能性の検討」『法政論叢』50（2）: 1–13。

伊藤昌亮, 2019,『ネット右派の歴史社会学──アンダーグラウンド平成史1990-2000年代』青弓社。

Iyengar, S. and K. S. Hahn, 2009, "Red Media, Blue Media: Evidence of Ideological Selectivity in Media Use," *Journal of Communication*, 59（1）: 19–39.

Katz, E. and P. F. Lazarsfeld, 1955, *Personal Influence: The Part Played by People in the Flow of Mass Communications*, Free Press.（＝1965, 竹内郁郎訳『パーソナル・インフルエンス──オピニオン・リーダーと人びとの意思決定』培風館。）

吉川徹, 2014,『現代日本の「社会の心」──計量社会意識論』有斐閣。

Klapper, J. T., 1960, *The effects of mass communication*, Free Press.（＝1966, NHK放送学研究室訳『マス・コミュニケーションの効果』日本放送出版協会。）

小林哲郎, 2016,「マスメディアが世論形成に果たす役割とその揺らぎ」『放送メディア研究』13: 105–28。

Luskin, R. C.,1987, "Measuring Political Sophistication," *American Journal of Political Science*, 31（4）: 856–99.

前嶋和弘, 2017,「アメリカ社会における社会的分断と連帯」『学術の動向』22（10）: 84–90。

McCombs, M. E. and D. L. Shaw, 1972, "The Agenda-Setting Function of Mass Media," *Public Opinion Quarterly*, 36（2）: 176–87.

Mead, G. H., 1934, *Mind, Self and Society from the Standpoint of a Social Behaviorist*, University of Chicago Press.（＝2005, 稲葉三千男・滝沢正樹・中野収訳『精神・自我・社会』青木書店。）

Meyrowitz, J., 1985, *No Sense of Place: The Impact of Electronic Media on Social Behavior*, Oxford University Press.（＝2003, 安川一・高山啓子・上谷香陽訳『場所感の喪失──電子メディアが社会的行動に及ぼす影響』上, 新曜社。）

Newman, N., R. Fletcher, A. Kalogeropoulos, D. A. L. Levy and R. K. Nielsen, 2017, "Reuters Institute Digital News Report 2017," University of Oxford, *Reuters Institute for the Study of Journalism*.（2021 年 8 月 1 日閲覧，https://www.reutersagency.com/wp-content/uploads/2020/08/digital-news-report-2017.pdf）

大澤真幸，1995,『電子メディア論——身体のメディア的変容』新曜社。

Pariser, E., 2011, *The Filter Bubble: What the Internet is Hiding from You*, Penguin Press.（＝2012, 井口耕二訳『閉じこもるインターネット——グーグル・パーソナライズ・民主主義』早川書房。）

Pew Research Center, 2017a, "The Partisan Divide on Political Values Grows Even Wider: Sharp Shifts among Democrats on Aid to Needy, Race, Immigration," Pew Research Center,（2021 年 8 月 1 日閲覧，https://www.reutersagency.com/wp-content/uploads/2020/08/digital-news-report-2017.pdf）

Pew Research Center, 2017b, "Trump, Clinton Voters Divided in Their Main Source for Election News: Fox News was the Main Source for 40% of Trump Voters," Pew Research Center,（2021 年 8 月 1 日閲覧，http://www.journalism.org/2017/01/18/trump-clinton-voters-divided-in-their-main-source-for-election-news/）

Prior, M., 2013, "Media and Political Polarization," *Annual Review of Political Science*, 16: 101–27.

笹原和俊，2018,『フェイクニュースを科学する——拡散するデマ，陰謀論，プロパガンダのしくみ』化学同人。

Sunstein, C. R., 2001, *Republic.com*, Princeton University Press.（＝2003, 石川幸憲訳『インターネットは民主主義の敵か』毎日新聞社。）

鈴木謙介，2007,『ウェブ社会の思想——〈遍在する私〉をどう生きるか』日本放送出版協会。

Weaver, D. H. et al., 1981, *Media Agenda-setting in a Presidential Election: Issues, Images, and Interest*, Praeger.（＝1988, 竹下俊郎訳『マスコミが世論を決める——大統領選挙とメディアの議題設定機能』勁草書房。）

安田浩一，2012,『ネットと愛国——在特会の「闇」を追いかけて』講談社。

第 2 章

Bakshy, E., S. Messing and L. A. Adamic, 2015, "Exposure to Ideologically Diverse News and Opinion on Facebook," *Science*, 348（6239）: 1130–2.

Baluja, S., R. Seth, D. Sivakumar, Y. Jing, J. Yagnik, S. Kumar, D. Ravichandran and M. Aly, 2008, "Video suggestion and discovery for Youtube: Taking Random Walks Through the View Graph," *Proceedings of the 17th international conference on World Wide Web*, 895–904.

D'Alessio, D. and M. Allen, 2002, "Selective Exposure and Dissonance after Decisions," *Psychological Reports*, 91（2）: 527–32.

Festinger, L., 1964, *Conflict, decision, and dissonance*, Stanford University Press.

Fischer, P., E. Jonas, D. Frey and, S. Schulz-Hardt, 2005, "Selective Exposure to Information: The

Impact of Information Limits," *European Journal of Social Psychology*, 35 (4): 469–92.

Frey, D., 1986, "Recent Research on Selective Exposure to Information," *Advances Experimental Social Psychology*, 19: 41–80.

Garrett, R. K., 2009, "Politically Motivated Reinforcement Seeking: Reframing the Selective Exposure Debate," *Journal of Communication*, 59 (4): 676–99.

Haim, M., A. Graefe and H. B. Brosius, 2018, "Burst of the Filter Bubble? Effects of Personalization on the Diversity of Google News," *Digital Journalism*, 6 (3): 330–43.

池田謙一編，2005，『インターネット・コミュニティと日常世界』誠信書房。

池田謙一・柴内康文，1997，「カスタマイズ・メディアと情報の『爆発』」池田謙一編『ネットワーキング・コミュニティ』東京大学出版会。

稲増一憲・三浦麻子，2016，「『自由』なメディアの陥穽——有権者の選好に基づくもうひとつの選択的接触」『社会心理学研究』31 (3): 172–83。

Iyengar, S., K. S. Hahn, J. A. Krosnick and J. Walker, 2008, "Selective Exposure to Campaign Communication: The Role of Anticipated Agreement and Issue Public Membership," *The Journal of Politics*, 70 (1): 186–200.

Jamieson, K. H. and J. N. Cappella, 2008, *Echo Chamber: Rush Limbaugh and the Conservative Media Establishment*, Oxford University Press.

Jonas, E., V. Graupmann and D. Frey, 2006, "The Influence of Mood on the Search for Supporting Versus Conflicting Information: Dissonance Reduction as a Means of Mood Regulation?," *Personality and Social Psychology Bulletin*, 32 (1): 3–15.

神嶌敏弘，2007，「推薦システムのアルゴリズム (1)」『人工知能学会誌』22 (6): 826–37。

Kaplan, A. M. and M. Haenlein, 2010, "Users of the World, Unite! The Challenges and Opportunities of Social Media" *Business Horizons*, 53 (1): 59–68.

川上善郎・川浦康至・池田謙一・古川良治，1993，『電子ネットワーキングの社会心理——コンピュータ・コミュニケーションへのパスポート』誠信書房。

川本勝，1990，「メディア構造の変動と社会生活」竹内郁郎・児島和人・川本勝編『ニューメディアと社会生活』東京大学出版会。

木村忠正，2018，『ハイブリッド・エスノグラフィー——NC 研究の質的方法と実践』新曜社。

北村智・佐々木裕一・河井大介，2016，『ツイッターの心理学——情報環境と利用者行動』誠信書房。

小林哲郎，2011，「『見たいものだけを見る？』——日本のネットニュース閲覧における選択的接触」清原聖子・前嶋和弘編『インターネットが変える選挙——米韓比較と日本の展望』慶應義塾大学出版会。

Kunda, Z., 1990, "The Case for Motivated Reasoning," *Psychological Bulletin*, 108 (3): 480–98.

Lazarsfeld, P. F., B. Berelson and H. Gaudet, 1948, *The people's choice: How the Voter Makes Up His Mind in a Presidential Campaign*, 2nd ed., Columbia University Press.

Pariser, E., 2011, *The Filter Bubble: What the Internet is Hiding from You*, Penguin Press.

Prior, M., 2007, *Post-Broadcast Democracy: How Media Choice Increases Inequality in Political*

Involvement and Polarizes Elections, Cambridge University Press.

Sears, D. O. and J. L. Freedman, 1967, "Selective Exposure to Information: A Critical Review," *Public Opinion Quarterly*, 31 (2): 194–213.

総務省情報通信政策研究所，2014,「平成 25 年情報通信メディアの利用時間と情報行動に関する調査報告書」

総務省情報通信政策研究所，2019,「平成 30 年度情報通信メディアの利用時間と情報行動に関する調査報告書」

Stroud, N. J., 2017, "Selective Exposure Theories," in K. Kenski and K. H. Jamieson eds., *The Oxford Handbook of Political Communication*, Oxford University Press.（doi:10.1093/oxford-hb/9780199793471.013.009_update_001）

Sunstein, C. R., 2001, *Republic. com*, Princeton University Press.（＝2003，石川幸憲訳『インターネットは民主主義の敵か』毎日新聞社。）

第 3 章

Abernathy, P. M., 2018, "The expanding news desert," *Center for Innovation and Sustainability in Local Media, School of Media and Journalism*, University of North Carolina at Chapel Hill.

Bennett, W. L. and S. Iyengar, 2008, "A New Era of Minimal Effects? The Changing Foundations of Political Communication," *Journal of Communication*, 58 (4): 7–7–31.

Castro, L., J. Strömbäck, F. Esser, P. van Aelst, C. de Vreese, T. Aalberg, ...and Y. Theocharis, 2021, "Navigating High-choice European Political Information Environments: A Comparative Analysis of News User Profiles and Political Knowledge," *The International Journal of Press/ Politics*, 1–33.

Curran, J., S. Coen, S. Soroka, T. Aalberg, K. Hayashi, Z. Hichy, ... and R. Tiffen, 2014, "Reconsidering 'Virtuous Circle' and 'Media Malaise' Theories of the Media: An 11–Nation Study," *Journalism*, 15 (7): 815–33.

Delli Carpini, M. X. and S. Keeter, 1996, *What Americans Know about Politics and Why It Matters*, Yale University Press.

Edgerly, S., 2015, "Red Media, Blue Media, and Purple Media: News Repertoires in the Colorful Media Landscape," *Journal of Broadcasting and Electronic Media*, 59 (1): 1–21.

遠藤薫編，2014,『間メディア社会の〈ジャーナリズム〉──ソーシャルメディアは公共性を変えるか』東京電機大学出版局。

Gottlieb, J. and R. Vives, 2010, "Is a city manager worth $800,000?" Los Angeles Times.（2021 年 9 月 26 日閲覧，https://www.latimes.com/local/la-me-bell-salary-20100715-story.html）

Guo, L. and C. Vargo, 2018, "'Fake News' and Emerging Online Media Ecosystem: An Integrated Intermedia Agenda-Setting Analysis of the 2016 U.S. Presidential Election," *Communication Research*, 47 (2): 178–200.

Hallin, D. C. and P. Mancini, 2004, *Comparing Media Systems: Three models of media and politics*. Cambridge University Press.

Hallin, D. C. and P. Mancini eds., 2012, *Comparing Media Systems Beyond the Western World*,

Cambridge University Press.

橋元良明, 2021,「日本人の情報行動，四半世紀の変遷」橋元良明編『日本人の情報行動2020』東京大学出版会。

Hayes, D. and J. L. Lawless, 2015, "As Local News Goes, So Goes Citizen Engagement: Media, Knowledge, and Participation in US House Elections," *The Journal of Politics*, 77（2）: 447–62.

池田謙一, 1993,「情報環境のメタモルフォーゼとコンピュータ・コミュニケーション」川上善郎・川浦康至・池田謙一・古川良治『電子ネットワーキングの社会心理——コンピュータ・コミュニケーションへのパスポート』誠信書房。

池田謙一, 1997,「カスタマイズ・メディアと情報の『爆発』」池田謙一編『ネットワーキング・コミュニティ』東京大学出版会。

今井亮佑, 2008,「政治的知識の構造」『早稲田政治経済学雑誌』370: 39–52。

稲増一憲・三浦麻子, 2016,「『自由』なメディアの陥穽——有権者の選好に基づくもうひとつの選択的接触」『社会心理学研究』31（3）: 172–83。

木村忠正, 2001,『デジタルデバイドとは何か——コンセンサス・コミュニティをめざして』岩波書店。

木村忠正, 2018,『ハイブリッド・エスノグラフィー——NC 研究の質的方法と実践』新曜社。

Klapper, J. T., 1960, *The Effects of Mass Communication*, Free Press.

Kobayashi, T. and K. Inamasu, 2014, "The Knowledge Leveling Effect of Portal Sites," *Communication Research*, 42（4）: 482–502.

Kovach, B. and T. Rosenstiel, 2007, *The Elements of Journalism: What Newspeople Should Know and the Public Should Expect*, Three Rivers Press.（＝2002, 加藤岳文・齋藤邦泰訳『ジャーナリズムの原則』日本経済評論社。）

McCombs, M., 2004, *Setting the Agenda: The Mass Media and Public Opinion*, Polity Press.

McLuhan, M., 1964, *Understanding Media: The Extensions of Man*, McGraw-Hill.（＝1987, 栗原裕・河本仲聖訳『メディア論——人間の拡張の諸相』みすず書房。）

三上俊治, 2005,『社会情報学への招待』学文社。

水越伸, 2002,『デジタル・メディア社会』岩波書店。

Negroponte, N., 1995, *Being Digital*, Alfred A. Knopf Inc.（＝1995, 西和彦監訳／福岡洋一訳『ビーイング・デジタル——ビットの時代』アスキー。）

NHK 放送文化研究所, 2021,「『2020 年国民生活調査』結果概要」（2021 年 8 月 1 日閲覧, https://www.nhk.or.jp/bunken/research/yoron/pdf/20210521_1.pdf）

Niemi, R., S. Craig and F. Mattei, 1991, "Measuring Internal Political Efficacy in the 1988 National Election Study," *American Political Science Review*, 85（4）: 1407–13.

Norris, P., 2000, *A Virtuous Circle: Political Communications in Postindustrial Societies*. Cambridge University Press.

Norris, P., 2001, *Digital Divide: Civic Engagement, Information Poverty, and the Internet Worldwide*, Cambridge University Press.

Ogasahara, M., 2018, "Media Environments in the United States, Japan, South Korea, and Taiwan," in S. Kiyohara, K. Maeshima and D. Owen eds., *Internet Election Campaigns in the United States, Japan, South Korea, and Taiwan*, Springer International Publishing, 79–113.

Pariser, E., 2011, *The Filter Bubble: How the New Personalized Web is Changing What We Read and How We Think*, Penguin Press.

Reuters Institute for the Study of Journalism, 2020, *Reuters Institute Digital News Report* 2020, 98.（2021 年 8 月 1 日 閲 覧，https://reutersinstitute.politics.ox.ac.uk/sites/default/files/2020-06/DNR_2020_FINAL.pdf）

Scolari, C. A., 2012, "Media Ecology: Exploring the Metaphor to Expand the Theory," *Communication Theory*, 22（2）: 204–25.

Shaker, L., 2014, "Dead Newspapers and Citizens' Civic Engagement," *Political Communication*, 31（1）: 131–48.

総務省，2011，『平成 22 年通信利用動向調査（世帯編）の概要』（2021 年 8 月 1 日閲覧，https://www.soumu.go.jp/johotsusintokei/statistics/pdf/HR201000_001.pdf）

総務省，2020，『令和元年版通信利用動向調査報告書（世帯編）』（2021 年 8 月 1 日閲覧，https://www.soumu.go.jp/johotsusintokei/statistics/pdf/HR201900_001.pdf）

総務省，2021，『令和 2 年版情報通信白書』（2021 年 8 月 1 日閲覧，https://www.soumu.go.jp/johotsusintokei/whitepaper/ja/r02/html/nd131110.html）

Steward. J. H., 1955, *Theory of Culture Change: The Methodology of Multilinear Evolution*, University of Illinois Press.（= 1979, 米山俊直・石田紙子訳『文化変化の理論——多系進化の方法論』弘文堂。）

Strömbäck, J. and A. Shehata, 2010, "Media Malaise or a Virtuous Circle? Exploring the Causal Relationships Between News Media Exposure, Political News Attention and Political Interest," *European journal of political research*, 49（5）: 575–597.

Strömbäck, J., K. Falasca and S. Kruikemeier, 2018, "The Mix of Media Use Matters: Investigating the Effects of Individual News Repertoires on Offline and Online Political Participation," *Political Communication*, 35（3）: 413–32.

Stroud, N. J., 2010, "Polarization and Partisan Selective Exposure," *Journal of Communication*, 60（3）: 556–76.

Sunstein, C. R., 2001, *Republic. com*, Princeton University Press.

Sunstein, C. R., 2017, *# Republic: Divided Democracy in the Age of Social Media*, Princeton University Press.

Tichenor, P. J., G. A. Donohue and C. N. Olien, 1970, "Mass Media Flow and Differential Growth in Knowledge," *Public Opinion Quarterly*, 34（2）: 159–70.

Toff, B. and A. Kalogeropoulos, 2020, "All the News That's Fit to Ignore: How the Information Environment Does and Does not Shape News Avoidance," *Public Opinion Quarterly*, 84（S1）: 366–90.

van Deursen, A. J. and J. A. van Dijk, 2014, "The Digital Divide Shifts to Differences in Usage," *New media and society*, 16（3）: 507–26.

van Dijk, J. A., 2002, "A Framework for Digital Divide Research," *Electronic Journal of Communication*, 12（1–2）.

van Dijk, J. A., 2006, "Digital Divide Research, Achievements and Shortcomings," *Poetics*, 34（4–5）: 221–35.

van Dijk, J. A., 2020, *The network society*, 4th ed., Sage.

Westlund, O. and M. A. Färdigh, 2011, "Displacing and Complementing Effects of News Sites on Newspapers 1998–2009," *International Journal on Media Management*, 13（3）: 177–94.

Wolfsfeld, G., M. Yarchi and T. Samuel-Azran, 2016, "Political Information Repertoires and Political Participation," *New Media and Society*, 18（9）: 2096–115.

吉井博明，2000,『情報のエコロジー——情報社会のダイナミズム』北樹出版。

コラム 1

畑中允宏・村田真樹・掛谷英紀，2009,「新聞社説・国会議事録に基づく言論のイデオロギー別分類」『言語処理学会第 15 回年次大会発表論文集』408–11。

伊藤昌亮，2019,『ネット右派の歴史社会学——アンダーグラウンド平成史 1990–2000 年代』青弓社。

木村雅文，2004,「現代日本の新聞読者層——JGSS-2002 からのデータをもとにして」大阪商業大学比較地域研究所・東京大学社会科学研究所編『研究論文集［3］JGSS で見た日本人の意識と行動』東京大学社会科学研究所：59–75.

北田暁大，2005,『嗤う日本の「ナショナリズム」』日本放送出版協会。

小林哲郎・竹本圭祐，2016,「新聞読者は極性化しているか」『よろん』117: 22–26.

倉橋耕平，2018,『歴史修正主義とサブカルチャー 90 年代保守言説のメディア文化』青弓社。

森本あんり，2015,『反知性主義——アメリカが生んだ「熱病」の正体』新潮社。

永吉希久子，2019,「ネット右翼とは誰か——ネット右翼の規定要因」樋口直人・永吉希久子・松谷満・倉橋耕平・ファビアン＝シェーファー・山口智美『ネット右翼とは何か』青弓社，44–72。

斉藤慎一・竹下俊郎・稲葉哲郎，2014,「新聞の論調は読者の態度に影響するか——原発問題を事例として」『社会と調査』13: 58–69。

徳山喜雄，2014,『安倍官邸と新聞——「二極化する報道」の危機』集英社。

渡辺健太郎，2021,「リベラル紙と保守紙購読者の政治的態度と社会経済的地位」『よろん』127: 4–10.

第 4 章

Clark, T. N., S. M. Lipset and M. Rempel, 1993, "The Declining Political Significance of Social Class," *International Sociology*, 8（3）: 293–316.

ファクラー，マーティン，2016,『安倍政権にひれ伏す日本のメディア』双葉社。

Gest, J., 2016, *The New Minority: White Working Class Politics in an Age of Immigration and Inequality*, Oxford University Press.（＝2019, 吉田徹・西山隆行・石神圭子・河村真実訳

　　『新たなマイノリティの誕生──声を奪われた白人労働者たち』弘文堂。）

平野浩，2007，『変容する日本の社会と投票行動』木鐸社。

平野浩，2015，『有権者の選択──日本における政党政治と代表制民主主義の行方』木鐸社。

Hooghe, L. and G. Marks, 2018, "Cleavage Theory Meets Europe's Crises: Lipset, Rokkan, and the Transnational Cleavage," *Journal of European Public Policy*, 25（1）: 109-35.

伊藤理史，2011，「政党支持──民主党政権誕生時の政党支持の構造」田辺俊介編『外国人へのまなざしと政治意識──社会調査で読み解く日本のナショナリズム』勁草書房，141-57。

Kitschelt, H., 1994, *The Transformation of European Social Democracy*, Cambridge University Press.

Levendusky, M., 2013, *How Partisan Media Polarize America*, University of Chicago Press.

Lipset, S. M. and S. Rokkan, 1967, "Cleavage Structures, Party System and Voter Alignments: An Introduction," in S. M. Lipset and S. Rokkan eds., *Party Systems and Voter Alignments: Cross-National Perspective*, Free Press, 1-67.

Lubbers, M., M. Gijsberts and P. Scheepers, 2002,"Extreme Right-Wing Voting in Western Europe," *European Journal of Political Research*. 41: 345-78

前嶋和弘・山脇岳志・津山恵子編，2019，『現代アメリカ政治とメディア』東洋経済新報社。

松谷満，2012，「民主党支持層の分析──『2010 年 格差と社会意識についての全国調査』にみる支持層の特徴」『大阪経済法科大学アジア太平洋センター年報』10: 18-24。

松谷満，2019，「若者はなぜ自民党を支持するのか──変わりゆく自民党支持の心情と論理」吉川徹・狭間諒多朗編『分断社会と若者の今』大阪大学出版会。

三宅一郎，1985，『政党支持の分析』創文社。

永吉希久子，2019，「ネット右翼とは誰か──ネット右翼の規定要因」樋口直人・永吉希久子・松谷満・倉橋耕平・ファビアン＝シェーファー・山口智美『ネット右翼とは何か』青弓社。

中井遼，2021，『欧州の排外主義とナショナリズム──調査から見る世論の本質』新泉社。

中北浩爾，2017，『自民党──「一強」の実像』中央公論新社。

西田亮介，2015，『メディアと自民党』角川書店。

佐藤成基，2018，「グローバル化のなかの右翼ポピュリズム──ドイツ AfD の事例を中心に」『社会志林』65（2）: 95-115。

シェーファー，ファビアン／ステファン・エヴァート／フィリップ・ハインリッヒ，2019，「ネット右翼と政治──2014 年総選挙でのコンピューター仕掛けのプロパガンダ」樋口直人・永吉希久子・松谷満・倉橋耕平・ファビアン＝シェーファー・山口智美『ネット右翼とは何か』青弓社。

鈴木哲夫，2015，『安倍政権のメディア支配』イースト・プレス。

田辺俊介，2011，「『政党』支持の時代変遷──階層は政党といかに関わってきたか？」斉藤友里子・三隅一人編『現代の階層社会 3──流動化のなかの社会意識』東京大学出版会。

田辺俊介，2021，「社会階層は政党支持といかに関わっているのか？──価値意識を含めた

構造分析」渡邊勉・吉川徹・佐藤嘉倫編『人生中期の階層構造』東京大学出版会。

田辺俊介編，2019，『日本人は右傾化したのか——データ分析で実像を読み解く』勁草書房。

谷口将紀，2012，『政党支持の理論』岩波書店。

津田大介・香山リカ・安田浩一，2013，『安倍政権のネット戦略』創出版。

綿貫譲治，1976，『日本政治の分析視角』中央公論社。

米田幸弘，2018，「自民党支持層の趨勢的変化——その『保守』的性格の変質」石田淳編
　　『2015 年 SSM 調査報告書 8——意識 I』，165-85。

米田幸弘，2019，「政党支持——イデオロギー対立軸はどう変化しているのか」田辺俊介編
　　『日本人は右傾化したのか——データ分析で実像を読み解く』勁草書房。

第 5 章

明戸隆浩，2016，「ナショナリズムと排外主義のあいだ——90 年代以降の日本における
　　『保守』言説の転換」『社会学年誌』57: 45-62。

荒牧央・政木みき，2015，「賛否が拮抗する憲法改正——『憲法に関する意識調査』から」
　　『放送研究と調査』65 (7): 38-53。

曺慶鎬，2017，「"Yahoo! ニュース" の計量テキスト分析——中国人に関するコメントを中
　　心に」『駒澤社会学研究』49: 115-35。

Danowski, J. A., 1993, "Network Analysis of Message Content," in W. D. Richards Jr. and G. A.
　　Barnett eds., *Progress in Communication Sciences IV*, Ablex, 197-221.

樋口耕一，2017，「計量テキスト分析および KH Coder の利用状況と展望」『社会学評論』
　　68 (3): 334-50。

樋口耕一，2020，『社会調査のための計量テキスト分析——内容分析の継承と発展を目指し
　　て』第 2 版，ナカニシヤ出版。

樋口直人，2014，『日本型排外主義——在特会・外国人参政権・東アジア地政学』名古屋大
　　学出版会。

稲増一憲，2015，『政治を語るフレーム——乖離する有権者，政治家，メディア』東京大学
　　出版会。

伊藤昌亮，2019，『ネット右派の歴史社会学——アンダーグラウンド平成史 1990-2000 年
　　代』青弓社。

小林哲郎・稲増一憲，2011，「ネット時代の政治コミュニケーション——メディア効果論の
　　動向と展望」『選挙研究』27 (1): 85-100。

倉橋耕平，2019，「ネット右翼と参加型文化——情報に対する態度とメディアリテラシーの
　　右旋回」樋口直人・永吉希久子・松谷満・倉橋耕平・ファビアン＝シェーファー・山
　　口智美『ネット右翼とは何か』青弓社。

政木みき・荒牧央，2017，「憲法をめぐる意識の変化といま——『日本人と憲法 2017』調
　　査から」『放送研究と調査』67 (11): 2-27。

松谷満，2019，「ネット右翼活動家の『リアル』な支持基盤——誰がなぜ桜井誠に投票した
　　のか」樋口直人・永吉希久子・松谷満・倉橋耕平・ファビアン＝シェーファー・山口
　　智美『ネット右翼とは何か』青弓社。

宮城佑輔，2016,「日本における排外主義運動とその中国・韓国・北朝鮮観──新旧保守メディアの比較から」『アジア研究』62（2）: 18-36。

永吉希久子，2019,「ネット右翼とは誰か──ネット右翼の規定要因」樋口直人・永吉希久子・松谷満・倉橋耕平・ファビアン＝シェーファー・山口智美『ネット右翼とは何か』青弓社。

大隅昇，2002,「インターネット調査」林知己夫編『社会調査ハンドブック』浅倉書店，200-40。

大隅昇・前田忠彦，2008,「インターネット調査の役割と限界」『日本行動計量学会大会発表論文抄録集』36:197-200。

Osgood, C.E., 1959, "The Representational Model and Relevant Research Methods," in I. de S. Pool ed., *Trends in Content Analysis*, University of Illinois Press, 33-88.

境家史郎，2017,『憲法と世論──戦後日本人は憲法とどう向き合ってきたのか』筑摩書房。

笹島雅彦，2013,「憲法に関する国民意識の変遷」『新聞研究』，744: 32-34。

シェーファー，ファビアン／ステファン・エヴァート／フィリップ・ハインリッヒ，2019,「ネット右翼と政治──2014 年総選挙でのコンピューター仕掛けのプロパガンダ」樋口直人・永吉希久子・松谷満・倉橋耕平・ファビアン＝シェーファー・山口智美『ネット右翼とは何か』青弓社。

塩田幸司，2007,「憲法改正論議と国民の意識」『放送研究と調査』57（12）: 72-80。

新聞通信調査会世論調査班，2013,「憲法改正，参院選報道で新聞に存在感──『ネット普及で新聞の役割減少』が初の 4 割台に　第 6 回『メディアに関する全国世論調査』（上）」『メディア展望』624: 14-20。

菅原琢，2016,「メディアの評価に影響を及ぼす憲法論議──第 8 回『メディアに関する全国世論調査』（下）」『メディア展望』649: 20-24。

高史明，2015,『レイシズムを解剖する──在日コリアンへの偏見とインターネット』勁草書房。

高木智章，2013,「憲法記念日の言説分析（2013）」日本マス・コミュニケーション学会2013 年度秋季研究発表会研究発表論文集。

田辺俊介編，2019,『日本人は右傾化したのか──データ分析で実像を読み解く』勁草書房。

辻大介，2017,「計量調査から見る『ネット右翼』のプロファイル──2007 年／2014 年ウェブ調査の分析結果をもとに」『年報人間科学』38: 211-24。

辻大介，2018,「インターネット利用は人びとの排外意識を高めるか──操作変数法を用いた因果効果の推定」『ソシオロジ』63（1）: 3-20。

辻大介，2019,「統計的因果推論とメディア研究」『マス・コミュニケーション研究』95: 15-25。

第 6 章

橋元良明・奥律哉・長尾嘉英・庄野徹，2010,『ネオ・デジタルネイティブの誕生──日本独自の進化を遂げるネット世代』ダイヤモンド社。

樋口直人，2014,『日本型排外主義──在特会・外国人参政権・東アジア地政学』名古屋大

学出版会。

池田謙一編, 2018,『「日本人」は変化しているのか──価値観・ソーシャルネットワーク・民主主義』勁草書房。

川崎賢一・浅野智彦編, 2016,『〈若者〉の溶解』勁草書房。

香山リカ, 2002,『ぷちナショナリズム症候群──若者たちのニッポン主義』中央公論新社。

吉川徹・狭間諒多朗編, 2019,『分断社会と若者の今』大阪大学出版会。

北田暁大, 2005,『嗤う日本のナショナリズム』日本放送出版協会。

松本正生, 2018,「『若者の保守化』の正体──リアリティーなき『他人（ひと）ごと支持』（2017 総選挙とメディア）」『新聞研究』798: 28-31。

松谷満, 2019a,「若者はなぜ自民党を支持するのか──変わりゆく自民党支持の心情と論理」吉川徹・狭間諒多朗編『分断社会と若者の今』大阪大学出版会。

松谷満, 2019b,「若者」田辺俊介編『日本人は右傾化したのか──データ分析で実像を読み解く』勁草書房。

松谷満, 2020,「若者は SNS の夢を見るのか？」樋口直人・松谷満編『3・11 後の社会運動──8 万人のデータから分かったこと』筑摩書房。

Mounk, Y., 2018, *The People vs. Democracy: Why Our Freedom Is in Danger and How to Save It*, Harvard University Press.（＝2019, 吉田徹訳『民主主義を救え！』岩波書店。）

永吉希久子, 2019,「ネット右翼とは誰か──ネット右翼の規定要因」樋口直人・永吉希久子・松谷満・倉橋耕平・ファビアン＝シェーファー・山口智美『ネット右翼とは何か』青弓社。

内閣府政策統括官, 2009,「第 8 回世界青年意識調査」（2020 年 9 月 16 日閲覧, https://www8.cao.go.jp/youth/kenkyu/worldyouth8/html/mokuji.html）

内閣府政策統括官, 2019,「我が国と諸外国の若者の意識に関する調査（平成 30 年度）」（2020 年 9 月 16 日閲覧, https://www8.cao.go.jp/youth/kenkyu/ishiki/h30/pdf-index.html）

尾嶋史章・荒牧草平編, 2018,『高校生たちのゆくえ──学校パネル調査からみた進路と生活の 30 年』世界思想社。

齊藤僚介, 2019,「国への誇り」田辺俊介編『日本人は右傾化したのか──データ分析で実像を読み解く』勁草書房。

佐藤嘉倫, 2018,「間メディア環境における公共性」遠藤薫編『ソーシャルメディアと公共性──リスク社会のソーシャル・キャピタル』東京大学出版会。

菅原琢, 2009,『世論の曲解──なぜ自民党は大敗したのか』光文社。

高原基彰, 2006,『不安型ナショナリズムの時代──日韓中のネット世代が憎みあう本当の理由』洋泉社。

高橋征仁, 2014,「若者は本当に政治に無関心なのか？」田辺俊介編『民主主義の「危機」──国際比較調査からみる市民意識』勁草書房。

田辺俊介編, 2019,『日本人は右傾化したのか──データ分析で実像を読み解く』勁草書房。

田中辰雄・浜屋敏, 2019,『ネットは社会を分断しない』KADOKAWA。

谷口将紀, 2015,「日本における左右対立（2003〜2014 年）」『レヴァイアサン──政治家・有権者調査を基に』57: 9-24。

谷口将紀，2020，「若年層の『保守化』をめぐって」『UP』49（7）：8-13。

富永京子，2016，『社会運動のサブカルチャー化——G8 サミット抗議行動の経験分析』せりか書房。

津田大介，2019，「論壇時評 異論と向き合う——分断防ぐ感情的つながり」『朝日新聞』2019 年 8 月 29 日朝刊。

辻大介，2017，「計量調査から見る『ネット右翼』のプロファイル——2007 年／2014 年ウェブ調査の分析結果をもとに」『年報人間科学』38: 211-24。

辻大介，2018，「インターネット利用は人びとの排外意識を高めるか——操作変数法を用いた因果効果の推定」『ソシオロジ』63（1）：3-20。

辻大介，2020，「『ネットは社会を分断しない』？——楽観論を反駁する」（2020 年 9 月 5 日閲覧，https://synodos.jp/society/23400）

辻大介・北村智，2018，「インターネットでのニュース接触と排外主義的態度の極性化——日本とアメリカの比較分析を交えた調査データからの検証」『情報通信学会誌』36（1・2）：99-109.

塚田穂高編，2017，『徹底検証 日本の右傾化』筑摩書房。

安田浩一，2012，『ネットと愛国——在特会の「闇」を追いかけて』講談社。

米田幸弘，2018，「自民党支持層の趨勢的変化——その『保守』的性格の変質」石田淳編『2015 年 SSM 調査報告書 8——意識 I』165-85。

吉田徹，2011，『ポピュリズムを考える——民主主義への再入門』NHK 出版。

コラム 2

Belotti, F., P. Deb, W. G. Manning and E. C. Norton, 2015, "Twopm: Two-Part Models," *The Stata Journal*, 15（1）: 3-20.

曺慶鎬，2018，「インターネット上の災害時『外国人犯罪』の流言に関する研究——熊本地震発生直後の Twitter の計量テキスト分析」『応用社会学研究』60: 79-89.

藤田智博，2011，「インターネットと排外性の関連における文化差——日本・アメリカ比較調査の分析から」『年報人間科学』32: 77-86.

藤田智博，2016，「排外主義的な態度の相違とメディア利用の連関——反韓・反中態度とインターネット利用の親和性の検証」『科学研究費補助金「ミックスドメソッドアプローチによる反外国人意識形成メカニズムに関する研究」報告書』2013-2015 年度科学研究費補助金成果報告書（25780305），東北大学。

古谷経衡，2017，「『ネット右翼』は日本に何万人いるのかを測る，ひとつの試み」『現代ビジネス』（2021 年 6 月 20 日閲覧，https://gendai.ismedia.jp/articles/-/52663）。

橋内武，2018，「ヘイトスピーチの法と言語」『社会言語科学』20（2）：2-18。

稲増一憲，2018，「2010 年代初頭の日本におけるマスメディアとオルタナティブメディアの補完関係」池田謙一編『「日本人」は変化しているのか——価値観・ソーシャルネットワーク・民主主義』勁草書房。

北田暁大，2005，『嗤う日本の「ナショナリズム」』日本放送出版協会。

Long, J. S. and J. Freese, 2014, *Regression Models for Categorical Dependent Variables Using Sta-*

ta 3rd Ed., Stata Press.

Lyu, Z., 2019, "Towards an Understanding of Online Extremism in Japan," in Proceedings of *WI '19: IEEE/WIC/ACM International Conference on Web Intelligence*（WI '19 Companion）: 7–13.

永吉希久子，2019,「ネット右翼とは誰か——ネット右翼の規定要因」樋口直人・永吉希久子・松谷満・倉橋耕平・ファビアン＝シェーファー・山口智美『ネット右翼とは何か』青弓社。

齋藤僚介，2021,「どのようなナショナリストがネット上で政治的情報発信をするのか——行為の心理的誘因に着目して」『マス・コミュニケーション研究』99: 59–78。

シェーファー，ファビアン／ステファン・エヴァート／フィリップ・ハインリッヒ，2019,「ネット右翼と政治——2014 年総選挙でのコンピューター仕掛けのプロパガンダ」樋口直人・永吉希久子・松谷満・倉橋耕平・ファビアン＝シェーファー・山口智美『ネット右翼とは何か』青弓社。

高史明，2015,『レイシズムを解剖する——在日コリアンへの偏見とインターネット』勁草書房。

Takikawa, H. and K. Nagayoshi, 2017, "Political Polarization in Social Media: Analysis of the 'Twitter Political Field' in Japan," *2017 IEEE International Conference on Big Data*: 3143–3150.

津田大介，2020,「ネットメディアの伸長と右傾化」小熊英二・樋口直人編『日本は「右傾化」したのか』慶應義塾大学出版会。

辻大介，2017,「計量調査からみる『ネット右翼』のプロファイル——2007 年／2014 年ウェブ調査の分析結果をもとに」『年報人間科学』38: 211–24。

Twitter inc.，2021,「暴言や脅迫，差別的言動に対する Twitter のポリシー」（2021 年 6 月 20 日閲覧，https://help.twitter.com/ja/rules-and-policies/hateful-conduct-policy）。

安田浩一，2012,『ネットと愛国——在特会の「闇」を追いかけて』講談社。

第 7 章

Ellison, N. B. and J. Vitak, 2015, "Social Network Site affordances and Their Relationship to Social Capital Processes," in S. S. Sundar ed., *The Handbook of the Psychology of Communication Technology*, Wiley-Blackwell, 203–27.

Hampton, K. N., C. Lee and E. J. Her, 2011, "How New Media Affords Network Diversity: Direct and Mediated Access to Social Capital Through Participation in Local Social Settings," *New Media & Society*, 13（7）: 1031–49.

小林哲郎・池田謙一，2005,「オンラインコミュニティの社会関係資本」池田謙一編『インターネット・コミュニティと日常世界』誠信書房。

Kraut, R., M. Patterson, V. Lundmark, S. Kiesler, T. Mukophadhyay and W. Scherlis, 1998, "Internet Paradox: A Social Technology That Reduces Social Involvement and Psychological Well-Being?," *American Psychologist*, 53（9）: 1017–31.

日本学術会議社会学委員会 Web 調査の課題に関する検討分科会，2020,『提言　Web 調査

の有効な学術的活用を目指して』（2021 年 4 月 12 日閲覧，http://www.scj.go.jp/ja/info/kohyo/pdf/kohyo-24-t292-3.pdf）。

Putnam, R. D., 1993, *Making Democracy Work: Civic Traditions in Modern Italy*, Princeton University Press.（＝2001, 河田潤一訳『哲学する民主主義——伝統と改革の市民的構造』NTT 出版。）

Putnam, R. D., 1995, "Bowling Alone: America's Declining Social Capital," *Journal of Democracy*, 6（1）: 65–78.

Putnam, R. D., 2000, *Bowling Alone: The Collapse and Revival of American Community*, Simon and Schuster.（＝2006, 柴内康文訳『孤独なボウリング——米国コミュニティの崩壊と再生』柏書房。）

清水裕士，2016,「フリーの統計分析ソフト HAD——機能の紹介と統計学習・教育，研究実践における利用方法の提案」『メディア・情報・コミュニケーション研究』1: 59–73.

総務省（情報流通行政局情報通信政策課）情報通信経済室，2018,『ICT によるインクルージョンの実現に関する調査研究報告書』（2021 年 4 月 12 日閲覧，https://www.soumu.go.jp/johotsusintokei/linkdata/h30_03_houkoku.pdf）。

辻大介，2019,「ネット利用による世論の〈分極化〉効果の検証——サーベイデータを用いた統計解析の方法論的検討を中心に」情報通信学会第 41 回大会。

辻大介・北村智，2018,「インターネットでのニュース接触と排外主義的態度の極性化——日本とアメリカの比較分析を交えた調査データからの検証」『情報通信学会誌』36（1・2）: 99–109.

Uslaner, E. M., 2003, "Trust in the Knowledge Society," prepared for the Conference on Social Capital, Cabinet of the Government of Japan, March 24–25, 2003, Tokyo.（＝2004,「知識社会における信頼」宮川公男・大守隆編『ソーシャル・キャピタル——現代経済社会のガバナンスの基礎』東洋経済新報社。）

山岸俊男，1998,『信頼の構造——こころと社会の進化ゲーム』東京大学出版会。

山岸俊男，1999,『安心社会から信頼社会へ——日本型システムの行方』中央公論新社。

第 8 章

池田謙一・小林哲郎，2007,「ネットワーク多様性と政治参加・政治的寛容性」池田謙一『政治のリアリティと社会心理——平成小泉政治のダイナミックス』木鐸社。

Ikeda, K. and S. Richey, 2009, "The Impact of Diversity in Informal Social Networks on Tolerance in Japan," *British Journal of Political Science*, 39（3）: 655–668.

小舩達己・辻竜平，2006,「寛容性における構成要素の検討」日本社会心理学会第 47 回大会。

小林哲郎，2010,『寛容な社会を支える情報通信技術——ゆるやかにつながり合うネット時代の社会心理』多賀出版。

三輪哲，2013,「パネルデータ分析の基礎と応用」『理論と方法』28（2）: 355–66。

Mutz, D. C., 2002, "Cross-Cutting Social Networks: Testing Democratic Theory in Practice,"

American Political Science Review, 96（1）: 111–26.

Mutz, D. C., 2006, *Hearing the Other Side: Deliberative versus Participatory Democracy,"* Cambridge University Press.

Rathnayake, C. and J. S. Winter, 2017, "Examining the Link Between Social Media Uses and Gratifications and Political Tolerance and Dogmatism," *Policy and Internet*, 9（4）: 444–66.

高田奈緒美・大渕憲一, 2009,「対人葛藤における寛容性の研究——寛容動機と人間関係」『社会心理学研究』24（3）: 208–18。

田中辰雄・浜屋敏, 2018,「ネットは社会を分断するのか——パネルデータからの考察」富士通総研（FRI）経済研究所『研究レポート』462。

辻大介・北村智, 2018,「インターネットでのニュース接触と排外主義的態度の極性化——日本とアメリカの比較分析を交えた調査データからの検証」『情報通信学会誌』36（1・2）: 99–109.

Wilson, T. C., 1991, "Urbanism Migration and Tolerance: A Reassessment," *American Sociological Review*, 56（1）: 117–23.

山口奈緒美, 2018,「葛藤解決における非寛容動機の検討」『日本心理学会第 82 回大会発表論文集』115.

吉田俊和・安藤直樹・元吉忠寛・藤田達雄・廣岡秀一・斎藤和志・森久美子・石田靖彦・北折充隆, 1999,「社会的迷惑に関する研究（1）」『名古屋大学教育学部紀要（心理学）』46: 53–73.

第 9 章

Abramowitz, A. I. and K. L. Saunders, 2008, "Is Polarization a Myth?," *The Journal of Politics*, 70（2）: 542–55.

Bail, C. A., L. P. Argyle, T. W. Brown, J. P. Bumpus, H. Chen, M. B. F. Hunzaker, J. Lee, M. Mann, F. Merhout and A. Volfovsky, 2018, "Exposure to Opposing Views on Social Media Can Increase Political Polarization," *Proceedings of the National Academy of Sciences*, 115（37）: 9216–21.

Bennett, W. L. and S. Iyengar, 2008, "A New Era of Minimal Effects? The Changing Foundations of Political Communication," *Journal of Communication*, 58（4）: 707–31.

Boxell, L., M. Gentzkow and J. M. Shapiro, 2017, "Is the Internet Causing Political Polarization?: Evidence from Demographics," *National Bureau of Economic Research Working Paper Series*, #23258.

Brannon, L. A., M. J. Tagler and A. H. Eagly, 2007, "The Moderating Role of Attitude Strength in Selective Exposure to Information," *Journal of Experimental Social Psychology*, 43（4）: 611 –7.

Campbell, J. E., 2016, *Polarized: Making Sense of a Divided America*, Princeton University Press.

DiMaggio, P., J. Evans and B. Bryson, 1996, "Have Americans' Social Attitudes Become More Polarized?," *American Journal of Sociology*, 102（3）: 690–755.

遠藤晶久・W. ジョウ, 2019,『イデオロギーと日本政治——世代で異なる「保守」と「革

新』』新泉社。

Fiorina, M., 2005, *Culture War? The Myth of a Polarized America*, Pearson Longman.

Garrett, R. K., 2006, "Protest in an Information Society: a review of literature on social movements and new ICTs," *Information, Communication & Society*, 9（2）: 202–24.

Holbert, R. L., R. K. Garrett and L. S. Gleason, 2010, "A New Era of Minimal Effects? A Response to Bennett and Iyengar," *Journal of Communication*, 60（1）: 15–34.

Hunter, J. D., 1991, *Culture Wars: The Struggle to Define America*, Basic Books.

稲増一憲・三浦麻子，2016,「『自由』なメディアの陥穽——有権者の選好に基づくもうひとつの選択的接触」『社会心理学研究』31（3）: 172–83。

Iyengar, S., G. Sood and Y. Lelkes, 2012, "Affect, Not Ideology: A Social Identity Perspective on Polarization," *Public Opinion Quarterly*, 76（3）: 405–31.

Iyengar, S., Y. Lelkes, M. Levendusky, N. Malhotra and S. J. Westwood, 2019, "The Origins and Consequences of Affective Polarization in the United States," *Annual Review of Political Science*, 22: 129–46.

Klar, S., Y. Krupnikov and J. B. Ryan, 2018, "Affective Polarization or Partisan Disdain? Untangling a Dislike for the Opposing Party from a Dislike of Partisanship," *Public Opinion Quarterly*, 82（2）: 379–90.

Kobayashi, T., T. Hoshino and T. Suzuki, 2020, "Inadvertent Learning on a Portal Site: A Longitudinal Field Experiment" *Communication Research*, 47（5）: 729–49.

Lee, F. L. F., 2016, "Impact of Social Media on Opinion Polarization in Varying Times," *Communication and the Public*, 1（1）: 56–71.

Lelkes, Y., G. Sood and S. Iyengar, 2017, "The Hostile Audience: The Effect of Access to Broadband Internet on Partisan Affect," *American Journal of Political Science*, 61（1）: 5–20.

森田果，2014,『実証分析入門——データから「因果関係」を読み解く作法』日本評論社。

Mutz, D. C., 2006, "How the Mass Media Divide Us, in P. S. Nivola and D. W. Brady eds., *Red and Blue Nation?: Characteristics and Causes of America's Polarized Politics*, Brookings Institution Press, 223–62.

中北浩爾・大和田悠太，2020,「自民党の右傾化とその論理」小熊英二・樋口直人編『日本は「右傾化」したのか』慶應義塾大学出版会。

Newey, W. K., 1987, "Efficient Estimation of Limited Dependent Variable Models with Endogenous Explanatory Variables," *Journal of Econometrics*, 36（3）: 231–50.

Nice, D. C., 1984, "Polarization in the American Party System," *Presidential Studies Quarterly*, 14（1）: 109–16.

O'Connell, A. A., 2006, *Logistic Regression Models for Ordinal Response Variables*, SAGE Publications.

Paxton, P. M., J. R. Hipp and S. Marquart-Pyatt, 2011, *Nonrecursive Models: Endogeneity, Reciprocal Relationships, and Feedback Loops*, SAGE Publications.

Peterson, B. and F. E. Harrell Jr., 1990, "Partial Proportional Odds Models for Ordinal Response Variables," *Journal of the Royal Statistical Society: Series C（Applied Statistics）*, 39（2）:

205–17.

Petty, R. E. and J. T. Cacioppo, 1986, *Communication and Persuasion: Central and Peripheral Routes to Attitude Change*, Springer Verlag.

Poole, K. T. and H. Rosenthal, 1984, "The Polarization of American Politics," *Journal of Politics*, 46 (4): 1061–79.

Prior, M., 2007, *Post-Broadcast Democracy: How Media Choice Increases Inequality in Political Involvement and Polarizes Elections*, Cambridge University Press.

Rivers, D. and Q. H. Vuong, 1988, "Limited Information Estimators and Exogeneity Tests for Simultaneous Probit Models," *Journal of Econometrics*, 39 (3): 347–66.

田中辰雄・浜屋敏, 2019, 『ネットは社会を分断しない』KADOKAWA。

谷口将紀, 2020, 『現代日本の代表制民主政治――有権者と政治家』東京大学出版会。

辻大介, 2019, 「統計的因果推論とメディア研究」『マス・コミュニケーション研究』95: 15–25。

辻大介・北村智, 2018, 「インターネットでのニュース接触と排外主義的態度の極性化――日本とアメリカの比較分析を交えた調査データからの検証」『情報通信学会誌』36 (1・2): 99–109.

Williams, R., 2006, "Generalized Ordered Logit / Partial Proportional Odds Models for Ordinal Dependent Variables," *The Stata Journal*, 6 (1), 58–82.

山﨑新, 2012, 「政治知識と政治関心の関係」『早稲田政治公法研究』100: 23–34。

山﨑新・荒井紀一郎, 2011, 「政治的洗練性が規定する態度の安定性」『選挙研究』27 (1): 120–34。

吉田徹, 2014, 『感情の政治学』講談社。

終 章

Abramowitz, A. I. and K. L. Saunders, 2008, "Is Polarization a Myth?", *The Journal of Politics*, 70 (2): 542–55.

東浩紀, 2001, 『動物化するポストモダン――オタクから見た日本社会』講談社。

Bennett, W. L. and S. Iyengar, 2008, "A New Era of Minimal Effects? The Changing Foundations of Political Communication," *Journal of Communication*, 58 (4): 707–31.

Campbell, J. E., 2016, *Polarized: Making Sense of a Divided America*, Princeton University Press.

遠藤晶久・W. ジョウ, 2019, 『イデオロギーと日本政治――世代で異なる「保守」と「革新」』新泉社。

Estlund, D. M., 2008, *Democratic Authority: A Philosophical Framework*, Princeton University Press.

Giddens, A., 1998, *The Third Way: The Renewal of Social Democracy*, Polity Press. (= 1999, 佐和隆光訳『第三の道――効率と公正の新たな同盟』日本経済新聞社。)

Hellwig, T., 2008, "Explaining the Salience of Left–Right Ideology in Postindustrial Democracies: The Role of Structural Economic Change," *European Journal of Political Research*, 47 (6), 687–709.

Iyengar, S., Y. Lelkes, M. Levendusky, N. Malhotra and S. J. Westwood, 2019, "The Origins and Consequences of Affective Polarization in the United States," *Annual Review of Political Science*, 22: 129–46.

Iyengar, S., G. Sood and Y. Lelkes, 2012, "Affect, Not Ideology: A Social Identity Perspective on Polarization," *Public Opinion Quarterly*, 76 (3): 405–31.

Kelley, H. H. and E. H. Volkart, 1952, "The Resistance to Change of Group-Anchored Attitudes," *American Sociological Review*, 17 (4): 453–65.

吉川徹, 2014,『現代日本の「社会の心」――計量社会意識論』有斐閣。

Kriesi, H., E. Grande, R. Lachat, M. Dolezal, S. Bornschier and T. Frey, 2006, "Globalization and the Transformation of the National Political Space: Six European Countries Compared," *European Journal of Political Research*, 45 (6): 921–56.

待鳥聡史, 2015,『代議制民主主義――「民意」と「政治家」を問い直す』中央公論新社。

Mill, J. S., [1859] 1991, *On Liberty and Other Essays*, Oxford University Press. (＝2012, 斉藤悦則訳『自由論』光文社。)

Mill, J. S., 1861, *Considerations on Representative Government*, Parker, Son, & Bourn. (＝1967, 水田洋・田中浩訳「代議制統治論」『世界の大思想 II-6 ミル』河出書房新社。)

三浦瑠麗, 2021,『日本の分断――私たちの民主主義の未来について』文藝春秋。

Mouffe, C., 2005, *On the Political*, Routledge. (＝2008, 酒井隆史・篠原雅武訳『政治的なものについて――闘技的民主主義と多元主義的グローバル秩序の構築』明石書店。)

Norris, P., 2001, *Digital Divide: Civic Engagement, Information Poverty, and the Internet Worldwide*, Cambridge University Press.

小熊英二, 2020,「『右傾化』ではなく『左が欠けた分極化』」小熊英二・樋口直人編『日本は「右傾化」したのか』慶應義塾大学出版会。

Putnam, R. D., 1993, *Making Democracy Work: Civic Traditions in Modern Italy*, Princeton University Press. (＝2001, 河田潤一訳『哲学する民主主義――伝統と改革の市民的構造』NTT 出版。)

Redlawsk, D. P., 2002, "Hot Cognition or Cool Consideration? Testing the Effects of Motivated Reasoning on Political Decision Making," *The Journal of Politics*, 64 (4): 1021–44.

Sunstein, C. R., 2001, *Republic.com*, Princeton University Press. (＝2003, 石川幸憲訳『インターネットは民主主義の敵か』毎日新聞社。)

Sunstein, C. R., 2017, *#Republic: Divided Democracy in the Age of Social Media*, Princeton University Press. (＝2018, 伊達尚美訳『＃リパブリック――インターネットは民主主義になにをもたらすのか』勁草書房。)

竹中佳彦, 2014,「保革イデオロギーの影響力低下と年齢」『選挙研究』30 (2): 5–18。

田村哲樹, 2010,「熟議民主主義における『理性と情念』の位置」『思想』1033: 152–71。

田中辰雄・浜屋敏, 2019,『ネットは社会を分断しない』KADOKAWA。

Tocqueville, A., 1835, *De la Démocratie en Amérique 1*, Michel Lévy. (＝2005, 松本礼二訳『アメリカのデモクラシー 第一巻』上・下, 岩波書店。)

Uslaner, E. M., 2002, *The Moral Foundations of Trust*, Cambridge University Press.

Vaisey, S., 2009, "Motivation and Justification: A Dual-Process Model of Culture in Action," *American Journal of Sociology*, 114（6）: 1675−715.

Walzer, M., 2004, *Politics and Passion: Toward a More Egalitarian Liberalism*, Yale University Press.（＝2006, 齋藤純一・谷澤正嗣・和田泰一訳『政治と情念——より平等なリベラリズムへ』風行社。）

Westen, D., P. S. Blagov, K. Harenski, C. Kilts and S. Hamann, 2006, "Neural Bases of Motivated Reasoning: An fMRI Study of Emotional Constraints on Partisan Political Judgment in the 2004 U.S. Presidential Election," *Journal of Cognitive Neuroscience*, 18（11）: 1947−58.

善教将大，2018,『維新支持の分析——ポピュリズムか，有権者の合理性か』有斐閣。

あとがき

　本書の執筆・編集は，2020年春先から続くコロナ禍のなかで，慣れないオンライン授業に四苦八苦しながら進める作業になった。途中，何度か息切れして立ち止まりもしたが，どうにかようやく「あとがき」までたどり着けて，ホッとしている。

　その間，なぜか気になって時折ぱらぱらと読み返していたのは，100年前のパンデミック，「スペインかぜ」で亡くなったといわれるマックス・ウェーバーの『職業としての政治』だ。ドイツが第一次世界大戦に敗れ，革命によって帝政が崩壊する混乱期の1919年初頭に行われたこの講演のなかで，よく知られているようにウェーバーは，カリスマを備えた指導者のもとでの民主主義か，その資質をもたない「職業政治家」による民主主義か，道は2つしかないと唱えて，前者を強く支持し，それを実現するための人民投票による大統領制に期待を寄せた。

　その後，ワイマール共和政を経てナチス・ドイツへと向かう歴史を知る現在から見れば，このウェーバーのような指導者民主主義論にはやはり危うさを感じざるをえない。歴史はくり返す，1度目は悲劇として，2度目は喜劇として。ヒラリー・クリントンに象徴されるリベラル派のエリート臭を嫌悪した「大衆の反逆」によって，「喝采」をもって大統領に選出されたドナルド・トランプを，いまの時代にウェーバーが——そしてシュミットやオルテガが——生きていたら，どう評するのだろう。聞いてみたい気もした。

　それはさておき，彼らにかぎらず前世紀の知識人が書き残した本を読んでいると，行間から，あるいは行内からストレートに，「大衆」なるものへの軽蔑と恐怖が立ちのぼってきて，何ともいえない感覚にとらわれることがある。たとえば19世紀末のウィーンで生まれ，アメリカに移住して近代的な宣伝広報（Public Relations）の礎を築いたエドワード・バーネイズ。精神分析の開祖ジークムント・フロイトを叔父にもち，宣伝活動に心理学的手法を応用した先駆けとして知られる彼は，1928年に公刊した著書『プロパガンダ』の冒頭で，次のように述べている。

　　世の中の一般大衆が，どのような習慣を持ち，どのような意見を持つべきか

といった事柄を，相手にそれと意識されずに知性的にコントロールすること
——は，民主主義を前提にする社会において非常に重要である。この仕組みを
大衆の目に見えない形でコントロールすることができる人々こそが，現代のア
メリカで「目に見えない統治機構」を構成し，アメリカの真の支配者として君
臨している。

（中田安彦訳『プロパガンダ〔新版〕』成甲書房，2010 年，p.32）

　現代アメリカの「ディープステイト」陰謀論を髣髴とさせるようなこの文言は，
一見，マスメディアを介して大衆を操作する権力への批判のように読めるかもし
れない。しかし，そうではない。バーネイズはむしろ愚かな大衆が民主主義のも
とで力をもつことを危惧し，「現代社会における集団生活の秩序を失わないよう
にするために，このような "姿の見えない統治者" の存在がどれほど必要か」
（同訳書 p.33）を訴えるのだ。

　このあからさまにエリート主義的な主張は，少なくとも現代の日本ではなかな
か表立って受け入れられにくいもののように思える。だがしかし，既存マスメデ
ィアの報道関係者やジャーナリストの多くは，今なおこうした見方をどこかしら
「大衆」に対して，また，自分たちに取って代わろうとしているネットメディア
に対して向けてはいないだろうか。フェイクニュースや偽情報に容易に踊らされ
てしまう「大衆」を，自分たちは善導しなければならない，と。

　その点でいえば，実のところインターネットとは，真の「大衆」メディア——
サブカル風を気取るなら「シン・マスメディア」——なのだと思う。これまでの
いわゆるマスメディアは，「大衆」をもっぱら受け手の側に押し込めてきた。送
り手になれるのは一部のエリートであり，エスタブリッシュメントだった。それ
を「大衆」に解放したのがインターネットだ。

　だからネット社会では，名目的な「マス」メディアを通じて命脈を保ってきた
エリート主義的民主主義（なかば語義矛盾だが）と，「大衆」民主主義との相剋が，
これまで以上に露わになりやすい。私たちがそこで突きつけられるのは，近代民
主主義の黎明期からずっとくり返されてきた次の問いである。

　「大衆」であることをまぬがれない現代の社会において，はたして私たちは民
主主義の担い手にふさわしい存在なのだろうか。「大衆」たる私たちは，自らを
どこまで信頼してよいものなのだろうか。

広い目で見れば，本書はこの問いに実証的な観点から取り組んできたつもりだ。まだまだ明らかにできていない点も多いが，ここまでに提示してきた知見を承けて，では民主主義はどうあるべきかという規範論的・制度論的な問いを，読者諸賢が考える際の一助になればと願っている。

　最後になってしまったが，遅れがちな執筆・編集作業に粘り強く伴走していただき，息切れして立ち止まるたびに励ましていただいた有斐閣書籍編集第二部の四竈佑介さんと岡山義信さん，猪石有希さんに，そして，私たちの調査にご協力ご回答をいただいたすべての方々に，この場を借りて心より御礼申し上げたい。ありがとうございました。

　　残暑とコロナ第 5 波を脱しつつある 2021 年 9 月末の大阪にて

辻　大介

索　引

〔事項索引〕

〔人名索引〕

●編者紹介

辻　大介（つじ　だいすけ）

大阪大学大学院人間科学研究科准教授。1965 年大阪府生まれ。東京大学大学院社会学研究科修士課程修了。おもな著作に，『コミュニケーション論をつかむ』有斐閣，2014 年（共著），『フェイクと憎悪――歪むメディアと民主主義』大月書店，2018 年（分担執筆）など。

ネット社会と民主主義
――「分断」問題を調査データから検証する

Internet Society and Democracy in Japan: Examining the Issues of Social Divides from Survey Data Analysis

2021 年 11 月 10 日　初版第 1 刷発行
2022 年 1 月 20 日　初版第 2 刷発行

編　者　　辻　　　大　介

発 行 者　　江　草　貞　治

発 行 所　　株式会社　有　斐　閣

郵便番号 101-0051
東京都千代田区神田神保町 2-17
http://www.yuhikaku.co.jp/

印刷・株式会社理想社／製本・大口製本印刷株式会社
©2021, Daisuke Tsuji. Printed in Japan
落丁・乱丁本はお取替えいたします。
★定価はカバーに表示してあります。

ISBN 978-4-641-17472-6